Erdäpfelplatzerln (Rezept Seite 120)

Gusto-Stücke

Für Manu,
für den zu kochen
und mit dem zu essen
das reine Vergnügen ist.

Eva Bakos

Gusto-stücke

Zu Gast bei einer Genießerin

PICHLER
SACHBUCH

ISBN 3-85431-186-9
© 1999 by Pichler Verlag GmbH, Wien
Alle Rechte vorbehalten
Pichler Verlag im Internet: www.pichler.co.at

Umschlag- und Buchgestaltung: Bruno Wegscheider
Umschlagfoto: Gusto/Stefan Liewehr
Lektorat und Produktion: Verlagsbüro Lehner, Wien
Reproduktion: Eurografik, Wien
Druck und Bindung: Druckerei Theiss, Wolfsberg
Printed in Austria

Inhalt

Vorwort	9

Duftiges und Deftiges — 11

Am Anfang war die Leber	12
Gerollt und geringelt	16
Ein Hauch von Kindheit	23
In Hülle und Fülle	27
Die deftigen Lilien	31
Sauer macht lustig	34
Würze des Lebens	39
Achtung: Sauce!	43
Bruckfleisch und Katzengschroa	47
Fisch – festlich	51
Käsewonnen auf den zweiten Blick	53
Fleisch der Vegetarier	60
Kohl & Co.	64
Der allgegenwärtige Fladen	68
Der Geschmack des Orients	71
Anstrudelung des Strudels	75

Vom Schlemmen und Stochern in gut gemischter Gesellschaft — 79

Vergnügliche Mischungen	80
Die ambulanten Schlemmer	84
Gäste à la carte	88
Kochbuchhaltung	94
Lob der Flops	98
Der kleine Unterschied	102
Pommes mit Plattfuß	106
Sehnsucht nach dem rechten Maß	114
Fisch mit Zwickzange	117
Wunderwelt der Märkte	121

Jahreszeiten der Gaumenlust — 125

Faschingsbuffet mit Urlaubsaroma	126
Kulinarische und andere Frühlingsgefühle	131
Matjes – der Mädchenhering	135
Hunger auf Salat	138
Genießen im Grünen	142
Die Sonnen der Wachau: Marillen	148
Erfrischung in der Sauregurkenzeit	152
Auch darum in die Ferne schweifen …	156
Gemüse – nicht nur für Vegetarier	160
Früchte des Meeres	166
Äpfel aus einem verlorenen Paradies: Paradeiser	171
Mohnsüchtig	175
Die verborgenen Schätze	179
Die Kindheit in die Tasche stecken: Maroni	185
Tee und Sympathie	188
Erdäpfel – ein Stöhnessen	192
Seelenfutter gegen Novemberfrust	196
Blick in fremde Weihnachtstöpfe	202
Karpfen: der patriotische Fisch	207
Rezeptverzeichnis	211
Abbildungsnachweis	213

Vorwort

»Kochen Sie was für uns?«
Diese Einladung kam vor acht Jahren von der Zeitschrift »Gusto«, die mich als kulinarisch interessierte Autorin von Romanen und Reisebüchern vorstellen wollte.
Also erzählte ich von meiner Arbeit und kochte – etwas befangen – unter dem Profiblick von Wolfgang Schlüter, dem Küchenchef von »Gusto«, ein italienisches Menü. Daß ich beim Kräuterschneiden mit meinem geliebten scharfen kleinen Messer hantierte, statt mit dem Riesenmesser, das man an der Spitze festhält, übersah er mildtätig. Aber jetzt weiß ich, wie man es richtig macht.
Das Ergebnis meiner Kocherei wurde fotografiert, das Interview erschien, und ich bekam ein paar nette Briefe und Anrufe. Damit hat es sich, dachte ich.
Es hatte sich nicht.
»Gusto« wollte mehr. Eine Serie von Küchengeschichten, mit jeweils einem von mir erprobten Rezept. Nach einem Jahr sollte die Sache zu Ende gehen. Aber sie läuft und läuft bis heute.
Ich schrieb über exotische und heimische Produkte, ihre Geschichte und die Anekdoten, die sie umranken. Ich schrieb über Eßbräuche und kulinarische Snobismen, über Traditionen und ihren Wandel, über die modischen Verflechtungen der internationalen Küche, über Gerichte, die ich auf Reisen entdeckt hatte. Und über die Wonnen des gesunden Genießens. Wunderbarerweise gibt es das; vor allem in der von mir so geliebten mediterranen Küche.
Viel Gemüse, Fisch, Kräuter, Olivenöl, Nudeln, guter Rotwein: Herz (und Cholesterinwert), was willst du mehr!
Mich zieht es aus vielen Gründen so stark ans Mittelmeer. Einer davon ist, daß hier die geistigen und leiblichen Interessen aufs schönste zusammengewachsen sind. Nicht umsonst heißt die Universitätsstadt Bologna »la dotta e la grassa« – die gelehrte und die fette Stadt.
Kein säuerlicher Oberlehrer hebt hier den knochigen Zeigefinger, um Schriftsteller in die Schachtel mit dem Etikett »Askese« zu scheuchen und Genußmenschen in das Spott- und Hohnwinkerl, wie das in nördlicheren Gefilden so gerne geschieht.
Rund ums Mittelmeer wird Kochen und gemeinsam Essen als schönste und selbstverständlichste Form der Freundlichkeit angesehen.
Hier sinniert keiner, ob, wie Brecht meinte, »erst das Fressen und dann die Moral« kommt. Hier kommt mit dem Essen auch die Kultur. Und das ist keine Frage des Geldes. Die *cucina povera*, die einfallsreiche arme Küche aus simplen Produkten, beweist das. Zumindest dort, wo jenes ver-

— VORWORT —

netzte Denken zu Hause ist, das Lebensgenuß als Herausforderung an den ganzen Menschen ansieht. Auch an sein Herz und sein Hirn.

Viele meiner Bücher sind in einem Raum angesiedelt, wo Böhmen ans Mittelmeer grenzt und von ferne Byzanz winkt. Das Haus meiner Kindheit hat diese Geographie der Gefühle gefördert: es war ein Haus, in dem Menschen aus allen Ecken der alten Monarchie mit ihren Kindern und Enkeln lebten, kochten und das Leben genossen. Die wienerisch unterwanderten Düfte und Aromen Böhmens und Galiziens, Friauls, Ungarns und Kroatiens haben meine Kindheit begleitet.

Ich habe diese Düfte und Aromen mein Leben lang gesucht, manchmal gefunden und versucht, sie zu beschreiben. Auch in meinen Artikeln für »Gusto«, die hier in einer Auswahl vorliegen.

Kann man Düfte und Aromen in Worte bannen?

Auch Rezepte bestehen aus Worten, und durch sie verwandeln sie sich in handfeste Gusto-Stücke.

Bild rechts: Leberterrine (Rezept Seite 147)

Duftiges und Deftiges

Am Anfang war die Leber

Eine Leber war der Preis für unseren Umgang mit dem Feuer und alles, was daraus resultierte. Die Kochkunst zum Beispiel. Und wie bei so vielen alten Geschichten mischten sich Weisheit, Mut und Grausamkeit zu einem hochdramatischen Mythos.

Die Geschichte war so: Prometheus, Sohn eines Titanen, der bei den Menschen und den Göttern zu Hause war, rebellierte dagegen, daß Feuer nur den Göttern vorbehalten war. Und stahl es aus dem Blitz des Zeus, damit es auch die Menschen nutzen konnten. Der Göttervater raste vor Zorn, schmiedete Prometheus an einen Felsen und schickte seinen Adler aus, damit er die Leber des Frevlers, Sitz seiner bösen Begierden, zerfleische. Immer wieder, denn die Leber wuchs über Nacht wieder nach. Und wenn nicht Herakles den Adler getötet hätte, wäre Leber heute noch sein tägliches Brot.

Innereien sind etwas Besonderes, ob man sie mag oder nicht. Die Azteken rissen ihren Opfern das zuckende Herz aus dem Leib und brachten es der Sonne dar.

In manchen afrikanischen Kulturen, wie in Benin, mußte ein neuer König das Herz seines Vorgängers essen. Auch in Europa passierte Vergleichbares: In der Bartholomäusnacht 1572 erschlugen fanatische Katholiken Protestanten und aßen ihre gebratenen Herzen.

Innereien erwecken weit mehr Emotionen als jedes andere Fleisch. Vielleicht, weil unbewußt noch immer mythische Vorstellungen damit verbunden sind. Das Herz eines Lebewesens zu essen, sein Hirn, seine Leber, sein Blut, seine Hoden – das bedeutet das Einverleiben fremder Kräfte.

In Korfu bot mir ein Fleischhauer mit verschwörerischem Blick auf meine damals halbwüchsigen Söhne Hammelhoden an. Und auch noch ein Rezept als Draufgabe: in Scheiben schneiden, salzen, pfeffern, grillen, mit Knoblauchsauce servieren. Meine Söhne heulten auf: Barbarei! Daß mir der Fleischhauer beim nächsten Mal Hammelaugen anbot, habe ich ihnen gar nicht mehr gesagt. Frischzellen aus Hammelhirn hatten vor zwanzig, dreißig Jahren sogar ärztliche Befürworter.

Innereien sind ein fabelhaftes Mittel, multikulturelle Tischrunden, die sich im Urlaub so leicht zusammenfinden, zu polarisieren. In Frankreich, wo man besonders oft und gekonnt Innereien kocht, erlebte ich das Entsetzen sonst sehr aufgeschlossener junger Amerikaner, als jemand sautierte Nieren in einer Cognac-Rahmsauce aß. Innereien, das war doch nur etwas für halbwilde Cowboys, die in ihr »Son-of-a-bitch-stew« – den Eintopf der Hundesöhne - Zunge,

Leber, Herz, Bries und das Röhrenmark des Kalbs warfen, wenn sie gerade kein Steak haben konnten. Ich hätte das Entsetzen der Amerikaner gerne noch ein bißchen geschürt, aber mir fiel das englische Wort für Kutteln nicht ein. Was sie dazu wohl gesagt hätten? Kutteln sind auch für Mitteleuropäer eine Herausforderung - für die Köche wie die Essenden. Kutteln, das sind der Netz- und Pansenmagen des Rinds, können ja alles sein: Hundefutter oder hinreißende Delikatesse. Berühmte französische Kuttellokale wässern und kochen sie drei Tage lang und schmoren sie dann langsam mit einem Kalbsfuß, Kräutern, Gemüse, Weißwein und Calvados im Backofen.

Auch in der Toscana habe ich schon herrlich würzige Kutteln (*trippe*) gegessen. In einer würzigen Sauce aus Paradeisern, Stangensellerie, Zwiebeln und Karotten, mit viel Knoblauch und Rosmarin und mit Parmesan überstreut.

Sowohl in Italien wie auch in Frankreich bekommt man beim Fleischhauer gereinigte, gekochte Kutteln, was viel Arbeit und unerfreuliche Gerüche erspart. Bei uns habe ich das noch nie gesehen, und darum esse ich Kutteln am liebsten in Pinot noir gekocht im Elsässer Bistro von Thomas Seiler.

Warum man sich gerade bei uns so oft schüttelt, wenn von Kuttelfleck die Rede ist, verstehe ich nicht ganz. Schließlich ist ja auch das Beuschel etwas, das erst durch exakte Vorbereitung und raffinierte Würzung zu einer Delikatesse wird. Wahrscheinlich schwingt da noch die Erinnerung mit, daß Kutteln ein Arme-Leute-Essen waren.

Aus dieser Zeit stammt auch jener Witz, der kindlichen Gemütern wie mir immer noch gefällt: Zwei Bauernknechte essen eine Riesenschüssel mit Kuttelfleck, die auch noch für einen dritten reichen sollte, bis auf die Sauce leer. Dann packt sie das Gewissen, sie zerschneiden eine alte Lederhose in kleine Fleckerln, mischen sie unter die Sauce und geben sie dem dritten, ein wenig beschränkten Knecht. Der ißt alles auf, wischt sich den Mund und sagt zur Bäuerin: »Gut waren's, deine Kuttelfleck. Nur - warum hast denn Knöpf' daraufgenäht?«

Innereien waren das erste, das beim bäuerlichen Sautanz aufgearbeitet werden mußte, weil sie zuerst verdarben. Bis ins 19. Jahrhundert kamen nur Innereien mit Getreide in die Würste, weil das Fleisch dafür zu kostbar war. In Frankreich ißt man heute noch Wurst (*andouillette*), die aus Kalbsgekröse besteht.

Blut, dieser ganz besondere Saft, kam schon zur Zeit der Homerischen Helden in die Würste. Die Spartaner verstärkten ihr asketisches Renommee durch den Verzehr von Blutsuppe. In der bäuerlichen Regionalküche Österreichs gibt es die verschiedensten Speisen mit Blut; zum Beispiel das steirische Bluttommerl, bei dem die Blutwurstmasse nicht in Därme, sondern in

Formen gefüllt wird. Beim Tiroler Blutgröstel werden Erdäpfel mit Blut übergossen und geröstet.

Im Burgenland kamen früher die Burschen zum Blunzenansingen in die Höfe, in denen gerade geschlachtet wurde. »Nicht zu dick und nicht zu lang, daß sie neunmal um den Ofen reicht«, war für sie die idealtypische Blunzen.

In den letzten Jahren machte eine besonders zarte Innerei Küchenkarriere: das Bries. Nicht nur gebacken, sondern auch in sanften Saucen zubereitet, mit Pilzen und Kräutern kombiniert, als feine Fülle von Blätterteigpasteten oder kurz abgebraten und mit feinen Blattsalaten serviert.

In fast jeder Küche der Welt gibt es Gerichte mit Leber. Die Japaner spießen Hühnerleber und Schalotten auf und grillen sie, danach werden sie mit Sake und Sojasauce gewürzt. In der chinesischen Küche wird gut gewürzte Hühnerleber als Vorspeise serviert. Die schottische Nationalspeise Haggis besteht aus Leber, Herz, Lunge, Nierenfett, Hafermehl und Zwiebeln in der Hülle eines Schafsmagens. Dieses knödelartige Gericht wird mit *clapshot*, einem Püree aus Rüben, Kartoffeln und Whisky, zu Silvester oder am 25. Jänner, dem Geburtstag des Dichters Robert Burns, serviert, der Haggis als die Speise der Pudding-Helden – »Great Chieftains o' the Puddingrace« – besungen hat. Entsprechend feierlich wird Haggis aufgetragen, mit Fackeln und Dudelsackmusik. Dann zieht der Gastgeber sein Messer aus den Kniestrümpfen und schneidet die Speise an. Touristen wird gern eine Phantasiegeschichte aufgebunden, aus welch sonderbarem Fabeltier Haggis gemacht würde.

Gemischte Gefühle erweckt vor allem die Gänseleber, seitdem es ein Bewußtsein für Tierleid gibt. Und was immer die Verfechter der Gänsestopfleber auch behaupten – ohne Qualen kann eine Gans nicht mit so viel Mais gestopft werden, daß ihre Leber innerhalb von vier bis fünf Wochen fast ein Kilogramm schwer wird.

Heute kommen die meisten Stopflebern aus Ungarn, wo auf dem Sandboden der ungarischen Tiefebene vor allem graue Gänse gezüchtet werden. In Frankreich ist die Gascogne das wichtigste Zuchtgebiet. Allerdings werden in Frankreich weit mehr Enten als Gänse gezüchtet. Entenleber ist aromatischer. Gänseleber läßt sich besser konservieren. Die Technik des Stopfens entwickelten bereits die Ägypter, von denen die Römer sie übernahmen. Die Kunst, aus Gänseleber Pastete zu machen, verdanken wir dem Straßburger Koch Clause, der sie für den Marschall de Contades zubereitete. Es muß jedoch keineswegs Stopfleber sein: aus normaler Geflügel-, Lamm-, Kalbs- oder Schweinsleber lassen sich hervorragende Gerichte zubereiten.

Ärzte warnen allerdings Schwangere vor zuviel Lebergenuß, weil Nutzvieh mit hohen Dosen Vitamin A aufgezogen wird – das Präparat speichert sich in der Leber und kann Mißbildungen des Ungeborenen bewirken.

Die kulinarische Wiederentdeckung des Lamms hat auch seine Innereien interessant gemacht. Hirn, Leber, Herz oder Zunge vom Lamm sind besonders zart. Was man damit alles machen kann, beweist unter anderem Eva Salomon vom Gut Oberstockstall, die selbst Lämmer züchtet und phantasievoll zubereitet.

Innereien sind eine Meßlatte für das Können von Köchin und Koch. Auch sehr aufgeschlossene Menschen haben oft Aversionen gegen Hirn, Zunge, Kutteln. Das hat nicht einmal mit eigenen Erfahrungen zu tun, sondern mit sehr alten Geschichten, die über Generationen weitergegeben werden. Und schließlich speichern Innereien besonders viel Blut - für viele noch immer ein magischer Saft.

Aber wenn es einer Köchin oder einem Koch gelingt, gegen soviel Mythen anzukochen und jemanden, der Innereien nicht mag, zu bekehren, so ist das ein wahrer Triumph der Kochkunst, für die Prometheus seine Leber opferte.

Warum ausgerechnet Bankiers und andere Finanzleute Bries essen sollen, hat mir in Oberitalien, woher dieses Rezept stammt, niemand erklären können. Sicher ist, daß Animelle alla Finanziera (so heißt das Gericht auf Italienisch) auch beispielsweise Gastwirten, Zahnärzten, Gärtnern, Rechtsanwälten und Buchhaltern schmeckt.

Das Bries der Bankiers

(Animelle alla Finanziera)
Für 4 Personen

Toastbrot
40 dag Kalbsbries (geputzt, gewässert)
10 dag Champignons
4 getrocknete Morcheln
(2 Stunden eingeweicht)
2 Eßlöffel Balsamico oder milder Essig
1 mittlere Zwiebel
2 Selleriestangen
1 mittlere Karotte
Butter zum Braten
1 Stamperl Marsala oder Portwein
1 Tasse Suppe
1 Essiggurke
1 Zehe Knoblauch
Salz, Pfeffer

In einem mittleren Topf Wasser mit Essig, Karotte, Zwiebel (beides zerkleinert) und Salz aufkochen, das geputzte, gewässerte Bries hineingeben und auf kleiner Flamme 10 Minuten ziehen lassen. Kurz kalt abschrecken, abhäuten und klein schneiden. Einen Eßlöffel Butter zerlassen, das Bries vorsichtig anbraten, mit Wein aufgießen. Wenn dieser verdampft ist, Suppe nachgießen. Klein geschnittene Champignons und die vorher eingeweichten, gesäuberten Morcheln beigeben. Das gesiebte Morchelwasser dazugießen. Wenn das Bries und die Pilze weich sind und die Flüssigkeit verdampft ist, auf leicht mit Knoblauch bestrichenem Toast servieren. Man kann dieses Gericht aber auch als Fülle für Kalbsrouladen oder Blätterteigpasteten verwenden.

Gerollt und geringelt

Neulich habe ich mich selbst bei einem Tick ertappt: Am liebsten koche ich Gerichte, die man zusammenrollt und die ein dekoratives Spiralmuster ergeben, wenn man sie aufschneidet: Rouladen, Strudel, Rollbraten, Palatschinken ...
Woher kommt das nur?
Als Kind falsch gewickelt und jetzt einem Nachholzwang ausgeliefert? Vielleicht doch etwas anderes.
Mich interessieren in der Architektur besonders die gekrümmten Linien: Bögen, Gewölbe, Schneckenornamente. Ionische Säulen, über deren Schaft sich rechts und links eine steinerne Spirale ringelt, sind für mich der Inbegriff funktionaler Schönheit: die Stütze eines Gebäudes ist gleichzeitig ihr Schmuck. Mag sein, daß manche die korinthische Säule mit ihrem Blätterkapitel phantasievoller finden oder die glatte dorische Säule puristischer. Mir gefällt das Schneckenornament am besten. Und ich würde gerne wissen, was den ersten Steinmetz, der sie schuf, inspirierte: Schneckenhäuser? Wasserstrudel? Oder vielleicht ein kunstvoll geringeltes Gebäck?
Die Venezianer haben eine ihrer schönsten Kirchen, Santa Maria della Salute, reichlich mit Spiralen ausgestattet. »Orecchioni« nennen sie die Schneckenornamente an der Basis der Kuppel – Riesenohren. Ich mag Santa Maria della Salute, weil diese Kirche den Triumph des Lebens über den Tod darstellt. Sie wurde 1631, nach dem Ende der zweiten großen Pestepidemie, von Baldassare Longhena gebaut. Und die Erinnerung daran wird jährlich mit einem großen Fest am 21. November wachgehalten. Eine Schiffsbrücke über den Canal Grande verbindet die Kirche mit dem gegenüberliegenden Ufer. Menschenmassen mit Kerzen in den Händen, auch vom Festland, drängen über diese Brücke in die Kirche und feiern in der Kirche, daß Venedig immer wieder überlebt.
Im Lichtermeer der Kerzen wirken die dunklen Schneckenornamente besonders geheimnisvoll. Im gleißenden Licht des Tages verändern sie sich zu heiteren Himmelskörpern, die an der Kuppel andocken. Wenn man genau hinschaut, sieht man, aus wieviel präzise zusammengefügten Einzelteilen diese Spiralen bestehen.
Unsereins hat es leichter, aus Teig oder Fleisch eine Spirale ohne Ewigkeitswert zu rollen. Und sich daran zu freuen, wie schnell sie vom Teller verschwindet.
Eine gerollte Vorspeise, die Lachsroulade, ist bei mir immer besonders gefragt. Ihre Schichtung, der rosa Lachs und die weiße, mit grünen Kapertupfen gesprenkelte Füllung, sieht dekorativ aus, schmeckt gut,

und man kann dieses Gericht vorbereiten (siehe Rezept S. 21). Rouladen aller Art gehören zu meinen Favoriten – egal ob aus Fisch oder Fleisch. Sehr köstlich finde ich die Seezungenröllchen, die man mit einer Farce aus püriertem Forellenfilet, Eiklar und Bröseln bestreicht und mit allerlei Köstlichkeiten belegt: mit Muscheln, Krebsen, Pilzen und Kräutern. Die Fülle streicht man auf die graue Seite der Seezunge, sonst spannt sie und verzieht sich. Dann gibt man sie in eine feuerfeste Form, begießt sie mit Fischsud oder Suppe und gart sie 15–20 Minuten im Rohr. Man kann sie im ganzen servieren oder durchschneiden, damit man die Schneckenstruktur gut sieht.

Wesentlich kraftvoller als die sanften, zarten Fischröllchen ist gerollte Lammschulter mit Kräutern und Schafskäse (siehe Rezept S. 21). Die gerollte Lammschulter ist wunderschön geringelt: fleischiges Rotbraun und dazwischen Grün und Weiß. Der perfekte Augen- und Gaumenschmaus! Sicherheitshalber sollte man sich wandernd oder joggend die Berechtigung schaffen, sich damit sattzuessen. Für Stocherer und Tellerkratzer, Kalorienzähler und Trennköstler ist das absolut nichts. Denn um den Genuß zu vollenden, gehören Erdäpfel dazu. Schlichte Petersilerdäpfel. Noch besser ein Erdäpfelgratin! Am liebsten ein Erdäpfelstrudel mit einem Hauch Muskat in der cremigen Fülle!! Und dann ein Glas Merlot, der einem ein fabelhaftes Bremseln in der Körpermitte verschafft.

Der cremige Erdäpfelstrudel kann mit ein paar Schwammerln oder Schinken in der Fülle auch als Hauptspeise serviert werden.

Alles in seiner Saison. Manchmal überfällt mich die große Sehnsucht nach dem gesunden Leben, und dann hat ein Bärlauchstrudel seinen Auftritt. Das Rezept habe ich von einem Heilfasten bei Willi Dungl mitgebracht – da ist man ja immer hochmotiviert. Dieser Strudel schmeckt auch köstlich. Die Hülle besteht aus 10 dag Dinkel- oder Weizenvollmehl, dazu kommen 8 dag Topfen, 1 dag Trockengerm, 5 dag Butter und 1 Dotter. 1 Ei braucht man zum Bestreichen, außerdem kommt noch Sesam darauf. Den Teig schnell zusammenkneten, zu einem rechteckigen Fleck ausrollen. 6 dag würfelig geschnittenen Schafskäse, 1 Dotter, $1/16$ Liter Sauerrahm und einen Eßlöffel Weizenfeinschrot vermischen, den Teig bestreichen und mit 20 dag kurz blanchierten Bärlauch- oder Spinatblättern belegen. Zusammenrollen, ins befettete Geschirr geben, mit zerquirltem Ei bestreichen und mit Sesam bestreuen, backen und genießen.

Bei Mehlspeisen gibt es viele Varianten, wie Teig geringelt wird. Zuckerschnecken sind der absolute Klassiker unter den spiraligen Genüssen. Und der Reindling, diese Kärntner Spezialität, die man in Friaul und Slowenien nach ähnlichen Rezepten zubereitet – eine Mehlspeise *senza confini*.

Bei einer Villacher Freundin habe ich zwei Varianten kennengelernt. Sie legt den gut gefüllten Germstrudel entweder schneckenförmig in ein Reindl oder in eine Gugelhupfform ein, was dann beim Schneiden ein hübsches Muster ergibt. Oder sie schneidet vom Strudel dickere Scheiben ab und legt sie rosettenartig nebeneinander in eine Springform. Das gefällt mir besonders gut (siehe Rezept S. 18). Auch Palatschinken können nach dem Füllen und Zusammenrollen in Stücke geschnitten und überlappend in eine Auflaufform geschlichtet und mit einer Obers-Eiermischung gratiniert werden. Topfenpalatschinken mit viel Rosinen schmecken so besonders gut.

Wirklich königlich ist der Spiraleffekt der Charlotte: Dafür werden Schnitten von Bisquitrouladen mit Marmelade in eine unten nicht abgeflachte Form geschlichtet, mit einer erstarrenden Creme übergossen und dann gestürzt.

Ob weiße oder braune Bisquitrouladen – diese Form ist unglaublich dekorativ. Und: wenn man nicht viel Zeit und einen guten Konditor hat, kauft man eine Roulade und ist in kürzester Zeit fertig.

Nach einem geringelten Essen brachte mir ein Freund eine versteinerte Meeresschnecke, die mittendurch geschnitten war – fast so schön wie meine Seezungenröllchen!

Ehe Ihnen Spiralnebel vor den Augen aufsteigen: Schluß mit den Schneckenornamenten! Aber vielleicht ringeln Sie sich mit Ihren Gästen einmal gemütlich um das eine oder andere Gericht und tauschen Erinnerungen an Griechenland oder Venedig aus!

REINDLING MIT VARIATIONEN

Ca. 12 Portionen
Teig:
50 dag Mehl
12 dag Zucker
1 Prise Salz
1 Packerl Trockengerm oder
4 dag frische Germ
1/8 Liter lauwarme Milch
1 Ei
1 Dotter zum Bestreichen
10 dag Butter
Fülle:
25 dag Rosinen
3 Eßlöffel Rum
10 dag gehäutete, geriebene Mandeln
10 dag Rohmarzipan
8 dag Butter
Zimt, etwas Zitronensaft, die abgeriebene Schale einer unbehandelten Zitrone

Für den Teig Mehl, Zucker, Salz und Germ gut mischen, die lauwarme Milch, das Ei und die weiche Butter dazugeben, bearbeiten, bis der Teig Blasen schlägt. Dann mit Mehl bestäuben und, mit einem Küchentuch bedeckt, an einem warmen Ort eine halbe Stunde aufgehen lassen.

Für die Fülle die Rosinen in Rum einlegen und nach einer halben Stunde mit den übrigen Zutaten gut vermischen. Die Butter in Flocken beigeben.

Den Teig noch einmal durchkneten, zu einem Rechteck 50 x 40 cm ausrollen, die Fülle darauf verteilen und von der Längsseite aufrollen.

1. Variation: Den Strudel spiralförmig in

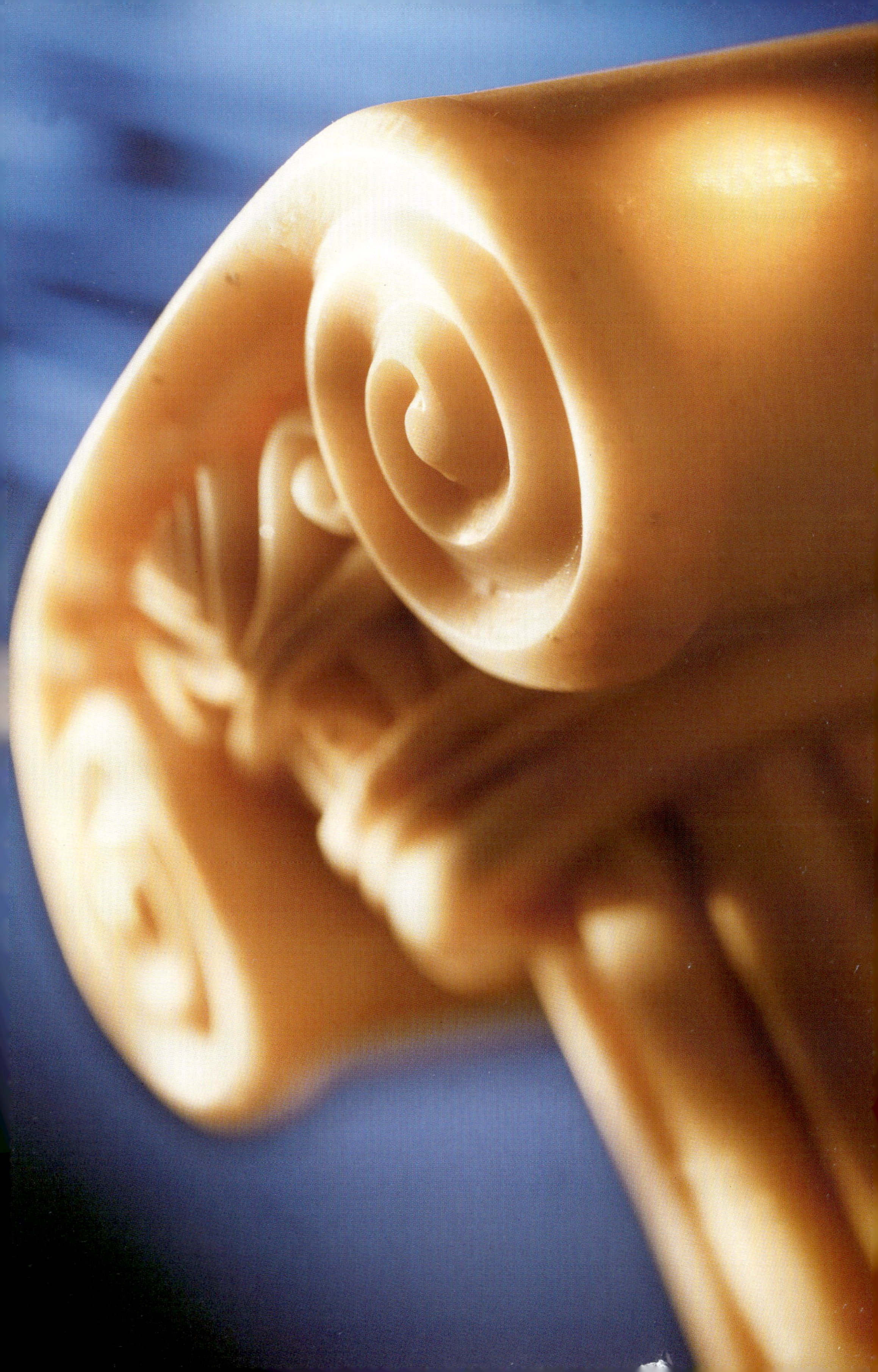

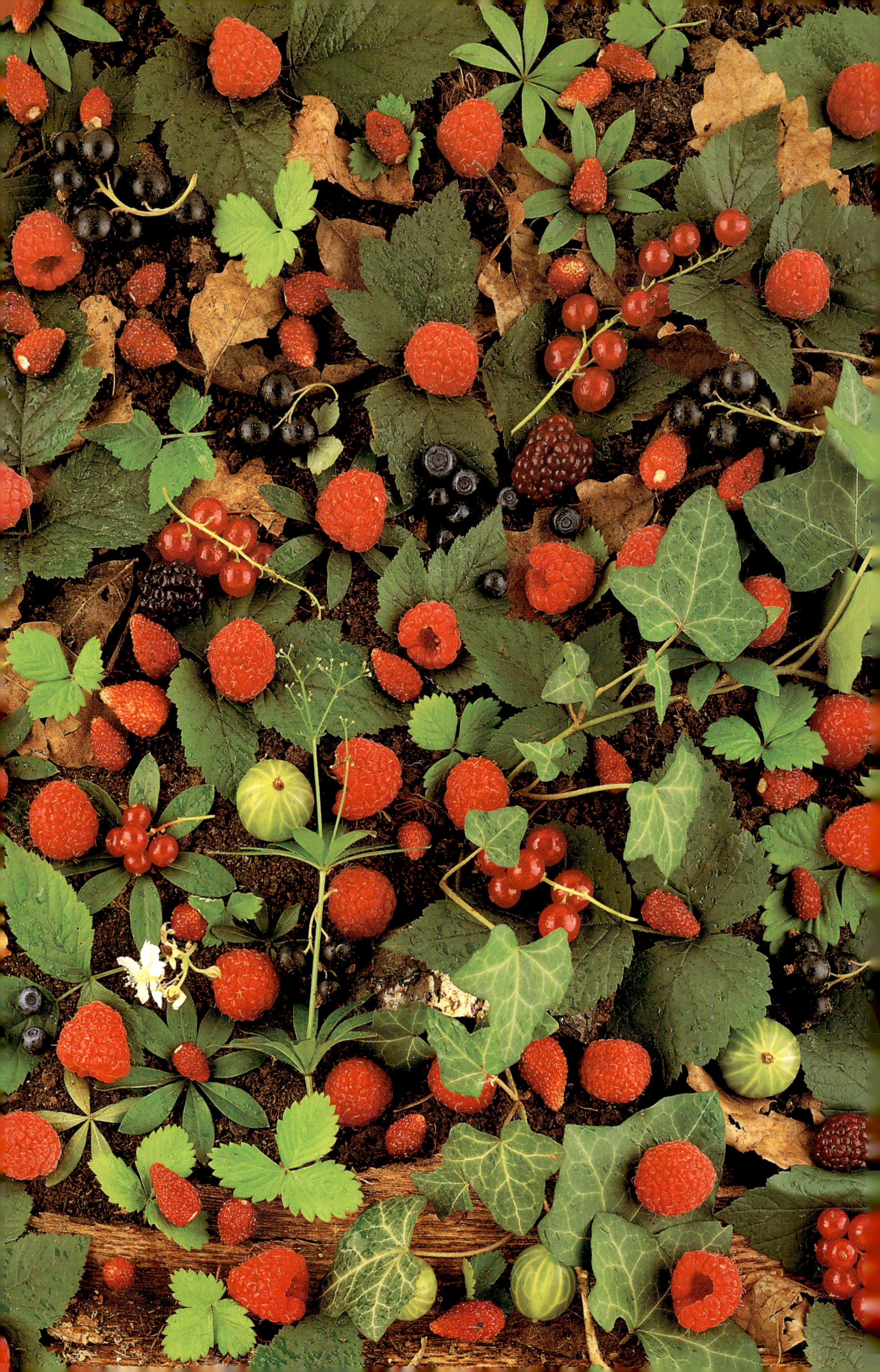

einer gefetteten, bemehlten runden Form (ursprünglich in einem Reindl, daher der Name) oder in einer Gugelhupfform einlegen und noch einmal 20 Minuten gehen lassen. Mit einem versprudelten Dotter bestreichen und bei 200 Grad 35–40 Minuten backen.

2. Variation: Den gefüllten Strudel in gleich große, nicht zu schmale Stücke schneiden und mit der Schnittfläche nach unten im Kreis in eine gefettete und bemehlte Form einlegen und wie oben backen. Man kann diesen dekorativen Schneckenkuchen, der in Kärnten »Wespennester« genannt wird, nach dem Backen eventuell noch mit einer Glasur aus Staubzucker, Zitronensaft und Rum bepinseln.

GEFÜLLTE LAMMSCHULTER

Für 6 Personen

1 ½ kg ausgelöste Lammschulter
4 Knoblauchzehen
25 dag Schafskäse
1 Bund Petersilie
1 Zweig Rosmarin
1 Bund Basilikum
Salz, Pfeffer, Senf
2 Lorbeerblätter, Öl, Spagat

Die Lammschulter auflegen, eventuell etwas klopfen, salzen, pfeffern, mit Senf bestreichen. Den Schafskäse mit der Gabel zerdrücken, mit dem gepreßten Knoblauch und den gehackten Kräutern vermischen, salzen, pfeffern. Mit dieser Fülle die Lammschulter bestreichen, aufrollen und mit Spagat binden. Auch außen würzen. Dann in Öl von allen Seiten anbraten und ins Rohr geben. Nach 20 Minuten mit etwas Wasser oder Suppe aufgießen, die Lorbeerblätter dazugeben. Immer wieder etwas Flüssigkeit zugießen und den Rollbraten mit dem Saft benetzen. Insgesamt 1 ¼ Stunden braten. Knapp vor dem Fertigwerden mit etwas Salzwasser bepinseln. In Alufolie wickeln und einige Minuten ziehen lassen. Mit Frühlingsgemüse, gebratenen Jungzwiebeln und Petersilerdäpfeln (oder Erdäpfelgratin bzw. Erdäpfelstrudel) servieren.

LACHSROULADE

Für 4 Personen

20 dag Räucherlachs
15 dag Gervais
1 Teelöffel Kapern (falls sie in Salz eingelegt sind, im Sieb unter heißes Wasser halten)
1 halbe kleine Fenchelknolle
Salz, Pfeffer, abgeriebene Schale einer ungespritzten Zitrone
Zum Garnieren eventuell:
8–10 dag Lachskaviar

Den Lachs auf einer Folie lückenlos im Rechteck auflegen. Die halbe Fenchelknolle in sehr kleine Würfel schneiden, mit dem Gervais, den Kapern und der Zitronenschale vermischen. Sehr vorsichtig salzen (da ja der Lachs salzig ist) und pfeffern. Die Fülle auf den Lachs aufstreichen und von der Längsseite aufrollen. In Folie verpacken und ins Tiefkühlfach legen. Die steifgefrorene Rolle mit dem Sägemesser in Scheiben schneiden, auftauen lassen und gemeinsam mit etwas Salat und eventuell rotem Kaviar als Vorspeise servieren.

— Duftiges und Deftiges —

Beeren-Charlotte

Ca. 12 Portionen

Rouladenteig:

8 Dotter
6 Eiklar
12 dag Zucker
5 dag Stärkemehl (Maizena)
7 dag Mehl
20 dag Beerengelee (Himbeeren, Ribisel, Preiselbeeren)

Creme:

7 Blatt Gelatine
4 Dotter
20 dag Zucker
50 dag ungesalzenen Gervais oder Topfen
1/4 Liter Schlagobers
1/4 Liter Milch
20 dag frische Beeren
abgeriebene Schale
einer ungespritzten Zitrone

Für die Roulade die Dotter mit der halben Zuckermenge schaumig schlagen. Eiklar mit dem restlichen Zucker steif schlagen. Stärkemehl und Mehl in die Eimasse einrühren, den Schnee vorsichtig unterheben. Backpapier auf ein Blech breiten und den Teig darauf verteilen. Den Backofen vorheizen, dann bei 200 Grad 7-8 Minuten hellbraun backen. Auf ein mit Zucker bestreutes Küchentuch stürzen, mit dem Backblech zudecken und 10 Minuten rasten lassen. Dann mit dem Beerengelee bestreichen und zur Roulade rollen. Kühl stellen.

Für die Creme die Gelatine in kaltes Wasser legen. Dotter mit Zucker dicklich aufschlagen, die abgeriebene Zitronenschale dazugeben. Die Milch aufkochen, die Eimasse unter ständigem Rühren dazugeben und knapp vor dem Kochen vom Herd nehmen. Die eingeweichte Gelatine auspressen und in der heißen Creme auflösen. Überkühlen und mit dem Gervais (Topfen) vermischen, das Obers steif schlagen und unterheben. Die gesäuberten Beeren dazugeben. Die Roulade in Scheiben schneiden und eine runde Form damit auslegen. Die Creme darübergießen und über Nacht im Kühlschrank erstarren lassen.

Vor dem Anrichten die Schüssel ganz kurz in heißes Wasser tauchen und auf einen Teller stürzen.

Ein Hauch von Kindheit

Wenn mich jemand fragt, welcher kulinarische Duft mir am angenehmsten ist, gibt es eine einfache Antwort: kein deftiger Geruch, wie er von Zwiebeln, Knoblauch, Paprika, Paradeisern kommt, so gerne ich Letscho oder Ratatouille esse. Auch kein komplizierter Duft von orientalischen Gewürzen, so gern ich Ingwer, Koriander, Curry oder Kardamom mag. Auch der anregend-anrüchige Duft von Trüffeln ist es nicht, und nicht der süße, betörende Duft vanilleversetzter Mehlspeisen.

Es ist der schlichte und vielleicht ein bißchen einfältige Geruch nach Béchamel. Zerlassene Butter, leicht angeröstetes Mehl, mit Milch verkocht und mit einem Hauch Muskat parfümiert. Dieser Duft wehte mir entgegen, wenn die wunderbaren Köchinnen im Multikulti-Haus meiner Kindheit Schinkenfleckerln machten. Ja, mit Béchamel! Es ist ein ziemlich altmodisches, hochkalorienhältiges Rezept (siehe S. 26), aber ich kenne kein besseres.

So habe ich Béchamel, dieses in der italienischen Küche so beliebte Bindemittel für Speisen aus Teigwaren, Gemüsen, Pilzen und vielem mehr kennengelernt. Vielleicht war es mir als Kind so angenehm, weil es nicht weit entfernt vom molligen Geruch eines Grießkochs war. Wahrscheinlich bin ich über die Jahre dabei geblieben, weil Kindheitserinnerungen so prägend sind.

Heute hat Béchamel eine Art kulinarischer Patina angesetzt – bei uns kocht man nicht mehr sehr viel mit Béchamel, in Frankreich und Italien hingegen schon. Nicht einmal die Tatsache, daß Béchamel in unseren Breiten oft genug der Tarnname für einen Mehlpapp ist, hat mir die Nasenlust daran vertrieben. Das beweist wieder einmal, wie stark wir vom Geruchssinn beeinflußt sind. Ohne Duft kein Aroma. Das wissen auch die Bäcker in den Wiener U-Bahn-Stationen, die ihre Topfenkolatschen und Nußkipferln in wahrhaft überirdische Duftwolken hüllen. Wenn man ihr Angebot mit Schnupfen kostet, bleibt nicht viel Geschmack übrig. Ich habe den Verdacht, daß es eine Art kulinarischen Duftspray gibt, der ziemlich irdische Topfenkolatschen und Nußkipferln verlockender riechen als schmecken läßt. Aber das gibt es auch bei anderen Dingen. Kein noch so köstlicher Espresso schmeckt so gut, wie er duftet, wenn die Bohnen gerade frisch gemahlen wurden.

Ein heiteres Erlebnis zum Thema Geschmackssinn hatte ich zu Beginn meiner journalistischen Arbeit. Da bekam ich ein Manuskript über die Tricks von Hellsehern, Tischerlrückern und windigen Zauberkünstlern auf den Schreibtisch. Die an sich sehr kritische und aufschlußreiche

Geschichte hatte allerdings einen Haken. Um zu beweisen, wie leicht Menschen zu täuschen sind, behauptete der Autor, daß man mit zugebundenen Augen nicht unterscheiden könne, ob man Milch, Wasser, Bier oder Wein trinke.

Das glaubte ich einfach nicht. Der Autor blieb dabei.

Also wurde ein vergnügliches Experiment gestartet. Zwei Kollegen rückten begeistert aus, um sehr wenig Milch, eine Kiste Bier und zwei Doppler Wein zu holen. Wasser hatten wir selber. Und dann ging es los.

Ehe wir noch kosteten, wußten wir schon schnuppernd, was nun kommen würde. Und dann bestätigte der Geschmackssinn den ersten Eindruck. Milch fühlte sich fettig an, das Bier prickelte, der Wein war säuerlich.

Wir gaben die Milch in den Kühlschrank und machten mit Bier und Wein ein improvisiertes Fest. Der Autor schlich beschämt davon.

Ein billiger Sieg, mag man sagen. Unser Geruchs- und Geschmackssinn ist so hochempfindlich, daß er die kleinsten Reize wahrnimmt. Der Duft eines Parfums ist auch wahrzunehmen, wenn nur ein Tropfen im Luftvolumen eines durchschnittlich großen Hauses verdunstet.

Zum Leidwesen vieler gleichgesinnter geruchsempfindlicher Menschen dürfte das aber nur wenigen bekannt sein. Parfum – genug, um ein paar Stadthallen zu füllen – brandet einem, wo man geht und steht, entgegen. Auf der Straße kann man flüchten, in der Bahn den Waggon wechseln. Aber was tut man, wenn im Restaurant am Nebentisch jemand sitzt, der von einem Duft umgeben ist, der einem wie ein Tranchiermesser in die Riechepithele fährt? »Herr Ober, bitte einen anderen Tischnachbarn?«

Aber der Geruch nach Parfum bleibt, vermischt sich mit anderen, läßt Körper- und Deogerüche einsickern. Und schließlich hat man das Gefühl, von jenem seltsamen Geschöpf verfolgt zu werden, das ich neulich im Supermarkt dabei beobachtete, wie es ein Deo, ein Parfum nach dem anderen aufmachte, unter seinen Pullover sprühte und schließlich in einer narkotisierenden Duftwolke davonging.

Wie kann da der sanfte Geruch eines Pürees mit Trüffeln gegen die Übermacht jener Holzhammerdüfte ankämpfen, die mir immer als Entsprechung zu Heavy-metal-Musik erscheinen?

Wie kann sich dagegen die Blume eines Weins entfalten?

Es gibt in Restaurants schon Nichtrauchersalons. Warum nicht auch geschlossene Räume für dezent Parfümierte? Das Gemisch aus edlen Speisen, einer Spur Parfum und den Duftwolken edler Zigarren können den Genuß eines Restaurantbesuchs durchaus erhöhen. Aber auch hier kommt es auf die Dosis an.

Beim Besuch einer weltbekannten Aroma-Firma erzählte mir einer der Chemiker von seiner Arbeit, die unter anderem darin bestand, Verfahren zu finden, aus einem Waggon frischer Himbeeren eine Phiole hochkonzentrierten Pulvers zu machen. Eine seiner amüsantesten Aufgaben war, einem neugebauten, nach frischer Farbe,

Lack und Mörtel riechenden amourösen Etablissement den richtigen, geschäftsfördernden Duft zu verleihen. Welche Düfte er dabei versprühte, hat er nicht verraten – aber der Erfolg stellte sich unmittelbar darauf ein.

Duft macht Stimmung. Man würde es auch blind erraten, in welcher Art von Restaurant man gelandet ist – auch wenn es keine Pizzeria mit ihrem durchdringenden Oreganogeruch ist. Lokale, in denen schon sehr lange sehr gut gekocht wird, haben einen ganz eigenen Geruch, auch wenn die Küche weit von den Galträumen entfernt ist. In manchen riecht es so zart und fein wie in den Béchamelerinnerungen meiner Kindheit.

Seit es die Kochkunst gibt, wurden auch Geruchsverstärker verwendet, um die Freude am Geschmack zu intensivieren: Räucherkerzen, Blumen und kostbare Essenzen waren die Geruchskulisse orientalischer und griechisch-römischer Gastmähler.

Heute hat man sich wieder daran erinnert. Der friulanische Duftexperte Lorenzo Dante Ferro schließt an die große Tradition venezianischer Parfümeure an. Er untersuchte die Duftgewohnheiten verschiedener Länder und komponiert Raumparfums, die Stimmungen fast unmerklich beeinflussen. Auch er kam nicht an den Düften der Kindheit vorbei, die uns ein Leben lang begleiten und unsere Vorlieben prägen. Und so nennt er sich »Dufterinnerungsmacher« und appelliert mit seinen Kompositionen an positive Erlebnisse. In der Gastronomie sollen diese Düfte die Lust am Essen raffiniert steigern.

Manche Köche machen das schon lange. Ein wahrer Duftkünstler ist Meinrad Neunkirchner, der in seinem Restaurant die üppige Vielfalt kulinarischer Essenzen verwendet. Er sautiert Jakobsmuscheln in selbstangesetztem Orangenöl, das zwölf Monate reifen muß, ehe er es verwendet. Er parfümiert Fisch mit Holunderessig und Basilikumöl. Ehe noch der Gaumen zu seinem Recht kommt, wird die Nase gesättigt: mit Engelwurz und Huflattichhonig, Minzöl und Zimtrinde in den ungewöhnlichsten Kombinationen.

Werner Matt begleitet seine Kreationen mit den entsprechenden Duftkonzentrationen, die er durch die Lüftung blasen läßt: Rosmarin zum Lamm, Vanille zum Vanilleparfait, Zimt zum Lebkuchenparfait. Schmunzelnd erzählt er, daß nicht nur Köche den Geruchssinn vor Verkostungen mobilisieren. »Bei einer Schnapsverkostung beim Rochelt ist mit dem Zerstäuber Marillengeist im Raum verteilt worden.«

Eine ganze Menge muß zusammenkommen, damit wir beifällig schnuppern: 150 Komponenten bestimmen allein Duft und Geschmack der Erdbeere. In einer stark gewürzten Sauce sind 200 Bestandteile vereint.

Insgesamt gibt es rund 4000 Geschmacks- bzw. Aromanuancen. Welche davon uns besonders wohlgefällig in die Nase steigen, hängt mit ersten Erfahrungen in unserer Kindheit zusammen.

ÜBERBACKENE SCHINKENFLECKERLN

Für 6 Personen

30 dag Fleckerln
15 dag Butter
5 dag Mehl
3/8 Liter Milch
1/4 Liter Rahm
4 Eier
30 dag Schinken
1 mittlere Zwiebel
5 dag Parmesan
15 dag Champignons
Salz, Pfeffer, Muskatnuß
Semmelbrösel

Die Zwiebel in etwas Butter goldgelb rösten, die Champignons dazugeben, kurz dünsten. Die Fleckerln in Salzwasser bißfest kochen und abseihen. 5 dag Butter mit 5 dag Mehl zerlaufen und hellgelb werden lassen. Mit 3/8 Liter Milch aufgießen und unter Rühren auf kleiner Flamme aufkochen. Den Schinken schneiden, mit vier Dottern, dem Rahm, 5 dag geschmeidig gerührter Butter, Salz, Pfeffer, Muskat, etwas Parmesan und der Zwiebel-Champignon-Mischung verrühren. Vier Eiklar zu festem Schnee schlagen und unterheben. Die Fleckerln erst mit dem Béchamel, dann mit der Schinkenmasse verrühren. In eine gut gefettete Form füllen, mit Butterflocken, dem restlichen Parmesan und etwas Bröseln bestreuen und 1/2 Stunde erst bei mittlerer, dann bei großer Hitze gratinieren.

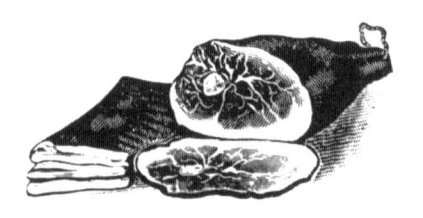

In Hülle und Fülle

Eines der vergnüglichsten Essen meines Lebens genoß ich auf der Terrasse des Palais Schwarzenberg mit Professor Antal Festetics. Eigentlich sollte es ein Arbeitsessen sein - ich machte ein Interview mit ihm - aber von Arbeit konnte keine Rede sein, bei so viel unterhaltsamer Information. Zu meinem Entzücken - und dem der Tischnachbarn - flötete mir Professor Festetics die Stimmen jener Vögel vor, die im Park nisteten. Und er warnte mich davor, Eulen zu essen - »die mäuseln nämlich«. Er hatte es im Dienste der Wildbiologie schon getan.

Und dann schaute er nachdenklich die Schichtung einer Esterházy-Torte an und sagte: »Diese Kombination von Geschmäckern - eigentlich ist das der Höhepunkt der Kochkunst.«

Wahrscheinlich war es eine der wichtigsten Erfindungen der Küchenkultur, Hülle und Fülle raffiniert aufeinander abzustimmen und so verschiedene Aromen und Strukturen zu kombinieren. Wie das einmal anfing? Wahrscheinlich mit einem zusammengeklappten, fleischbelegten Fladen.

Seien wir ehrlich: diese Kombination hat ihre Wirkung noch immer nicht verloren. Es gibt Zeiten, da der größte Feinspitz dem »Kommissar Rex« am liebsten die Extrawurstsemmel wegschnappen würde.

Vom fleischbelegten Brot zur Pastete war es nur ein Schritt. Die Idee, gut gewürztes, gehacktes Fleisch in Teig zu hüllen und alles gemeinsam zu backen, hatten schon die alten Babylonier, die sechs verschiedene Geflügelpasteten zubereiteten.

Von einem griechischen Koch namens Chiromenes weiß man, daß er bei einem Wettbewerb den Preis für eine raffinierte Minipastete bekam: er füllte eine Trüffel gemeinsam mit Speck, Knoblauch, Rosinen, Feigen und Gewürzen in Teig und garte sie.

Der durch den Dichter Petronius unsterblich gewordene Freßsack Trimalchio ließ Schnepfen mit einem Teigmantel umhüllen. Und aus einem gebratenen Eber ließ er lebende Vögel ausschwirren. Fellini hat diese Szene in seinem Film »Satyricon« genußvoll wiedergegeben. Pasteten begleiteten die Gelage der Reichen durch die Jahrhunderte. Pasteten ließen sich dekorativ gestalten. Man formte aus Teig jene Tiere, mit deren Fleisch die Pasteten gefüllt waren. Und diese Teigtiere wetteiferten auf der Tafel mit dem kulinarisch garnierten Schaugetier, das nur dekorativ und selten eßbar war: Steinböcke und Reiher, Adler und Schwäne.

Pasteten wurden auch mit den schönsten Ornamenten geschmückt, mit Wappensymbolen und allegorischen Figuren. Und sie waren die Trägersubstanz für den größten Luxus: Gewürze. Je reicher der Gastgeber, desto würziger mußten die Speisen schmecken. Sie machten zudem Durst – und ihn zu stillen galt als Zeichen der Männlichkeit. Vom Preußenkönig Friedrich II. weiß man, daß er seine Untertanen zwar eindringlich zur Genügsamkeit anhielt, selbst aber viel und teuer aß. Nach einem kompletten Menü auch noch die von ihm sehr geschätzte Aalpastete – »so heiß und scharf gewürzt, daß sie in der Hölle gebacken schien.«

Pastete – der Name kommt aus dem Lateinischen. Pastata heißt »aus Teig gebacken«. Das italienische Wort *pasticcio*, das an den nicht immer taufrischen Inhalt einer Pastete erinnert, wurde dann auf Opern angewandt, die aus bereits vorhandenen Arien zusammengestückelt wurden. Auch die Kopien berühmter Kunstwerke wurden so genannt.

Bis zur Französischen Revolution gab es in Paris keine Restaurants im heute üblichen Sinn, sondern nur Garküchen, die auf ein Gericht spezialisiert waren. So machten die Rotisseurs nur Braten. Die Pastetenbäcker nur Pasteten, die Suppenköche nur Suppen. Erst als die Adeligen entweder unter der Guillotine endeten oder ins Ausland flohen, machten ihre arbeitslos gewordenen Köche Lokale auf, in denen man ganze Menüs bekam. Sie nannten die Lokale »Restaurants«, da die kräftigen Suppen die Gesundheit und das Wohlbefinden der Besucher »restaurieren« sollten. Aber einer der größten Anziehungspunkte dieser Lokale waren die kunstvollen Pasteten, wie sie bisher nur in Adelshäusern serviert worden waren. Frankreich ist bis heute ungeschlagen in der Kunst der Pastetenbereitung – im kleinsten Bistro kann man sie bekommen. Allerdings heißen sie nur Pastete, wenn sie eine Teighülle haben. Fehlt sie, dann spricht man von Terrinen.

Pasteten können die verschiedensten Formen und Inhalte haben. In fast jeder Küche der Welt gibt es Abarten davon. In Chile feiert man am 18. September das große Fest der Unabhängigkeit von der spanischen Herrschaft mit Minipastetchen: Empañadas. Eigentlich ist sie das argentinische Nationalgericht, das mit feingeschnittenem Rindfleisch und Zwiebeln, harten Eiern, Rosinen, Pfeffer und anderen Zutaten in einen butterreichen Mürbteig gehüllt und in Fett oder im Backrohr gebacken wird. Ich habe sie bei Freunden gegessen und sie zunächst – sie waren noch nicht gebacken – für Kärntner Kasnudeln gehalten. Sie werden nämlich genauso gekrendelt – der Teigrand wird kunstvoll eingeschlagen. Und genauso wie in Kärnten ist es auch der Ehrgeiz argentinischer oder chilenischer Köchinnen, dieses reizvolle Ornament makellos und schnell machen zu können. Aber wenn man Empañadas kostet, gibt es keine Verwechslungen mehr. Meine waren mit reichlich Pfefferoni, Kreuzkümmel und Oliven gewürzt.

Eine anmutige Spielart der Pastete sind die argentinischen Pastellitos. Sie bestehen aus Blätterteig, der in Quadrate geschnitten wird. Das unterste wird mit Fleisch- oder Fischfülle, eventuell auch mit Früchten belegt, dann kommt ein zweites Quadrat versetzt darauf, so daß sich ein achtzackiger Stern bildet. Die Teigquadrate festdrücken und in Pflanzenfett herausbacken. Dabei gehen die Teigblätter wunderschön auf. Vorsicht: bei nicht zu hoher Fett-Temperatur backen! Pasteten gibt es auch in der russischen Küche: Sakuski, die vielfältigen Vorspeisen. Man servierte sie vor einem Fest mit reichlich Schnaps, um sich das Warten auf die anderen Gäste zu vertreiben. Denn in der schneereichen Weite des Landes war es schwer, mit dem Pferdeschlitten oder der Kutsche pünktlich zu sein. Zu den beliebtesten Sakuski gehört Gutap, eine Blätterteigkolatsche, die mit einer Kräutereierspeise gefüllt und frittiert wird.

Reduziert man den Begriff »Pastete« auf Teig mit Fülle, dann gehören natürlich alle Arten von Ravioli – unter den verschiedensten Namen – auch dazu. Es ist erstaunlich, wo es sie überall gibt. In Rußland heißen sie Pelmeni, bestehen aus Nudelteig und werden wie Ravioli mit Fleisch, Pilzen, Gemüse oder Käse gefüllt. Man kann sie auf Vorrat herstellen, in der natürlichen Kälte des Winters werden sie ohne Tiefkühlgerät schockgefroren, in Säcke gefüllt und nach Bedarf gekocht. Aus Germteig mit pikanter Fülle bestehen die russischen Piroggen.

Die Streitfrage, woher die vielen Nudelformen der Weltküche kommen, läßt sich nicht beantworten. Heimatrecht haben sie in China wie in Italien, und die Erklärung, Marco Polo hätte die ersten Nudeln aus China nach Venedig gebracht, ist Legende. Denn Nudeln gab es in Italien schon zur Zeit der Römer.

Auch die Frage nach dem besten Geschmack, der interessantesten Form läßt sich nur individuell beantworten. Ob Wan Tan oder Dim Sum in China oder Ravioli, Panzerotti, Tortellini, Capelleti in Italien – alle haben ihren kulinarischen Reiz. Eine Abart der Pastete ist auch der chinesische Mondkuchen, der bei einem großen Fest zur Erntezeit im September verschenkt wird. Es ist ein Kuchen mit Fruchtfülle, dessen Oberfläche mit schönen Ornamenten und Schriftzeichen geschmückt wird. Im 14. Jahrhundert, als China von den Mongolen beherrscht wurde, verwendete man diese Kuchen, um das streng geheime Signal zum Aufstand gegen die Besatzer von Haus zu Haus zu tragen.

Die türkische Küche ist reich an salzigen und süßen Pasteten, die als Vor- oder Nachspeise genossen werden. Börek heißen die hübschen kleinen Gebilde aus Yufka-Strudelteig, die mit gehacktem Lammfleisch bzw. Gemüse, Nüssen, Rosinen, Pignoli, Mandeln und Honig gefüllt sind. Sie werden wie Zigarren gerollt, zu Nestern geformt oder auch wie Kolatschen gefaltet, und sie haben höchst poetische Namen: Nachtigallennest, Frauennabel ...

Hülle und Fülle beschränkt sich in der türkischen Küche keineswegs auf Teiggerichte. Am Bosporus ist die Heimat der raffiniert gefüllten Gemüsegerichte, die längst bei uns heimisch geworden sind: gefüllte Paprika, Paradeiser, Melanzani, Zucchini, Gurken, Weinblätter.

Als Pastete, weil er aus Hülle und Fülle besteht, kann auch der Strudel bezeichnet werden, dessen Rezept mit den Arabern aus

Asien nach Westeuropa kam, während ihn die Türken über Griechenland und den Balkan nach Ungarn exportierten. Von dort aus eroberte er dann die Wiener Küche. Pasteten aus Teig, in der französischen Tradition im Briochemantel oder mit pikantem Aspik ausgegossen, sind ziemlich arbeitsintensiv. Aber es gibt auch schnelle Pasteten, die viel hermachen, köstlich schmecken und meinen Gästen sehr zusagen.

MORCHELTORTE

Für 4 Personen

1 Packung Tiefkühlblätterteig (30 dag)
2–3 dag getrocknete Morcheln
15 dag Champignons
3 junge Zwiebeln
2 dag Butter zum Anrösten
4 dag Butter für das Béchamel
2 dag Mehl
1 Stamperl trockener Sherry
1/2 Becher Schlagobers
Butter zum Bestreichen
Salz, Pfeffer, Muskatnuß, eventuell Trüffelöl
1 Ei

Die Morcheln säubern und zwei Stunden in 3/8 Liter lauwarmes Wasser einlegen, das Wasser durch ein engmaschiges Netz laufen lassen und auffangen. Die Morcheln klein schneiden und zehn Minuten im gefilterten Einlegwasser kochen und herausnehmen. Die Zwiebeln hacken und in 2 dag Butter anlaufen lassen, die geputzten und zerkleinerten Champignons dazugeben, dünsten, die Morcheln beigeben. 4 dag Butter und 2 dag Mehl anlaufen lassen, mit dem erkalteten Morchelwasser und soviel Schlagobers aufgießen, daß eine nicht zu dünne Béchamelsauce entsteht. Champignons mit Morcheln beigeben, mit Salz, Pfeffer, Muskatnuß und Sherry würzen. Auskühlen lassen.

Den aufgetauten Blätterteig ausrollen, zwei Kreise, einer größer als die Auflaufform, der andere genauso groß, ausstechen. Die Form buttern, mit Teig belegen, seitlich am Rand hinaufziehen, mit der Morchelcreme bestreichen. Den Deckel über den Nudelwalker abrollen und darauflegen. Aus den Teigresten Ornamente ausstechen. Den Deckel mit verquirltem Ei bestreichen, die Ornamente aufsetzen, bestreichen. Die Torte 35 Minuten backen. Besonders fein wird die Fülle, wenn man sie mit ein paar Tropfen Trüffelöl würzt.

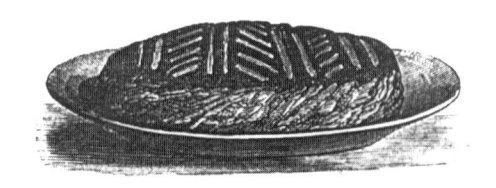

Die deftigen Lilien

Die neuesten In-Lokale und die Enttäuschung über die In-Lokale von gestern waren abgehandelt. Wir konnten uns anderen Themen zuwenden. So fragte einer aus unserer genießerischen Runde: »Auf welche eßbaren Produkte könntet ihr am wenigsten verzichten – Grundnahrungsmittel natürlich ausgenommen?«

»Auf alles, nur nicht auf ein bißl Luxus«, kam es von einer Seite. Gilt nicht, das hat schon Nestroy gesagt.

»Auf Kaviar«, protzte ein anderer und wurde als Snob disqualifiziert.

»Salz!« – Gehört zu den Grundnahrungsmitteln!

Und dann sagte einer, der immer sehr genau ist: »Lilien.« Lilien? Was haben denn diese süß und schwermütig duftenden Blumen mit unserem Thema zu tun? Lilien gehören in Brautbouquets oder auf die Altäre von Maiandachten.

»Liliengewächse«, präzisierte unser Freund. Zwiebeln, Knoblauch, Porree, Schnittlauch – alle sind Liliengewächse: die deftigen Geschwister der duftenden Lilien.

Rund 3500 Mitglieder hat die Familie der Liliengewächse. Tulpen und Hyazinthen gehören ebenso dazu wie Spargel und die verschiedensten Lauch- und Zwiebelsorten. Unser Freund hat recht, auf Liliengewächse kann man nur verzichten, wenn man Gulyas und Rostbraten, Risotto und Schwammerlsauce, Lammbraten und noch unzählige andere würzige Gerichte aus der Speisekarte streicht.

Die Lilien sind eine sehr kosmopolitische Familie. Lauch ist eine der ältesten Kulturpflanzen der Welt, die sich aus dem Wildlauch entwickelte. Schon Ägypter, Hebräer, Griechen und Römer kultivierten den Lauch als unverzichtbare Beigabe zu ihren Gerichten. Die Zwiebel kam aus China und wurde in Ägypten als heilige Pflanze verehrt.

Mit den Römern kam der Lauch nach Gallien und Spanien. In fast allen Kulturen wurde auch seine Heilkraft genutzt. Die moderne Wissenschaft bestätigt dieses Wissen. Lauch hat einen hohen Gehalt an Kalium, Kalzium, Phosphor, Natrium, Eisen, Vitamin B1, B2 und C sowie Provitamin A und Schwefel, der wie ein Antibiotikum wirkt.

Nach Lilien duften sie wirklich nicht. Das erfuhr meine Mutter, der ich als Kind, mit einem Riesenschnupfen behaftet, einen Strauß weißer Blüten von einem Ausflug mitbrachte: Blüten des Bärlauch, die eine Wolke von Knoblauchduft in die Wohnung trieben.

Bärlauch hat in den letzten Jahren den Weg in die feine Küche gefunden, als Zusatz zu Nockerln, Suppen, Strudelfülle, Gemüse.

In den mediterranen Ländern wird auch

noch ein anderer Frühlingsbote verspeist: die Zwiebel der blauen Traubenhyazinthe. Bei uns ist diese Blume allerdings streng geschützt.

Porree, wie der Lauch nach dem italienischen Wort *porro* genannt wird, ist ein sehr vielseitiges Gemüse. Lauch gibt Suppen ein interessantes Aroma, er ist ein würziger Belag für salzige Kuchen. Ich mag ihn besonders gern in Schinken gewickelt und mit Käsesauce überbacken. In der Schweiz macht man auch Salat aus Lauch: die geschnittenen Stangen werden in Milch blanchiert und in einer pikanten Salatsauce mit Gartenkresse angerichtet. Dazu gibt es geröstete Briesröschen. Eng verwandt mit dem Porree sind Frühlingszwiebeln, die jetzt das ganze Jahr über angeboten werden. Ihre zarten Knollen und die reschen Blätter, die man wie Schnittlauch aufschneiden kann, sind eine gute Würze für Gemüsegerichte, Kräutertopfen, Salate.

Die robusteste unter den deftigen Lilien, der Knoblauch, hat eine große Variationsbreite: köstlich schmeckt ein Hauch jungen Knoblauchs, abscheulich hingegen alter, ordinär stinkender Knofel, der alle Gerichte verdirbt.

Knoblauch, den man in Hendl- oder Lammgerichten mit der Schale mitdünstet, schmeckt so mild, daß Beigaben von zehn und mehr Zehen für ein französisches Rezept gar nicht selten sind. Knoblauchhasser haben meist ihre schlechten Erfahrungen mit unsensibel dosiertem, überständigem Knoblauch gemacht. Ein Kind in unserer Familie, das Knoblauch ablehnte, wurde von uns mit »Gurkenkompott« mit jungem Knoblauch umgestimmt. So heißt bei uns die griechische Vorspeise Tsatsiki: gestiftelte Gurken in Joghurt mit etwas Knoblauch und frischen Kräutern.

Knoblauch muß gut dosiert werden. Die richtige Menge im Erdäpfelgratin entscheidet über gut oder sehr gut. Bei knoblauchempfindlichen Gästen reibe ich nur die Gratinform mit Knoblauch aus. Bei Risotto kann es schon eine ganze Zehe sein, die gemeinsam mit Zwiebeln, Wein, Suppe, Salz und Pfeffer und Beigaben wie Schwammerln, Spargel oder Krebse für guten Geschmack sorgen.

Den ironisch zelebrierten »Zug zum Höheren«, der in der Wiener Küche so häufig ausgelebt wird, findet man auch beim Vanillerostbraten. Er wird mit Knoblauch gewürzt, und Knoblauch hieß im Biedermeier »Vanille des kleinen Mannes«.

Ein Zwitter von Knoblauch und Schnittlauch ist der Schnittknoblauch, eine Pflanze mit dünnen Blättern, die nach Knoblauch schmecken – Bestandteil der chinesischen Küche.

Die Zwiebel entwickelte eine Fülle von Erscheinungsformen. Da ist die kleine, feine Schalotte, die ihren Namen der Stadt Askalon verdankt, und die großen weißen Gemüsezwiebeln, die in der mediterranen Küche Anwendung finden. Besonders mild sind rote Zwiebeln, die - blanchiert - den Erdäpfelsalat schmackhaft machen. Die bei uns populärste Sorte ist hellbraun - ihre Schalen werden gern zum Eierfärben verwendet. Ziemlich ungewöhnlich sind die bis zu 30 cm langen roten Zwiebeln und die länglichen Schalotten, die man auf italienischen Märkten entdeckt.

Neben ihrer Funktion als Würze haben auch Zwiebeln pur ihre Meriten als Vorspeise oder Beilage. Ich dünste kleine Zwiebeln oder Schalotten gerne in Suppe und lege sie dann in gutem Essig und edlem Öl ein. Und plaziere sie dann auf einem Vorspeisenbuffet mit kaltem Fleisch und Pasteten. Bisher ist noch nie etwas davon übriggeblieben, und so ist ein römisches Rezept bisher ungeprüft geblieben:

»Salbst mit zerstoßenem Zwiebel emsig das haarlose Haupt dir, zeigt bald von neuem die Glatze mit lockigem Schmuck sich belaubt dir.«

PIKANTE ZWIEBELN

15 kleine Zwiebeln oder Schalotten
$1/2$ Liter Rindsuppe
Salz, Pfeffer, Muskatnuß
4 Eßlöffel Olivenöl
7 Eßlöffel Weinessig
(eventuell zur Hälfte mit
Balsamico gemischt)
1 Teelöffel Senf
Basilikum

Die Zwiebeln schälen und im ganzen in eine feuerfeste Form stellen, salzen, pfeffern, mit Muskat bestreuen und mit Suppe begießen. Mit Alufolie bedecken. Ca. 35 Minuten bei mittlerer Hitze im Ofen dünsten. Die Zwiebeln dürfen nicht zu weich werden.

Eine Salatsauce aus den angegebenen Bestandteilen rühren, die Zwiebeln hineingeben und über Nacht ziehen lassen.

sauer macht lustig

Das wunderbar würzige Hendl, das ich vor Jahren bei französischen Freunden vorgesetzt bekam, war für mich ein Aha-Erlebnis. Ich hatte darauf getippt, daß es seine feine Säure von einem Schuß Wein bekommen hatte. Tatsächlich war es ein Essig-Hendl, ein sehr populäres Gericht der französischen Küche. Essig, das war damals in Österreich keineswegs der Stoff, aus dem die kulinarischen Träume waren. Er schmeckte extrem sauer, scharf und penetrant. Kein Wunder, daß man damals Salate zuckerte, um den Essig zu entschärfen – leider passiert das auch heute noch, obwohl es so guten, milden Essig gibt.

Kochen mit Wein oder edlem Essig ist eine Errungenschaft der mediterranen, aber auch der orientalischen Küche, deren Finessen sich uns erst in den letzten Jahren offenbarten. Was wäre echter Risotto ohne einen Schuß von dem Weißwein, den man auch dazu trinkt. Oder Sushi-Reis ohne Su, den milden, leicht süßlichen Reisessig der Japaner. Gazpacho, die kalte spanische Suppe aus Gurken, Paradeisern, Paprika, Knoblauch, Weißbrot und Öl, wäre ohne Sherry-Essig viel weniger aromatisch. Ohne Rotwein aus Burgund gibt es kein Bœuf Bourguignonne – seine Sauce entsteht nach langem Dünsten von Fleisch, Wein und Gemüse. Bretonische Crevetten beziehen ihren frischen Geschmack vom Cidre, dem Apfelwein der Region. Erstklassige Frittierteige verlangen nach Mineralwasser und Wein. Coq au Vin bekommt seinen sündhaft guten Geschmack von Hühnerblut, Marc de Bourgogne (Tresterschnaps) und Burgunder. Und was wären Fischsaucen ohne den Fond, der aus Gräten, Gemüse und Weißwein gekocht wird?

Schon in biblischen Zeiten wurde mit Wein und Essig gekocht. Beide wurden mit duftenden Kräutern und kostbaren Gewürzen ferner Länder versetzt.

Wie so viele Lebensmittel – Käse etwa oder Brot – ist auch der Essig ein Produkt des Zufalls und des Zerfalls der ursprünglichen Materie.

Man kann es ausprobieren: Wer einen ungeschwefelten Wein von ca. 11 % Alkoholgehalt relativ warm und unverschlossen stehenläßt, hat in drei Wochen Essig. Mit Hilfe einer Essigmutter geht es schneller. Aber Vorsicht! Sie vermehrt sich rapide, und so schnell kann man Essig weder verbrauchen noch verschenken, wie sie ihn produziert.

Wein und Essig gehören zusammen. Aber man kann auch aus Bier, Reis, Feigen, Gerste, Paradeisern und noch vielen anderen Produkten Essig machen. Aus Himbeeren nicht – die eignen sich wohl zum Aromati-

— SAUER MACHT LUSTIG —

sieren, beim Vergären verlieren sie ihren Geschmack. Es gibt zwei Sorten Essig: Gärungsessig, der das Aroma seiner Grundstoffe annimmt, und aromatisierten Essig, dem Kräuter, Safran, Wacholder, Knoblauch, Waldbeeren seinen Geschmack geben. Im Delikatessenhandel gibt es hochwertigen Essig aus edelsten Weinen mit deren typischem Aroma. Einen Essig aus Trockenbeerenauslesen kann man sogar als Aperitif trinken. Auch Brombeeren, Weichseln, schwarze Ribiseln, Paradeiser, Marillen sind der Grundstoff von Essig, der sich als edle Würze für Saucen, Salate und Marinaden erweist.

Auf dem Wiener Naschmarkt hat die traditionsreiche Firma Gegenbauer seit einigen Generationen einen Stand mit verschiedensten feinen Würzessigen, die man direkt vom Faß abgefüllt bekommt. Essig wirkt aber nicht nur innerlich. Auf dem Frisiertisch meiner Mutter stand leicht parfümierter Toilette-Essig, mit dem sie Hautunreinheiten behandelte. Ich spüre heute noch den säuerlich-frischen Geruch dieses altmodischen Kosmetikums.

Essig als Reinigungsmittel hat in Zeiten des Umweltbewußtseins ein Comeback gefeiert, er ist ein erstklassiger Kalklöser. Nur, daß man Teppiche mit Essigwasser reinigen soll, hören Experten nicht so gern. Reines Wasser genügt.

Essig ist ein durch Jahrhunderte erprobtes Konservierungsmittel, mit dem nicht mehr ganz taufrisches Fleisch wiederbelebt wurde.

In England lernte ich eine wahre Künstlerin der Essigkonservierung kennen. Elaine Fried verarbeitet duftende Kräuter, die gepflückt werden, wenn der Morgentau abgetrocknet ist. Sie werden zerrieben und im Verhältnis $1/2$ Tasse Kräuter auf einen halben Liter Essig angesetzt. So entsteht aus Borretschblüten ein blitzblauer Essig, während Schnittlauchblüten rosa färben. Elaine Fried kombiniert Dille mit Zitronenschalen, Knoblauch und Basilikum. Oder Borretsch und Pimpinelle. Estragon mit Thymian, Basilikum, Schnittlauchblüten und Lavendel. Die Basis ist milder Apfelessig, der die Aromen gut aufnimmt. Mit diesem Edelessig werden Pickles und Piccalillies (das sind Gemüsekonserven) sowie Relish (süßsaures, zerkleinertes Gemüse) zubereitet.

Elaine Fried legt zum Beispiel Zwiebeln und Stachelbeeren in Essig ein oder Gurken, Kapern, Selleriesamen und scharfes Senfpulver. Diese Pickles ißt man zu Roastbeef, Lamm oder Fisch. Unserem Geschmack liegen wahrscheinlich mediterrane Essigkonserven näher. Zum Beispiel Sott'olio, das ganz einfach herzustellen ist. Man kocht einen Liter Weißwein, 2 dl Weinessig mit Salz, Pfefferkörnern, Zimt und Lorbeerblatt auf. Gemüse oder Pilze werden kurz blanchiert und mit der kochenden Marinade übergossen. In Gläser füllen und mit einem Spiegel aus Olivenöl aufgießen und verschließen. Auch in der türkischen Küche kennt man ähnliche Methoden der Essigkonservierung, nur kommen in den pikanten Sud Dill und Minze, ehe man das Gemüse darin versenkt.

Auch viele Arten der Fischkonservierung sind undenkbar ohne Essig. Eines der beliebtesten Smörgasbord-Gerichte, der »Glasmeister-Hering«, besteht aus Salzheringen, die mit einer kochenden Marinade aus Essig, Zucker, Senfkörnern, Piment, Lorbeer, Zwiebeln, Karotten, Kren und Ingwer übergossen werden. Dann drei Tage im Kühlschrank ziehen lassen und mit Schwarzbrot und Aquavit servieren.

Der edelste aller Essige, Aceto Balsamico, entsteht nicht aus Wein, sondern aus dem Most der Trebbiano-Traube. Gleich nach dem Pressen wird er auf 80 Grad erhitzt und auf ein Drittel eingekocht. Er reift nicht im Keller, sondern unter dem Dach, wo er jahrelang großer Hitze und feuchter Kälte ausgesetzt ist. Dabei muß er in immer kleinere Fässer aus verschiedenem Holz übersiedeln: Eiche, Kastanie, Kirsche, Esche, Maulbeerholz und schließlich Wacholderholz. Bei dieser Behandlung verdampft sehr viel, der Essig wird immer konzentrierter. Und mit jedem Jahr und jedem neuen Faß steigt auch der Preis.

Echter Balsamico kommt aus Modena, wo er als Heil- und Stärkungsmittel der modenesischen Herzöge seine Karriere begann. Balsamico muß mindestens fünf Jahre reifen. Ab 12 Jahren wird er respektabel. Es gibt Essenzen, die fünfzig Jahre und älter sind und mehr kosten als Wein dieses Alters. Man braucht nur ein paar Tropfen Balsamico, um ein Gericht zu parfümieren. Je einfacher das Grundprodukt, desto besser kommt die Würze zur Geltung. Ein feiner Fisch in Buttersauce mit ein paar Tropfen Balsamico ist eine Delikatesse. Im Friaul habe ich gebratene Salami mit Balsamico sehr genossen.

Es muß nicht der König der Essige sein, aber aus erstklassigen Grundstoffen und liebevoll vergoren sollte Essig schon sein, damit er uns lustig macht.

Elsässisches Essighendl

Für 4 Personen

2 kleine Poularden
1 mittlere Zwiebel
2 Knoblauchzehen
1 Eßlöffel Butterschmalz
1 Eßlöffel Paradeisermark
1 Deziliter trockener Sherry
oder Weißwein
1 Deziliter milder Weinessig
Salz, Pfeffer, 1 Eßlöffel Butter

Die Hendln putzen, vierteln, sichtbares Fett wegschneiden, eventuell die Haut abziehen. Flügelspitzen und Hals abschneiden und mitbraten. Die Hendlteile in Butterschmalz anbraten, salzen, pfeffern, Knoblauch und die geschnittene Zwiebel dazugeben und mitbräunen. Mit Essig und Wein löschen, Paradeisermark dazugeben und weichdünsten. Das Fleisch aus der Sauce nehmen, die Sauce abschmecken und durchmixen. Die kalte Butter einrühren und mit dem warmgehaltenen Hendl zu Reis oder Erdäpfeln servieren.

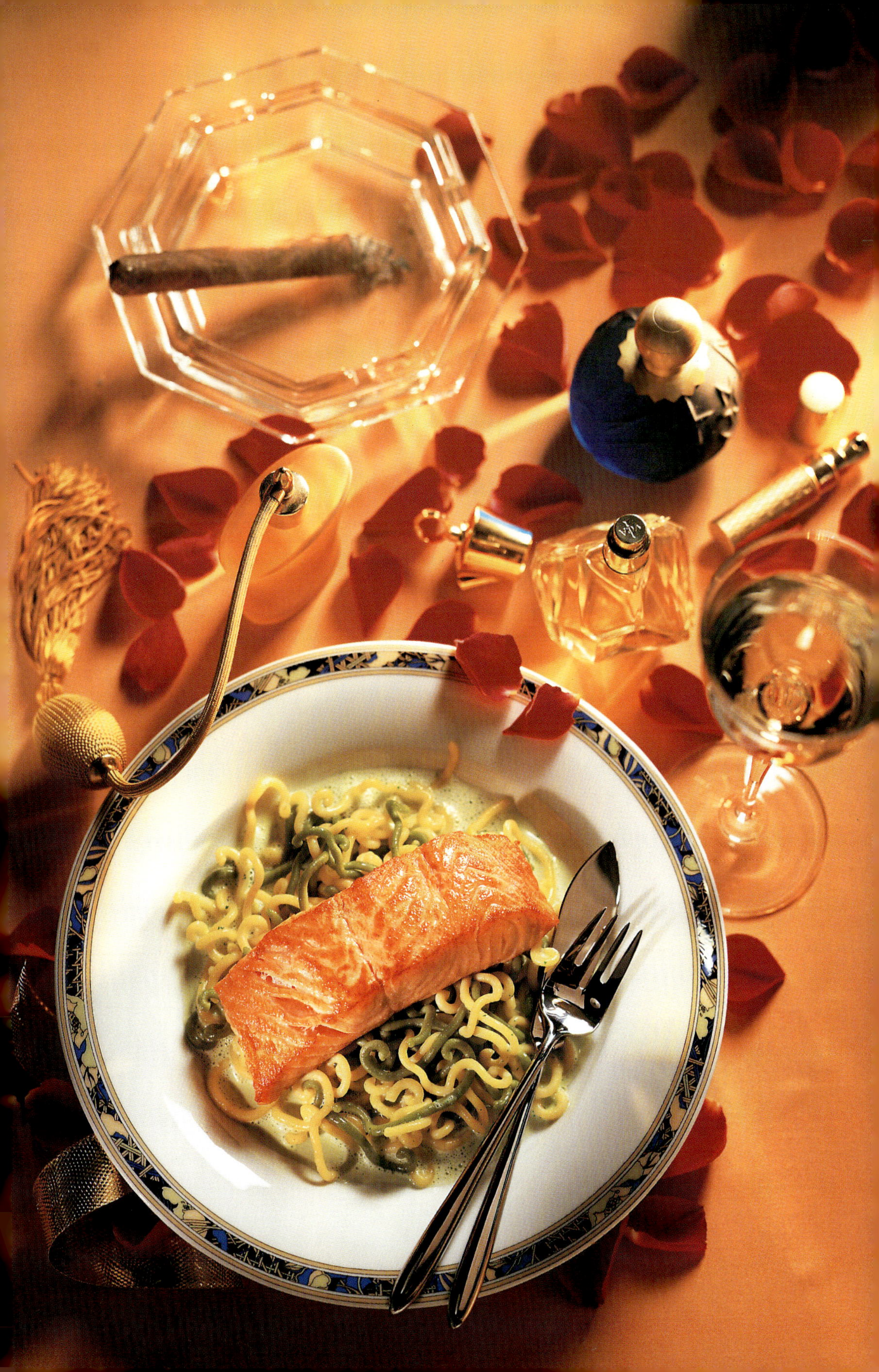

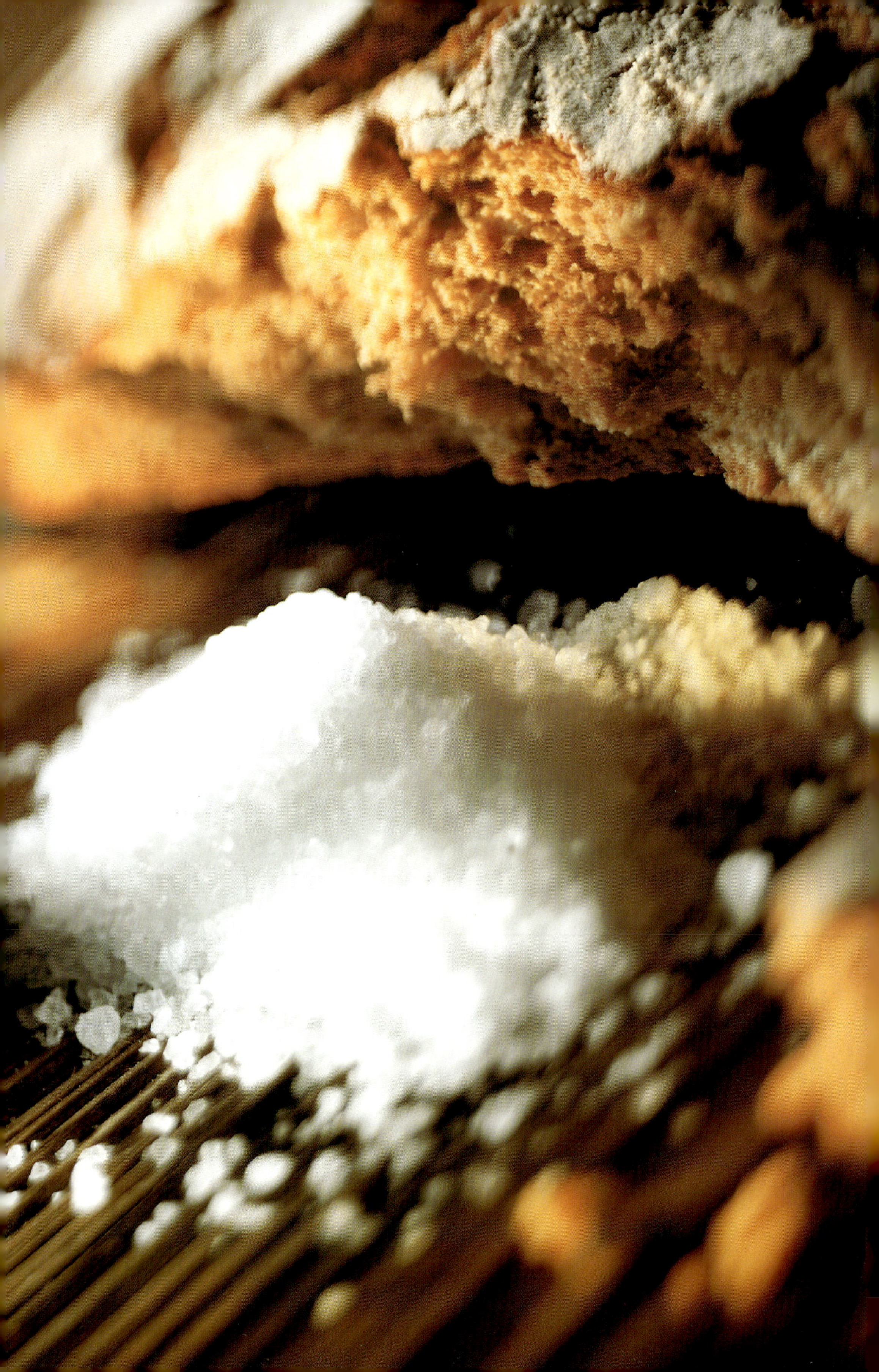

Würze des Lebens

Wenn meine Freunde eine Wohnung oder ein Haus einweihen, komme ich gerne mit Brot und Salz. Ich mag diesen Brauch, an die einfachsten und wichtigsten Dinge des Lebens zu erinnern - gerade weil er schon ein wenig in Vergessenheit geraten ist. Es tut mir weh, wenn ich bei Tisch erlebe, daß jemand automatisch zum Salzstreuer greift, noch ehe er gekostet hat. Das ist eine Mißachtung der Köchin oder des Kochs. Man sollte ihrer feinen Zunge vertrauen, ehe man mit schwerem Salzgeschütz drüberpulvert. Es hat schon seinen Grund, warum in guten Restaurants keine Salzstreuer am Tisch stehen.

Auch wenn es uns heute so billig wie noch nie und in unbegrenzter Menge zur Verfügung steht: Salz ist etwas Besonderes. Ohne Salz ist das beste Essen ein langweiliger Fraß. Und ganz ohne Salz könnten wir nicht existieren, unser Wasser- und Elektrolythaushalt könnte nicht funktionieren.

Jahrhundertelang war Salz das wichtigste Konservierungsmittel für Fisch und Fleisch, Butter und Käse. Ohne eingepökelte Vorräte wären noch viel mehr Menschen an Hunger gestorben. Vor allem in den heißen Ländern, wo mit dem Schweiß auch viel Salz verlorengeht, hat Salz einen extrem hohen Stellenwert. In Afrika zapften die Bewohner salzarmer Gegenden den Kühen Blut ab, um nicht zugrunde zu gehen. Salz war und ist ein wichtiges Zahlungsmittel. Die Worte *salaire* oder *salary* für Gehalt erinnern noch daran.

Unvorstellbar, eine solche Kostbarkeit zu verschwenden. Der Aberglaube, es bringe Unglück, wenn man Salz verstreut, kommt noch aus der Zeit, als Salz einen hohen Wert besaß und als man mit Salz bestreutes Brot zum Zeichen der Gastfreundschaft und des gegenseitigen Respekts teilte.

Bei vielen Ritualen, wie der Taufe, der Priesterweihe, der Letzten Ölung, spielt Salz eine Rolle. Kein Wunder, daß man glaubte, der Teufel und die Hexen fürchteten und verabscheuten Salz.

Die Menschen haben schon sehr frühzeitig entdeckt, daß sie Salz brauchen. Solange sie sich nur von Fleisch ernährten, genügte ihnen das darin enthaltene Salz. Erst als sie auf Körnerkost umstiegen, brauchten sie eine Zusatzration. Wenn sie es nicht aus Salzquellen, aus dem Meer oder aus freiliegenden Salzstöcken im Stein gewannen, mußten sie sich Technologien ausdenken, um zu dem lebensnotwendigen Salz zu kommen.

Man legte am Meeresufer Salzgärten an und wartete, bis die Sonne das Wasser verdampfte. Das war mühseliger, als man glaubt. Meerwasser schmeckt zwar sehr salzig, aber es enthält nur 35 Gramm Salz pro Liter Wasser. In der Summe ist das allerdings gewaltig: 40 Billiarden Tonnen Salz sind in den Weltmeeren gelöst, genug, um Europa mit einer 5 Kilometer hohen Salzschicht zuzudecken. Salz wurde auch durch Verbrennen salzhaltiger Pflanzen gewonnen. Bereits um 2320 v. Chr. konnten die Ägypter durch diese Methode ihre Speisen mit Salz würzen.

Ich finde es faszinierend, wie früh in Österreich eine hochentwickelte Technologie zur Salzgewinnung eingesetzt wurde. Seit rund 3000 Jahren wird im Salzkammergut Salz abgebaut. Das Salz im Berg ist eigentlich Meersalz, das es durch tektonische Verschiebungen und Umschichtungen in die Alpenregion verschlagen hat.

Die Kelten, die um 1000 v. Chr. um den Hallstätter See siedelten, schlugen bereits schräge Stollen in den Berg, um zu den verborgenen Salzlagern vorzudringen. Bis heute weiß man nicht genau, wie sie aus den bis heute erhaltenen herzförmigen Kerben das Salz heraushackten, ehe sie es in Ledersäcken zu Tal brachten und weiterverarbeiteten.

Salz war in dieser Zeit wertvoller als Gold. Die Kelten kauften mit Salz Kostbarkeiten aus weit entlegenen Gegenden: Waffen, Kunsthandwerk, Schmuckstücke mit Elfenbein und Bernstein, in kunstvollen Techniken gefertigt. Diese Schätze kamen zutage, als man die Keltengräber entdeckte und öffnete. Salz wurde während der Keltenzeit über weite Distanzen transportiert: aus dem weltfernen Seetal von Hallstatt über unzugängliche Berge an die Adria und von dort mit dem Schiff zu den Karawanenwegen der Sahara, bis zum Markt von Timbuktu.

Salz bedeutet Reichtum und Macht – das lernten die Herrscher sehr schnell. Eine so unentbehrliche Sache ist natürlich eine perfekte Steuerquelle. Am besten, man produziert es gleich selbst – wie die Habsburger, die aus den Salzvorkommen Österreichs ein Monopol machten.

Das Salzkammergut war jahrhundertelang Sperrzone, in die man nur mit Pässen des Salzamts einreisen durfte. »Gengan S' zum Salzamt!« – diese wienerische Formel für hoffnungslose Unternehmen erinnert noch heute daran, wie schwierig der Umgang mit dieser Behörde war.

Seit dem 12. oder 13. Jahrhundert wird das Salz der österreichischen Berge mit Wasser gelöst, in Sudhäuser gepumpt und dort in riesigen Pfannen gesotten. Bei allem technischen Fortschritt – an diesem Prinzip hat sich nichts geändert.

Fast wäre das Salzkammergut zur Karstlandschaft geworden, denn für das Salzsieden brauchte man unglaubliche Mengen an Holz. Meist wanderte man mit den Sudpfannen dorthin, wo es noch intakten Wald gab, und hinterließ dort neue Kahlschläge. Aber die Habsburger waren zum Glück leidenschaftliche Jäger, und so wurde das Salzkammergut immer wieder aufgeforstet. Die phantasievollsten Technologien wurden schon in frühester Zeit geschaffen, um das Salz weiterzubefördern. Das Boot war im wasserreichen Salzkammergut das gegebene Transportmittel. Und weil das Wasser, das die vielen Seen verbindet, ziemlich wild war, dachten sich schon im 16. Jahrhundert einfallsreiche Köpfe Klausen und Kanäle aus, um die Stromschnellen zu bändigen. Das faszinierendste Bauwerk aus dieser Zeit ist wohl der Gosauzwang, eine 40 km lange Pipeline, die über Berge und Schluchten die Sole von Hallstatt nach Ebensee brachte. Sie besteht heute noch und wird von einem reizvollen Wanderweg begleitet.

Nicht nur in Österreich war Salzabbau und -handel ein Monopol, das mit allen Mitteln verteidigt wurde. Unter Ludwig XVI., der später unter der Guillotine endete, wurden 1800 Menschen, darunter Kinder, wegen »Salzverfälschung« ins Gefängnis geschickt. Das Wort selbst war eine Fälschung: die Unglücklichen hatten Salz steuerfrei geschmuggelt, weil es sonst zu teuer gewesen wäre.

Die krasseste Willkür in Zusammenhang mit Salz geschah noch im ersten Drittel des 20. Jahrhunderts, als die Engländer in Indien Salz mit 2800 Prozent Steuer belegten. Nur die Reichsten konnten sich leisten, ihr Essen zu salzen. Die Armen wurden krank, ihr Vieh ging zugrunde. Dabei hätten sie nur ans Meer gehen müssen, um das dort liegende Salz aufzuklauben. Aber daran hinderte sie die Polizei der Kolonialmacht England. Bis dann Gandhi am 5. April 1930 demonstrativ zum Meer ging, Salz sammelte und sofort verhaftet wurde. Das nützte nichts: 50.000 Inder folgten seinem Beispiel. Nun wurde die Weltöffentlichkeit aufmerksam. Und als Gandhi nach einem Jahr entlassen wurde, war das Salz des Meers für alle verfügbar.

Salz ist wirklich ein ganz besonderer Stoff. Und gemeinsam mit unserem Wasser einer der Reichtümer unseres Landes. Ein Grund, behutsam damit umzugehen. 5 Gramm Salz täglich genügen für unser Wohlbefinden. Meist essen wir allerdings doppelt soviel. Denn 5 Gramm - das ist ein Kaffeelöffel voll - kommen ja nicht nur aus dem Salzstreuer. Salz ist in Brot, Käse, Wurst und vielen anderen Lebensmitteln enthalten.

Die einzige gesunde Möglichkeit, Salz mit vollen Händen zu verstreuen, ist die Bereitung von Fleisch oder Fisch im Salzmantel. Da braucht man wirklich viel, ohne daß es schadet - Salz isoliert und konzentriert den Eigengeschmack des Gerichts. Salz ist kostbar, auch wenn es heute nicht mehr teuer ist. Cellinis betörend schönes goldenes Salzfaß im Kunsthistorischen Museum erinnert daran, wie rar es einmal war - und wie fein wir auch heute noch diese Würze unseres Lebens dosieren sollten.

LACHSFORELLE IM SALZMANTEL

Für 4 Personen

Eine Lachsforelle von 1,2 kg
(oder ein anderer Fisch dieser Größe)
1 Bund Petersilie
1 Bund Basilikum
1 1/2–2 kg grobes Meersalz
4 Eiklar
etwas Wasser
Pfeffer

Die Forelle ausnehmen oder im Fischgeschäft ausnehmen lassen, innen salzen und pfeffern. Die Kräuter etwas zerkleinern und in die Bauchhöhle stopfen. Eiklar leicht schlagen, mit dem Salz vermischen und eventuell vorsichtig etwas Wasser beigeben, damit eine formbare Masse entsteht. Aus gefalteter Alufolie eine Form machen, die dem Umriß des Fisches entspricht. Auf ein Backblech legen, mit der halben Salzmasse füllen, den Fisch daraufflegen, mit dem restlichen Salz bedecken.

Das Rohr vorwärmen und bei 220 Grad 25 Minuten backen. Die Forelle mit der Salzkruste servieren und bei Tisch vorsichtig aufschlagen und filetieren.

Alternative: Salzteig
25 dag Mehl
1 kg Salz
2 Eier
etwas Wasser

Dieser Teig ist besser formbar, man kann die Fischform damit gut modellieren.

Achtung: Sauce!

Irgendwann einmal war dem Menschen der Braten zu trocken, der Getreidefladen zu staubig. Und weil Mißbehagen oft für kreative Schübe sorgt, entstand der erste Gaumenschmeichler: die Sauce. Sie ließ trockene Gerichte besser rutschen, sie reicherte fade Speisen mit neuem Geschmack an. Und sie wurde zu einem der vielseitigsten Gerichte der kulinarischen Geschichte.

Interessanterweise ist eine der ersten europäischen Saucen, die uns überliefert wurden, eine Fertigsauce. Sie ist uns aus dem berühmten römischen Kochbuch des Apicius bekannt: Garum oder Liquamen entstand aus Fisch, der mit den Eingeweiden in der Sonne vergoren wurde.

Diese für uns nicht übermäßig verlockende Sauce, der auch süßer Wein zugesetzt werden konnte, wurde in verschlossenen Gefäßen aufbewahrt und galt als sehr edle, kostbare Würze, um die sich ein hochentwickelter Snobismus rankte. Als bestes Gericht galt *garum sociorum*, das Garum der Verbündeten, das aus Cartagena kam. Wie es geschmeckt haben mochte, hat der Wiener Journalist Manfred Lechner rekonstruiert. Er nimmt auf 1 1/2 Liter Wasser soviel Meersalz, daß darin ein Ei schwimmt - etwa 7 dag. Dann kocht er in dieser Salzlösung (ohne Ei) 1/2 Kilogramm Sardellen, bis sie zerfallen. Die Flüssigkeit abziehen und zum Würzen verwenden, falls man sich mit dem Geschmack anfreunden kann. Scharfe Fischsaucen ähnlicher Art gibt es heute noch in Vietnam, auf den Philippinen und in China, sie entstehen durch Fermentierung.

Wahrscheinlich war das römische Garum einer jener vielen kulinarischen Grenzüberschreiter, die sich mit Hilfe von Soldaten und Kaufleuten verbreiteten. Auch die Griechen, die ja sehr offen für die Einflüsse aus dem Osten waren, kannten eine Fischwürze, die sie Garon nannten und die wahrscheinlich die Römer übernommen hatten. Eine der ältesten Saucen der Weltküche, die bei uns relativ spät bekannt wurde, ist die Sojasauce, die in der chinesischen und japanischen Küche so wichtig ist wie bei uns das Salz. Bereits 500 v. Chr. wurde sie in chinesischen Schriften erwähnt. Sie wird aus Sojabohnen und Weizenmehl hergestellt, die in offenen Krügen vergären und mit Salz und Zucker jahrelang reifen müssen. Soja ist ein wichtiger Bestandteil der ostasiatischen Küche. Sojamilch wird als Babynahrung verwendet und deshalb als »Kuh des Ostens« bezeichnet, Tofu, das »Fleisch ohne Knochen«, liefert wichtige Proteine. Und weil Tofu nach nichts schmeckt, gehört Sojasauce dazu.

Die Japaner übernahmen von den Chinesen das Rezept für Sojasauce und wandelten es leicht ab. Sho yu, wie Sojasauce bei ihnen heißt, wird mit einem Zusatz von Gerste, Malz und Germ hergestellt und ist nicht so scharf wie das chinesische Vorbild. Aus Sojasauce mit süßem Reiswein besteht eine Marinade, mit der in Japan Fleisch vorbereitet und schließlich auch glasiert wird.

Die japanische Küche mit ihren vielen Fischgerichten ist von uns in den letzten Jahren entdeckt worden. Sushi oder Sashimi gewinnen mit Sojasauce ihr unverwechselbares Aroma. Und auch Tempura-Garnelen im Backteig, die vielen als so verlockender Einstieg in die japanische Küche erscheinen, weil sie an die mediterrane Küche erinnern. Tatsächlich ist Tempura ein wahres Multikulti-Gericht und der Beweis, daß die Japaner sich schon früh fremden Einflüssen öffneten.

Tempura stammt von jenen portugiesischen Seefahrern, die Japan im 15. Jahrhundert ansteuerten. Als fromme Katholiken hielten sie auch im fremden Land ihre Fasttage ein. »Quattuor tempora« – die vier Zeiten des Jahres – hießen sie, weil alle Vierteljahre drei Fasttage geboten waren. An diesen Fasttagen aßen sie Krebse im Backteig. Den Japanern stieg der Duft des portugiesischen Gerichts angenehm in die Nase, sie kosteten und blieben dabei und übernahmen auch Anklänge des Namens. So entstand Tempura, und der Beitrag Nippons zu einem portugiesischen Gericht ist die Sojasauce. Sie wird übrigens nicht nur pur verwendet, sondern ist auch Bestandteil anderer Saucen, wie etwa der traditionellen Austernsauce.

Die Saucen, die uns so vertraut sind, daß wir sie gar nicht mehr einer anderen Eßkultur zuordnen, kommen fast alle aus Italien.

Und sie sind das Geheimnis, warum eine so einfache Küche so geschmacksintensiv und befriedigend sein kann. Was wären Teigwaren ohne Saucen! Unglaublich die Vielfalt von Gemüsen und Kräutern, die mit Fisch oder wenig Fleisch zu den allerköstlichsten Saucen vermischt werden.

Eine italienische Freundin, die mir zwar das Rezept für ein Sugo aus Faschiertem, Paradeisern, Speck, Kräutern und Wein gab, verriet mir dann nur zögernd ihr Geheimnis: sie kocht ihr Sugo auf kleiner Flamme zwei bis drei Stunden! Ernährungsfachleute mögen den Kopf schütteln, aber das Ergebnis ist unglaublich gut.

Aus Italien kommt eine Grundsauce, die die Franzosen unter leicht verändertem Namen für sich reklamieren. Die Béchamelsauce ist ein Abkömmling der *balsamella*, aus der später die *besciamella* wurde. Und sicher war sie auch eines der vielen kulinarischen Mitbringsel der Florentinerin Katharina von Medici, die den französischen König Heinrich II. heiratete.

Französische Lokalpatrioten behaupten allerdings, die Béchamelsauce sei die Erfindung eines Marquis von Béchamel, Haushofmeister bei Ludwig XIV. Was wieder italienische Lokalpatrioten fuchsteufelswild macht. »Es ist ungefähr das gleiche, wie wenn man sagen würde, der Name Béchamel stamme von Cagliostro, weil der geniale sizilianische Schwindler mit Zunamen

Balsamo hieß«, wütete Virginia Cerabolini, Co-Autorin von Marianne Kaltenbach in einem der besten italienischen Kochbücher, die ich kenne (Aus Italiens Küchen. Hallwag, 1982). Der Einfluß italienischer Saucen lebte auch sprachlich weiter: »Salsa« oder »Salse« taucht in alten deutschsprachigen Rezeptbüchern auf, lang bevor das französische Wort »Sauce« die Oberhand gewinnt.

Im 16. Jahrhundert begannen die Franzosen aus dem Erbe der Katharina von Medici etwas Eigenständiges zu machen: sie entwickelten die gebundenen Saucen. »Blond« oder »brünett« nannten sie sie, je nachdem, ob das Mehl nur wenig oder stärker angeschwitzt wird. Auf dieser Basis entstanden durch Zusatz von Suppe, Kräutern, Gewürzen, Gemüse, Butter und Rahm jene voluminösen Saucen der klassischen französischen Küche, die uns zwar noch immer gut schmecken, die aber als ziemlich veraltet gelten. Viele Saucen entstehen heute aus einem Geschmackskonzentrat und viel Butter und Rahm – sie sind genauso ungesund, gelten aber als leichter, und sie schmecken natürlich herrlich.

Die große Revolution in der Saucenbereitung kam, als Fleisch nicht mehr am Spieß, sondern in der Pfanne gebraten wurde und damit Saft abgeben konnte. Beim Grillen verbrutzelt er ja.

Und damit man möglichst viel davon hatte, wurde Fleischsaft mit Wasser gestreckt, mit Mehl und Butter gebunden und mit Aromastoffen gewürzt. Diese »langen Saucen« haben nicht viel Finesse. Die kurzen, feinen Saucen sind da schon etwas ganz anderes.

Die Franzosen beanspruchen eine weitere Sauce für sich, die die Römer in ähnlicher Form bereits kannten: die Mayonnaise. Sie ist nach dem Ort Mahon auf Menorca benannt, der von den Franzosen 1756 erobert wurde. Die dort gebräuchliche Eiersauce wurde für die Küche des Herzogs von Richelieu verfeinert und zunächst Mahonnaise genannt.

Ein Gewinn für die Vielfalt der Saucen waren die Produkte der Neuen Welt, die die spanischen Eroberer nach Europa brachten: Paradeiser und Paprika. Was wären die italienischen Spaghettisaucen ohne Paradeiser, was wäre der Gulyassaft ohne Paprika?

In Spanien bürgerte sich einige Zeit nach der Eroberung Amerikas auch die mexikanische Sitte ein, pikante Fleischsaucen mit Schokolade anzureichern. Die Azteken, von denen die Spanier die Zubereitung von Schokolade lernten, verwendeten ja dazu keinen Zucker. Diese Kombination ist eine europäische Erfindung.

Zu den feurigsten Saucen der Welt gehören die südamerikanischen Chilisaucen, die man zu Tortillas, den typischen Maisfladen, aber auch zu Fisch oder gegrilltem Fleisch ißt. Sie bestehen oft aus verschiedenen Sorten von Pfefferoni, grünen Tomaten, Zwiebeln, Knoblauch und Koriander. Man braucht einen ziemlich gegerbten Gaumen, um sie als Europäer unverdünnt genießen zu können.

Die Engländer, die sich in ihren Kolonien mit fremden Eßkulturen auseinandersetzten, brachten aus Indien die Chutneys nach Europa: pikante Marmeladen aus Gemüse, Früchten und scharfen Gewürzen.

Auch die englische Worcestersauce ist aus Kolonialprodukten gemixt: sie enthält Sojasauce, Chili, Ingwer, Nelken, Tamarinden, Senf und Essig. Auch die Cumberlandsauce aus Ribiselgelee, Senf, Ingwer, Orangensaft, Portwein und Schalotten ist kolonialenglischen Ursprungs und eine der besseren Möglichkeiten, sich mit der englischen Küche anzufreunden. Mit Fertigsaucen begann alles, Fertigsaucen sind auch heute unverzichtbar - man frage das nächste Kind, ob es sich ein Leben ohne Ketchup vorstellen kann.

Auch in der Biedermeierküche gab es Fertigsaucen, die man allerdings selber herstellen mußte. Eine davon - Schwammgeist - war eine konzentrierte Pilzessenz.

Die wahrscheinlich älteste, noch heute gebräuchliche europäische Fertigsauce ist der Senf. Schon die Römer kannten ihn, und im Mittelalter wurde er bereits in vielen Ländern nach ganz verschiedenen Rezepten hergestellt. Eine der besten Senfsorten entstand in Krems - neben Wein war der Kremser Senf jahrhundertelang ein wichtiger Exportartikel. Leider hat man ihn nicht - wie etwa in Dijon - zu einer in vielerlei Geschmacksrichtungen variierten Delikatesse gemacht.

Wenn man mich um meine Lieblingssauce fragt, so halte ich es mit Goethe: Er war am glücklichsten, wenn er zu Rindfleisch grüne Sauce - Salsa verde - bekam. Was natürlich keine Abwertung der wienerischen Schnittlauchsauce bedeutet. Am liebsten serviere ich beide zum Tafelspitz.

SALSA VERDE – GRÜNE SAUCE

Als Beilage zu gekochtem Fleisch für 4 Personen

2 Bund Petersilie
1 Bund Schnittlauch
1 Bund Basilikum (wenn nicht frisch erhältlich, dann zwei Teelöffel in Öl eingelegtes oder tiefgekühltes Basilikum)
1 Eßlöffel abgerebelter frischer Majoran oder ein Teelöffel in Öl eingelegter Majoran
1 Teelöffel gehackte Kapern
1 kleine Zwiebel
2 Knoblauchzehen
3 hartgekochte Eier
1 Teelöffel scharfer Senf
1 dl kaltgepreßtes Olivenöl
Zitronensaft oder Weinessig nach Geschmack Salz, Pfeffer

Aus Essig (oder Zitronensaft), Öl, Salz, Pfeffer und Senf eine pikante Salatsauce rühren. Die harten Eier teilen, die Dotter mit der Gabel zerdrücken, die Eiklar klein hacken und in die Sauce geben. Die Zwiebel und die Kräuter fein hacken und mit dem gepreßten Knoblauch und den Kapern beimengen. Nach Geschmack würzen, eventuell mit Öl etwas cremiger machen.

Bruckfleisch und Katzengschroa

Zu den vielen schönen Erinnerungen meiner Kindheitssommer im Kamptal gehören auch die Besuche im Dorfwirtshaus. Es roch und schmeckte dort ganz anders als zu Hause – gerade das war ja so spannend.

Kinder durften mit einem kleinen Löffel in die Küche gehen und von Gulyas und Beuschel, Krautfleisch und Ochsenschlepp kosten, die die Wirtin auf kleine Teller schöpfte. Nicht alles davon schmeckte mir, aber ich kam mir unglaublich erwachsen vor, daß ich meine Meinung sagen und später beim Kellner bestellen durfte.

Es gab die verschiedensten Anlässe, ins Wirtshaus zu gehen – am schönsten war es, wenn Kirtag war. Da gab es rund um das Wirtshaus kleine Stände mit Lebkuchenherzen und Kokoswurst, man konnte »Katz im Sack« spielen und aus einem unergründlichen Sack Trillerpfeiferln, Metallfrösche oder Ringe mit herrlichen roten Steinen fischen. Die Blasmusik spielte, und im Wirtshaussaal tanzten die Kinder zwischen den Erwachsenen. Ich gehe noch immer gern in echte, gut geführte Wirtshäuser und genieße es sehr, wenn zum Beispiel die Frau Liesl vom Failler in Drosendorf die Lieblingsspeisen meines Enkels Manu kocht.

Zu einem guten Wirtshaus gehört noch mehr als gutes Essen, eine gemütliche Stube, ein gutbestückter Keller und ein hübscher Garten. Genauso wichtig ist das Gespräch mit Wirtin und Wirt, Kellnerin und Kellner und die Gewißheit, daß an den Nachbartischen Leute sitzen, mit denen man leicht und gern ins Reden kommt. Ein gutgeführtes Wirtshaus ist nichts Selbstverständliches, und damit es bestehen kann, ist der totale Einsatz der ganzen Belegschaft nötig.

Es gibt diese Wirtshäuser noch immer bzw. schon wieder, obwohl immer mehr Fastfood-Lokale entstehen. Ich habe das Gefühl, daß diese Konkurrenz Wirte wie Gäste wacher und aktiver gemacht hat. Für mich sind diese Wirte kulinarische Landschaftsgärtner, die dafür sorgen, daß wir nicht in einer Lawine von Einheitskost untergehen. Was mich an urigen Wirtshäusern besonders entzückt, ist, daß man hier gelegentlich Gerichte bekommt, die fast schon in Vergessenheit geraten sind und die mit Gespür auf unsere Bedürfnisse abgestimmt werden. Hier leben alte österreichische Gerichte weiter, die man nur selten zu Hause macht. Aber oft schmecken sie so gut, daß ich mir das Rezept für zu Hause geben lasse, obwohl es manchmal Probleme mit der Beschaffung der Grundprodukte gibt. Aber das ist ein Anlaß, sie kreativ weiterzuentwickeln. Ein typisches Gericht von Wirtshäusern mit eigener Fleischhauerei ist das fast vergessene Bruckfleisch (siehe Rezept, S. 48). Es besteht aus Innereien und Fleischteilen, wie den Liachteln (Aorta) und Kronfleisch (Zwerchfell), die man nur beim Fleischhauer und sicher nicht im Supermarkt bekommt. Das Blut für die Sauce bekommt man selbst dort nicht ohne weiteres. Aber irgendwas muß uns das Wirtshaus doch voraushaben. Seinen Namen hat das Gericht von der Schlagbrücke im Schlachthaus, von wo sich die Wirte das Fleisch holten, um es noch am Schlachttag zuzubereiten.

Im Weinviertel, dessen Wirte zwar stark dem Hirtenspieß oder dem Grillkotelett mit Pommes und Ketchup zuneigen, gibt es noch vereinzelte Traditionalisten, die Bruckfleisch servieren. In einigen Wirtshäusern leben noch alte ländliche Traditionen weiter. So kann man im Gasthof Veit in Gößl am Grundlsee an manchen Tagen duftende Almraunggerln genießen, ein Schmalzgebäck, das früher die Sennerinnen beim Almabtrieb an die Kinder verteilten. Zur Zubereitung verwendeten sie ihre restlichen Vorräte. Beim Veit in Gößl genießt man die Almraunggerln in einer wunderbaren alten Stube unter den Medaillonfotos der Freiwilligen Feuerwehr und fühlt sich in Kindheitsferien zurückversetzt.

In einem Innviertler Dorfwirtshaus habe ich etwas gegessen, was ich auch seit meiner Kindheit nicht mehr gekostet habe: Katzengschroa. Das ist ein Ragout aus Rind-, Kalb- und Schweinefleisch, Leber, mit Zwiebel und Wurzelwerk angeröstet und mit Thymian, Gurkerln, Kapern und einem Schuß Essig gewürzt. Es wird mit Nockerln oder Nudeln serviert.

Die Erklärung, daß die Ungleichheit der Fleischsorten an die Disharmonie der Katzenlaute erinnert, erscheint mir ziemlich weit hergeholt. Wahrscheinlich waren die Hauskatzen der ersten Wirtin, die dieses Gericht kochte, vom Duft des gerösteten Fleisches so angeregt, daß sie schreiend ihren Anteil daran verlangten. Gerichte mit so köstlichen Namen und Aromen verdienen es wirklich, in Ehren gehalten und andachtsvoll verspeist zu werden.

Wie fad wäre eine Österreichtour ohne die reiche kulinarische Vielfalt der Regionalküche: Vorarlberger Kässpätzle oder Tiroler Schwarzplentene Knödel, Salzburger Braten oder oberösterreichischer Leberbunkl, Kärntner Kasnudeln oder Steirisches Wurzelfleisch, Burgenländischer Bohnenstrudel oder niederösterreichische Saumeisen. Und ein goldblondes Wiener Schnitzel vom Kalb, ohne Pommes, dafür mit Erdäpfelsalat oder Petersilerdäpfeln.

Was mir besonders gefällt, sind die Wirtshäuser mit doppeltem Boden, wo die deftige wie auch die verfeinerte Regionalküche daheim ist. Manchmal wird aus einem Beisel oder einem Dorfwirtshaus ein Gourmettempel, ohne daß die Wurzeln verloren gehen. Das Luxusrestaurant Steirereck entstand aus einem typischen Wiener Eckwirtshaus. Und der Wirt, Heinz Reitbauer, verwirklichte auf der Höhe seines kulinarischen Ruhms seinen Traum, daneben auch ein gestandenes Bauernwirtshaus zu führen. Am steirischen Pogusch ist es Realität geworden, dort kann man zwischen

Bauernbratl, Eierspeise mit Kernöl, Bauernbrot mit Herkunftsnachweis sowie Hummer und Austern wählen.

Im Marienhof in Mayerling bestehen der Landgasthof und das Gourmetrestaurant in fabelhafter Harmonie nebeneinander. Ähnlich verhält es sich beim Grabner in Gmunden und an vielen anderen Orten.

Sympathischerweise berücksichtigen auch die Gourmetführer in ihrer Wertung jetzt einfache Wirtshäuser, die Blunzen, Leberwurst und Knödel von einsamer Qualität servieren.

Manchmal kommt ein Wirt, der den wahren Werten der Küche huldigt, auch noch mit dem richtigen Architekten zusammen, und dann entsteht - wie beim Stöcklwirt im steirischen Neusetz bei Straden - ein stimmiges Gesamtkunstwerk. Die geradlinige Schlichtheit der Küche, die viele eigene Produkte saisongerecht verarbeitet, setzt sich in dem stilvoll modernisierten Haus fort. Beim Stöcklwirt auf der Terrasse mit Blick auf die drei Kirchen von Straden zu sitzen, Saibling in Bärlauchsauce zu essen und den hauseigenen Weißburgunder zu trinken, ist ein Wirtshauserlebnis der besonderen Art.

In den letzten Jahren hat sich auch bezüglich der Getränke in vielen schlichten Wirtshäusern etwas weiterbewegt. Man bekommt neben dem Schankwein oft schon hervorragende Flaschenweine - sogar glasweise ausgeschenkt. Was bisher nur in Italien möglich war: beim Sailer in Wien-Gersthof wird einem auf Wunsch eine Flasche Spitzenwein kredenzt, und man trinkt, soviel man will, und zahlt den entsprechenden Anteil. Auch Bierzapfen wird mit dem nötigen Ernst und der nötigen Geduld betrieben. Und anstelle des atemberaubenden »Brennabi« (für Nichtösterreicher: gaumengerbender Fusel) wartet ein Sortiment jener hervorragenden Schnäpse, die in Österreich inzwischen so häufig geworden sind wie guter Wein. Auch das ausgetrocknete, zähe Salzstangerl ist großteils verschwunden, seitdem man den Bedarf an Tischgebäck ohne Mühen aufbacken kann.

Was Gäste neben Speis und Trank im Wirtshaus suchen, wird von klugen Wirten aktiv gefördert: Kartenrunden oder Stammtische, kulinarische Sonderprogramme zu sportlichen Events, bei denen vor dem Fernsehapparat gemeinsam gelitten und gefeiert wird - alles sehr durstfördernde Emotionen.

BRUCKFLEISCH

Für 4 Personen

1 kg Bruckfleisch, bestehend aus Rindsleber, Milz, Rindsbries, Herz, Liachteln (Aorta), dünnem und dickem Kronfleisch (Zwerchfell)
1 mittlere Zwiebel
6 dag Butter
feingeschnittenes Wurzelwerk
1 Knoblauchzehe
ein Schuß Essig
Salz, Pfeffer, Lorbeerblatt, Majoran Thymian, Petersilie
2 Eßlöffel Mehl
(oder 2 Eßlöffel saurer Rahm)
$1/8$ Liter Rotwein
Wasser oder Rindssuppe zum Aufgießen

Zwiebel in Butter goldgelb rösten, das feingeschnittene Wurzelwerk kurz mitrösten, mit einem Schuß Essig aufgießen. Das kleingeschnittene Bruckfleisch ohne Milz, Leber und Bries dazugeben, mit Wasser oder Suppe aufgießen und mit Kräutern und Gewürzen bei kleiner Hitze eine Stunde dünsten. Zuletzt Leber, Bries und Milz gesäubert und zerkleinert beigeben, mit Mehl stauben oder Rahm einrühren. Dann mit Rotwein aufgießen. (In alten Rezepten kommt noch ein Viertelliter Blut in die Sauce.)

Fisch – festlich

Wenn es nach mir geht, wäre der Mittelpunkt eines festlichen Mahls immer Fisch. Für mich gibt es kein angenehmeres, bekömmlicheres Essen. Natürlich geht es nicht immer nach mir, viele meiner Gäste teilen meine Vorliebe dafür nicht, und dann gibt es eben Fleisch. Fisch - das ist für mich die Weite, die Magie des Wassers, das eine so starke Anziehungskraft auf mich ausübt. Vielleicht war ich in einem früheren Leben selber ein Fisch und bin somit eigentlich eine Kannibalin. Kein anderes Gericht sättigt so schwerelos und gaumenschmeichelnd. Und gesund ist Fisch auch noch, wie uns die Japaner vorleben, die dank ihrer Fischkost viel weniger zu Herzinfarkten neigen als wir.

Das bringt Fischgegner natürlich nicht dazu, umzudenken. Was sie am meisten stört, ist der intensive Geruch beim Zubereiten. Aber das muß ja nicht sein. Wenn man Fisch in Pergament oder Alufolie im Rohr gart, riecht man kaum etwas. Außerdem ist das eine unglaublich praktische Zubereitungsart, die dem Fisch seinen Eigengeschmack läßt. Für Einladungen ist das auch sehr praktisch, weil sich alles vorbereiten läßt. Ich mariniere dafür Lachsfilets mit Zitrone und Salz, gebe dann entweder Kräuter oder Senf und Kapern dazu, schlage alles in geölte Alufolie ein. Und während meine Gäste die Vorspeise essen, schmurgelt der Fisch im eigenen Saft und kann dann gleich mit den vorbereiteten Beilagen serviert werden.

Das funktioniert natürlich auch mit ganzen Fischen: etwa einer Forelle pro Person, die ausgenommen, gesalzen und mit Kräutern und einer jungen Zwiebel ausgestopft, mit Zitrone beträufelt und mit abgeriebener Zitronenschale bestreut wird. In gebuttertes Pergament - viermal breiter als der Fisch und ca. 20 cm länger - einwickeln und 15 Minuten im Rohr garen. Den Saft vorsichtig abgießen, mit Portwein, Sojasauce und etwas Maizena verrühren und kurz aufkochen. Dann nachwürzen und geriebenen Ingwer beifügen. Mit Butterkartoffeln servieren. Eine etwas anspruchsvollere Methode, den Fischgeruch im Fisch zurückzuhalten, ist das Einpacken in Teig. So ähnlich, wie man das auch mit Lungenbraten macht. Nur werden die Lachsfilets mit einer pikant abgeschmeckten Farce aus faschiertem Fisch, Rahm, Eiklar und Kräutern belegt und dann in Blätterteig gehüllt und gebacken.

Natürlich hat panierter Fisch seine Meriten, aber sein Genuß ist ein recht kurzlebiges Vergnügen, das man mit Völlegefühl und Sodbrennen bezahlt.

Fisch pur ist dagegen eine Gaumen- und

— Duftiges und Deftiges —

Magenwonne. Dafür wird ein Sieb mit Butter eingeschmiert und über einen kochenden Sud aus Wein und Kräutern gehängt, die gesäuerten und gesalzenen Fischfilets werden draufgelegt und 5-6 Minuten gegart. Dazu serviert man eine würzige Kräutersauce oder einfach nur braune Butter und Petersilerdäpfel. Das Vorurteil gegen »gekochten« Fisch besteht ja zu Recht, wenn er tatsächlich ausgekocht wird, wie zu Urgroßmutters Zeiten die Wäsche. Fisch darf nur ziehen, nie brodelnd kochen, sonst schmeckt er wie Pappendeckel.

Eine weitere Methode, Fischfeinde zu bekehren, sind Nudeln oder Risotto mit Fisch bzw. Meeresfrüchten. Da vermählt sich die mollige Grundsubstanz aufs schönste mit dem Fisch, nimmt seinen Geschmack an. Auch eine Quiche, die statt mit Schinken und Zwiebeln mit Spinat und Fisch bzw. Muscheln oder Krebsen belegt wird, bringt ein neues Geschmackserlebnis. Wenn dann langsam aus dem Fischfeind ein Fischfan wird, ist es Zeit für die vielen köstlichen Fischsuppen: Bouillabaisse, Bourride, Brodetto, Halaszle ... Ihr Geheimnis ist der Sud aus Fischteilen, Krebs- und Muschelschalen und Gemüsen, der abgeseiht zur Suppe wird, in der feine Filets und Meeresfrüchte schwimmen.

Fischessen wird zu einem besonderen Erlebnis, wenn man selbst angelt. Oder wenn man einen Fischzüchter kennt, von dem man gut ausgewässerte Karpfen, frische Forellen oder Saiblinge beziehen kann. Im Waldviertel läßt sich beides kombinieren. Da bieten Teichwirte die Möglichkeit, sich in herrlicher Umgebung sein Festmahl selbst zu fischen. Vor allem für Kinder ist das eine Riesenhetz, meine Enkel erwiesen sich dabei als tüchtige Familienernährer,

die uns einen Forellenschmaus bescherten, bei dem es auch noch viel zu erzählen gab.
Daß Fisch – und das, was man als Fisch bezeichnete, z. B. auch Fischotter – an den 150 Fasttagen früherer Zeiten ein Muß war, hat seinem Ruf sicher nicht genützt. Aber das ist lange her, und das einzige, was noch an alte Fastenbräuche erinnert, sind die opulenten Heringsschmäuse um den Aschermittwoch.
Hering spielt dabei natürlich die kleinste Rolle. Edelfische, Krebse, Muscheln und natürlich auch Fleischgerichte machen den Faschingsausklang und den Fastenbeginn zu einem kulinarischen Furioso.
In alten Kochbüchern erfährt man, wie fastende Fleischtiger gefoppt wurden: mit Würsten, Pasteten, Karbonadeln aus Fisch, Krebsen und Gemüsen.
Das Vortäuschen falscher Tatsachen hat sich bis in unsere Zeit erhalten: die Beamtenforelle, die sich als Knackwurst entpuppt, ist ein heiteres Beispiel dafür. Und der Beweis, daß auch Fisch den höheren Wert als eine andere Speise darstellen kann.

ZANDER MIT PAPRIKASAUCE

Für 4 Personen

4 Zanderfilets à 20 dag
2 rote Paprika und ein Stück Pepperoni
1 mittlere Zwiebel
1/4 Liter Weißwein
1/4 Liter Fischfond
(oder Gemüsebouillon)
Salz, Pfeffer
eventuell ein Stück frischen Ingwer
1 Zehe Knoblauch
1 ungespritzte Zitrone
Öl zum Anbraten, Butter für das Sieb
1 kleiner Becher Crème fraîche

Paprika im Rohr braten und enthäuten. Zwiebel und Knoblauch in Öl anrösten, mit dem geschnittenen Paprika vermischen, mit Weißwein aufgießen und auf die Hälfte einkochen lassen. Fischfond dazugeben, salzen, pfeffern und mit abgeriebener Zitronenschale würzen. Die Sauce pürieren, Crème fraîche einrühren. Ein Sieb buttern und die mit Zitronensaft, Salz und Pfeffer gewürzten Filets ca. 6 Minuten über Dampf garen. Mit der Sauce und Reis servieren.

Käsewonnen auf den zweiten Blick

Es hat eine Weile gedauert, ehe ich kapiert habe, welche Köstlichkeit Käse bedeutet. Als Kind nahm ich Reißaus, wenn es zum Aufschnitt Emmentaler oder Eckerlkäse, Camembert oder gar Quargel gab. Den mag ich allerdings heute noch nicht. Daß das eine ganz normale Reaktion ist, erlebte ich später bei meinen Kindern und Enkeln. Manu, der Gervais mag, Mozzarella mit Paradeisern und Basilikum liebt, scheut vor dem edelsten Schimmelkäse zurück. In ein paar Jahren wird er ihn sicher mögen.

Sehr pikante, würzige Geschmäcker entdeckt man erst, wenn der Gaumen einige Erfahrungen gemacht hat. Wahrscheinlich ging es den Genießern früherer Zeiten genauso. Käse ist schließlich ein Produkt des Verderbs, und anfangs konnte das niemandem gefallen, daß aus süßer, glatter Milch eine verdächtig riechende, bröckelige Masse wurde, die in einer trüben Lake schwamm. Die Chinesen, die sich lange nicht mit Käse anfreunden konnten, nannten ihn »verfaulte, schleimige Absonderung aus den Eingeweiden eines Tieres«. Viel später als andere Völker Asiens begannen die Chinesen Käse zu produzieren - bei diesem Namen kein Wunder!

Man könnte Käse ein Produkt des Erwachsenwerdens nennen. Sicher waren die ersten Käsesorten der Menschheit - vor siebentausend Jahren kannte man ihn bereits in Mesopotamien - eher milde, topfige Produkte, deren Geschmack an Milch erinnerte. Finessen bekam der Käse, als ihn Hirten in Schafsmägen füllten, die noch das Verdauungsferment Lab enthielten. Lab aus Kälbermägen ist heute noch ein wichtiger Bestandteil beim Käsemachen.

Der Grundprozeß der Käseherstellung, das leichte Erhitzen der mit Lab versetzten Milch, das Abkühlen und das zweite, stärkere Erhitzen, hat sich bis heute nicht verändert.

Auf Reisen - und immer öfter auch in gut sortierten heimischen Käseboutiquen - fasziniert mich, wie verschiedenartig das Ergebnis dieses Prozesses in den verschiedenen Ländern und Regionen gerät. Welche Phantasie dabei entwickelt wurde und wird, um Farben, Formen und Aromen zu intensivieren. Es lag nahe, daß Senner jene Alpenkräuter, die schon der Milch ihre Würze gaben, auch in den Käse streuten. Aber wer hat als erster Asche auf den Morbier und auf den Cendrat gestreut, den Cheddar mit Salbeisaft gewürzt, die Fakirtechnik entwickelt, Schimmelkäse mit Nadeln zu durchbohren, damit sich der Schimmel ins Innere zieht, wie das bei Stilton und Roquefort üblich ist?

In fast allen europäischen Ländern wurde das schlichte Produkt der Hirten von Mönchen verfeinert. Auf Pilgerreisen kamen sie

Perl Weizen
(Bulgur) grob
1 Kg. 28,-

Soja Bohnen
1 Kg. 30,-

Wachtel
Bohnen
1 Kg.

Weisse Bohnen
1 Kg. 28,-

Schwarze Bohnen
1 Kg.

Rote Bohnen
1 Kg.

Datteln
IRAN
1 K 70

Strudelvariationen Seite 75 ff.

viel herum und konnten neues Wissen um die Käserei sammeln. Außerdem waren sie sehr interessiert daran, an den vielen Fasttagen ein schmackhaftes Essen zu haben, das die Regeln nicht brach. Trappisten-, Prälaten- und Chorherrenkäse erinnern ebenso an Kirchennähe wie der elsässische Munster. Tête de moins - Mönchskopf - heißt ein milder Schweizer Käse, der nicht geschnitten, sondern mit der Girolle, einem rotierenden Schaber, zerkleinert wird. Mönche hatten die Idee, Roquefort in den Kalksteinhöhlen der Auverne reifen zu lassen. Auch die englischen Käsesorten, die durchaus wert sind, gekostet zu werden, wurden zum Teil von normannischen Zisterziensern entwickelt. Zum Glück war selbst nach den strengsten Fastenregeln der Kirche Wein niemals verboten. Mit einem gutgereiften Roquefort und einem Glas Rotwein - um dessen Pflege sich die Klöster gleichfalls sehr verdient machten - konnte man die fleischlose Zeit ganz gut überstehen.

Charles de Gaulle hat untertrieben, als er seufzte: »Wie soll man ein Land regieren, das 365 Käsesorten hat?« Es sollen an die fünfhundert sein. Zu den ganz großen Genüssen des Lebens gehört es, sie in Frankreich selbst zu genießen, im optimalen Aggregatzustand und mit dem Wein der Region.

Französische Rohmilchkäse gehören zweifellos zu den Wonnen des Lebens. Für einen Chaource aus der Champagne, den einzigen Käse, den man auch zu Champagner essen kann, lasse ich die besten Quargel stehen. Aber auch Mimolette mit rötlichem Teig und zerklüfteter Rinde, St. Nectaire, den Lieblingskäse von Ludwig XIV., aus Rohmilch, auf Roggenstroh gereift, oder intensiver Livarot aus dem Calvadosgebiet, Citeaux aus dem Burgund und Chèvres-Ziegenkäse - rund, eckig oder in Pyramidenform - sind grandiose Gaumenschmeichler. In Dijon, wo ich einige der köstlichsten Burgunder genießen konnte, wurde ich mit Gougère begrüßt, einem Brandteigkrapferl mit Gruyèrestücken.

Es ist mir bisher noch nicht geglückt, eine Methode des Käsetransports zu entwickeln, durch die man die unvermeidlichen Düfte isolieren kann. Durch Folie, Stanniol und Tupperware dringt siegreich der Geruch spanischen Manchegos, der so gut zu Amontillado-Sherry paßt, von belgischem Chimay, holländischem Nagelkaas, der intensiv nach Nelken und Kreuzkümmel schmeckt, oder dem relativ dezenten Asiago von den Sette Commune, dem Hochland bei Vicenza, wo heute noch ein altdeutscher Dialekt gesprochen und ein wunderbarer Käse gemacht wird.

Wirklich, am besten ißt man Käse dort, wo er gemacht wird, und nimmt nur die Erinnerung mit heim.

In Österreich hat sich das heimische Käseangebot in den letzten Jahren enorm erweitert und verbessert. Auf internationalen Blindverkostungen landen die rotweißroten Käsespezialitäten auf den ersten Plätzen. Wer hätte jemals gedacht, daß ein Camembert aus dem Waldviertel in St. Meure de Touraine, der Heimat des Camemberts, den ersten Preis vor allen Lokalmatadoren machen würde!

Hermann Ploner, einem Waldviertler Käsemacher, gelang dieses Kunststück. Marie

Harel, die vor 200 Jahren den Camembert erfand, mag sich im Grabe drehen. Hermann Ploner ist einer von vielen, die mit Phantasie und großem Arbeitseinsatz dafür sorgen, daß man zum erstklassigen österreichischen Wein auch Käse aus dem eigenen Land genießen kann.

Meine erste Erfahrung mit Käse als Bestandteil eines Gerichts war ziemlich rustikal. Nach einem anstrengenden Aufstieg zu einer Skihütte in Kärnten wurde der fröhlichen Runde, zu der ich gehörte, Fricka serviert. Ein deftiges Holzknechtessen aus Speck, geschmolzenem Almkäse und Eiern, direkt aus der Pfanne gegessen, dazu knarrend hartes Bauernbrot und Tee mit viel Schnaps. Viele Jahre später habe ich auf der anderen Seite der Karnischen Alpen das gleiche Gericht als Fricco gegessen. Um so massive Kost zu verdauen, muß man vorher auf die Berge steigen. Das ist auch der Grund, warum Stadt- und Büromenschen ein Käse-Fondue meist zu schwer ist.

In der Schweiz bereitet man es aus geriebenem Emmentaler, gemischt mit Gruyère, zu, es wird mit Wein und Zitronensaft über einem Rechaud geschmolzen. Schweizer Freunde schwören, es sei bekömmlich, wenn man keinen Wein dazu trinkt, sondern das Brot mit Schnaps tränkt, ehe man es in die Käsemasse tunkt und fleißig mit Schnaps nacharbeitet.

Ähnlich massiv ist auch die Käseparty mit Raclette – da wird der Käse auf einem Grill geschmolzen. Dazu ißt man z. B. Erdäpfel, Gurkerln und Perlzwiebeln.

Aufgrund meiner alten Liebe zu Italien ist für mich der feinste und vielseitigste Käse natürlich der Parmesan. Parmeggiano-Reggiano, der wahre, echte, stammt aus dem Gebiet zwischen Parma, Reggio-Emilia und Bologna. Grana schaut zwar so ähnlich aus, aber beides probiert, gar kein Vergleich! Der Parmesan, den es, wie dokumentarisch festgehalten ist, seit mindestens siebenhundert Jahren gibt, ist wahrscheinlich viel älter und hat schon den Etruskern das Leben ver-schönt. Für mich bedeutet Parmesan den Inbegriff der italienischen Küche: einfach, geradlinig und unwiderstehlich gut. Spinat, Fenchel oder Stangensellerie mit Butterflocken und Parmesan oder Spaghetti mit Oberssauce und Parmesan – das hebt auch meine schlechteste Stimmung. Dabei fühle ich mich geborgen, getröstet und gestärkt.

Vielleicht hat man mir Parmesan schon in das Grießkoch gegeben, wie das bei italienischen Kindern der Fall ist. Sie können dann ein ganzes Leben nicht von Parmesan ablassen. Natürlich bin ich auch glücklich mit einem reifen Taleggio, der aus den natürlichen Grotten von Bergamo kommt, ich liebe den körnigen Provolone, vor allem, wenn Pfefferkörner drin sind, Fontina – ein schmelzender Genuß, überhaupt zu einem Glas Barolo!

Aber nach einem üppigen Mahl mit dem mandelförmigen Messer ein Stück Parmesan herausbrechen, dazu ein paar Trauben – eccola, da braucht man nicht zu reden, sondern nur zu schmecken!

— KÄSEWONNEN AUF DEN ZWEITEN BLICK —

KÄSEPROFITEROLES

Ca. 20 Stück

8 dag Butter
20 dag Mehl
1 Prise Salz
4 Eier
12 dag weicher Brie
8 dag Parmesan
1 Dotter zum Bestreichen
1/4 Liter Wasser
Backtrennpapier

Wasser mit Butter und Salz aufkochen, den Topf vom Herd nehmen, das Mehl hineinrühren, bis sich der Teig vom Boden löst. Ein Ei in die heiße Masse einrühren, dann in kleine Stücke geschnittenen Brie und 4 dag Parmesan, schließlich die restlichen Eier Stück für Stück unterrühren, bis ein glatter Teig entsteht. Abkühlen lassen. Inzwischen ein Backblech mit dem Backpapier belegen. Den Teig in einen Spritzsack füllen und in Abständen Krapferln auf das Blech dressieren. Mit versprudeltem Ei bestreichen und dem restlichen Parmesan bestreuen. Bei mittlerer Wärme etwa 25 Minuten backen. Zum Wein servieren.

Fleisch der Vegetarier

Für die Kinder unserer Familie kommen die Geschichten gleich nach Batman oder Casper, halb gruselig, halb zum Kichern. »Erzähl doch vom Schlagobers aus Erbsen«, heißt es dann. Oder: »Habt ihr wirklich die Käfer in den Erbsen mitgegessen?« Und: »Eine Torte aus Bohnen, wie schmeckt denn sowas?« Und dann singen wir mehrstimmig: »Land der Erbsen, Land der Bohnen, Land der alliierten Zonen ...« und freuen uns, daß man über das alles längst lachen kann.

Ich habe eine Weile gebraucht, bis ich mich mit Hülsenfrüchten anfreunden konnte, so sehr hat mir vor dieser Nachkriegsdiät gegraust. Aber die Erinnerungen verblassen, und ich bin langsam auf die Vorzüge dieser wichtigsten pflanzlichen Eiweißspender gekommen. Darüber hinaus liefern sie Kohlehydrate, Vitamin B, A, Mineralsalze und Lezithin. Und die Vielfalt an Sorten, die uns jetzt zur Verfügung steht, macht Lust, damit zu experimentieren.

Die herkömmlichen Bohnenarten kommen aus Südamerika und waren, wie so vieles, Beutegut der spanischen Eroberer. Sie bedeuteten eine wesentliche Erweiterung und Verfeinerung der Alltagskost, in der Bohnen bereits eine wichtige Rolle spielten. Aber das waren Feldbohnen, eigentlich eine süßduftende Wickenart mit derben weißen oder bräunlichen Kernen, die nur ganz jung genießbar waren. Die älteren Bohnen verwendete man als Viehfutter, daher auch ihr Name: Saubohnen. Wie alle Hülsenfrüchte sollen sie nicht roh gegessen werden. Allergiker reagieren auch auf ihren Blütenstaub. Alle anderen Bohnensorten kommen aus Südamerika und vor allem aus Mexiko. Dort sind Bohnen und Mais heute noch die Hauptnahrungsmittel.

Ernährungswissenschafter haben festgestellt, wie klug diese Kombination instinktiv gewählt wurde: Bohnen sind reich an Proteinen, die Verbindung mit Mais, Reis, Brot oder Nudeln verstärkt diesen Anteil.

Neben den herkömmlichen Busch- oder Stangenbohnen, den Feuer-, Prinzeß-, Brech- oder Spargelbohnen, die schon lange unsere Menüs bereichern, haben wir in den letzten Jahren eine Reihe neuer und exotischer Sorten kennengelernt. Aus Italien kommen die braunen, rotgestreiften Borlotti-Bohnen, die beim Kochen grün werden und die eine nussig schmeckende Zugabe zum gemischten Salat sind. Aus Amerika haben wir die roten Kidney-Bohnen, die sich so gut für Chili con carne eignen. Bei Asienreisen konnten wir vielleicht die eigenartig süß schmeckenden Fladen aus Adzuki-Bohnen kosten. Weiße Augenbohnen mit schwarzen oder gelben Flecken sind die Grundzutat amerikanischer

Eintöpfe mit Schweinefleisch und Tabasco. Auch in der Chinaküche verwendet man sie; geröstet und mit Fisch oder Fleisch ergänzt. Bei den neuen Fisolensorten haben wir erfreut festgestellt, daß sie kaum noch Fäden haben - allerdings kann man sich nicht ganz darauf verlassen. Besonders begeistert bin ich von den breiten Fisolen, die so wenig Arbeit beim Putzen machen und so kernig schmecken.

Manchmal pitzle ich aber an stricknadeldünnen Keniabohnen herum, die ich dann, mit Speckstreifen gebündelt, rund um Lammkoteletts drapiere, wie ich es in besseren Restaurants gesehen habe. Die längsten Fisolen habe ich neulich im wundersamen Garten der »Arche Noah« in Schiltern gesehen, wo aussterbende Gemüsesorten gezüchtet werden: Spaghettibohnen, mit fast einen Meter langen, schmalen Hülsen. Bohnen gehören zu den weitestverbreiteten Gemüsesorten, und jede Regionalküche macht etwas anderes daraus. In Frankreich habe ich Flageolets entdeckt, nierenförmige grüne Bohnen, die ausgezeichnet zu Lamm schmecken. Und wer leichte Küche automatisch mit Frankreich verbindet, erlebt seine Wunder, wenn er sich an ein Cassoulet heranwagt: weiße Bohnen mit Würsten und geräuchertem Gänsefleisch. Am besten, man holt sich mit Holzhacken Appetit darauf und plant nachher einen mehrstündigen Fußmarsch. Das ist auch die beste Methode, um mit den altbekannten Nebenwirkungen der Bohne fertig zu werden, die die Franzosen elegant *piano du pauvre* - Klavier der Armen - nennen.

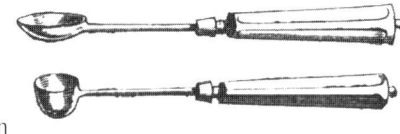

Erst Ende des 18. Jahrhunderts kam die aus China stammende Sojabohne nach Europa. Sie ist heute eine der Hauptquellen für pflanzliches Eiweiß und für jenes Öl, aus dem man Margarine macht. Sojabohnen werden selten frisch gegessen, aus der Trockenfrucht werden Granulat für Sojafleisch, Würzstoffe für die Sojasauce und eine Reihe anderer Produkte gewonnen. Durch Gärung mit Pilzen und Bakterien entsteht Miso oder Tofu, ein pflanzlicher Käse, der kaum Eigengeschmack hat, jedoch Gewürze gut aufnimmt.

Mit Sojalaibchen hat mich eine Freundin überzeugt, sie waren so gut gewürzt, daß sie akzeptabel schmeckten.

Tofu ist nicht mein Geschmack - irgendwie erinnert er mich immer an gut abgelegenen Radiergummi. Aber mit Sojasprossen habe ich mich angefreundet - ein Salat aus blanchierten Sprossen mit Cherry-Paradeisern und jungen Zwiebeln schmeckt gut und ist außerdem noch gesund. Übrigens habe ich mich an Linsen, gegen die ich ähnliche Vorurteile wie gegen Bohnen hatte, über einen Linsenkeimling-Salat angepirscht. Großmeister Gerer würzt die reschen Keime mit Kürbiskernöl und garniert damit Rehfilets.

Meine Vorbehalte betreffen dick eingebrannte, viel zu saure Linsen. Natur oder in Rahmsauce sind sie durchaus genießbar. Aber daß der biblische Esau sein Erstgeburtsrecht mit allen Erbschaftsansprüchen für ein Linsengericht an seinen Bruder Jakob abtrat, verstehe ich noch immer nicht. Auch wenn die roten Linsen, um die es sich dabei wohl handelte, Grundlage vieler guter orientalischer Gerichte sind. Übrigens schmecken nicht die teuren Riesenlinsen am besten, sondern die kleinsten – das Aroma sitzt nämlich in der Haut, und davon haben die kleinen Linsen in Relation zur Masse mehr als die großen.

Linsen muß man nicht einweichen, sie werden auch so schnell weich.

Da kann ich schon eher das Grià (für Nichtösterreicher: die Nachfrage) verstehen, das einmal um die ersten Zuckererbsen herrschte. Sie wurden erst im 17. Jahrhundert aus den derben Gartenerbsen weitergezüchtet und erregten vor allem in Frankreich unglaubliche Begeisterung. Zuckererbsen waren damals sehr teuer und wurden auch als Dessert verspeist. Die Hofdamen Ludwigs XV. ließen sie sich nach einem kompletten Galaessen servieren, und Madame Pompadour, immer bereit, den Gelüsten ihres Königs zu dienen, bestach den Polizeichef von Paris, um Ludwig XV. zu den ersten Zuckererbsen der Saison zu verhelfen.

Erbsen gehören zu den ältesten Gartengemüsesorten der Welt und bis heute zu den beliebtesten. Auch wenn die derben Schalerbsen, die auch als Trockenfrucht gehandelt werden, bei uns kaum mehr eine Rolle spielen. In der feineren Küche haben die Zuckererbsen und vor allem die Zuckerschoten sie verdrängt. Aber in der Alltagsküche sind Erbsen ein Jolly Joker, der die vielfältigsten Kombinationen zuläßt.

In Venedig gehören junge Erbsen untrennbar zum Fest des heiligen Markus am 25. April. Da wird Risi e bisi serviert, das ganz anders schmeckt als das wienerische Risibisi, das zum Beispiel Beilage für Kalbsvogerln ist. Das venezianische Gericht ist suppig und enthält außer Erbsen Speck oder Schinken. Erbsen waren in Venedig, das kaum eigene Landwirtschaft hatte, sehr kostbar und beliebt. Dafür vergaß man sogar die Erbfeindschaft zu Genua, der rivalisierenden Handelsmacht und ließ sich Erbsen aus Ligurien kommen. Speck und Schinken, die zu Risi e bisi gehören, sind wohl eine Erinnerung daran, mit welchem Trick die Venezianer einst ihren Stadtheiligen, den Evangelisten Markus, aus Alexandria entführten. Der streng bewachte Leichnam wurde von zwei venezianischen Kaufleuten aus einem Kloster in Alexandria auf listigste Weise an den Augen muslimischer Zollbeamter vorbeigeschmuggelt: sie hüllten ihn in Schweinefleisch, in der sicheren Erwartung, daß niemand das unreine Fleisch berühren würde. Und als der Evangelist dann im Triumph nach Venedig zurückgebracht worden war, bauten die Venezianer für ihn die Basilika San Marco, die sie mit den geheimnisvoll schimmernden Mosaiken und dem erlesensten Raubgut aus aller Welt schmückten. Zwischendurch kam ihnen der Heilige wieder abhanden und wurde erst 1811 unter dem Hauptaltar bestattet. Zu Ehren von San Marco essen die Venezianer bis heute zu seinem Namenstag dieses Gericht.

Risi e Bisi

Für 4 Personen

1/2 kg ausgelöste junge Erbsen
3 junge Zwiebeln
15 dag Schinken mit Speckrand
3 Eßlöffel Öl
3 dag Butter
1 Bund Petersilie
1 1/4 Liter Rindsuppe
(evtl. aus Würfeln)
30 dag Rundkornreis
Salz, Pfeffer
6 dag geriebener Parmesan

Die Zwiebeln klein hacken, mit dem weggeschnittenen, zerkleinerten Speckrand in Öl anlaufen lassen, den Schinken und die Erbsen dazugeben, mit etwas Rindsuppe aufgießen, kurz aufkochen. Dann die restliche Suppe dazugeben. Wenn sie kocht, den Reis einstreuen und unter Rühren aufwallen lassen, bis der Reis al dente gar ist. Salzen, pfeffern, die gehackte Petersilie einrühren, die Butter und die Hälfte des Parmesans beigeben und mit dem restlichen Käse bestreut servieren.

Kohl & Co.

Zu den wenigen Dingen, die ich als Kind absolut nicht essen wollte, gehörte Kohl. Ich weiß gar nicht mehr, ob ich ihn je kostete, so zuwider war mir sein Geruch. Ich war mit meiner Kohl-Aversion nicht allein. Wenn es Kohl gab, der im Wienerischen übrigens »Kelch« heißt, stöhnte mein Großvater: »Laß diesen Kelch an mir vorübergehen.« Erst langsam habe ich mich mit diesem Gemüse angefreundet – als Pot au feu, mit südlichen Kräutern, Gemüse und Fleisch vermischt. Und als sich dann ein lieber Freund von mir Kohl zum Tafelspitz wünschte, habe ich auf den trockenen Majoran verzichtet, der die ordinäre Aura des Kohls verstärkt, habe mit Thymian und Knoblauch gewürzt, anstatt der Einbrenn rohe, geriebene Erdäpfel und Crème fraîche hineingegeben und mit einer Handvoll geschnittener Champignons den Kohl auf meine Art verfeinert. Und was die Geruchsbelästigung angeht – mit dem Druckkochtopf läßt sich die auch aggressive Ausdünstung des Kohls bändigen. Inzwischen serviert man auch in sehr noblen Restaurants Kohl, sogar zum Fisch, was mir nicht schmeckt. Ein Kohlblatt um Fleisch gewickelt lasse ich mir aber gefallen.

Wie mit manchen Menschen geht es mir auch mit dem Kohl – ich habe nichts gegen ihn selbst, aber wirklich sympathisch ist mir vor allem seine Verwandtschaft: Weiß- und Rotkraut, Kohlsprossen, Kohlrabi, Karfiol und vor allem Broccoli. Sie stammen alle von einer Kohlsorte ab, die irgendwann am Mittelmeer zu sprießen begann. Und dann wurden die unterschiedlichsten Gemüsesorten daraus, die die südliche mit der nördlichen Küche verbinden.

Einer aus diesem Sortenreichtum ging sogar per Schiff auf Weltreise. Das Sauerkraut hatte zunächst eine sehr europäische Geschichte. Die erste und einfachste Konserve wurde im alten Griechenland erfunden, wo man das gehobelte Weißkraut mit Salz und Kümmel, Apfel, Wacholder und Trauben in ein Faß stopfte, bloßfüßig darauf herumsprang und wartete, bis alle diese Bestandteile vergoren. Daß sich der Zuckergehalt des Krauts in Milchsäure verwandelte, erforschte man erst viel später.

Das Einstampfen von Kraut war zunächst eine Methode, das Kraut haltbar zu machen. Durch die Gärung wird die Faserung des Krauts locker und bekömmlich – das ergibt seinen guten Geschmack und seine hervorragende Eignung als Begleiter von fettem Fleisch.

Das Sauerkraut, ein ausgezeichneter Vitaminlieferant, das faßweise als Schiffsproviant geladen wurde, war nicht nur eine angenehme Ergänzung von Dörr- und Pökelfleisch. Es hielt die Besatzung auch gesund

und munter. Während andere, die ohne Sauerkraut auf lange Fahrt gingen, Zähne und Haare verloren und an Skorbut litten.

Die angenehmen Nebenwirkungen der Kohlgewächse wurden erst in unserer Zeit ernsthaft erforscht. Die verschiedenen Kohlgewächse erweisen sich als wahre Vitaminbomben. Broccoli hat mehr Vitamin C als Paprika, der schon mit hohen Werten gesegnet ist.

Bei Kohl & Co geht dieses Vitamin beim Kochen nicht verloren, wie bei anderen Gemüsesorten. Im Gegenteil, in der Hitze entwickelt es sich erst aus seiner Vorstufe, dem Ascorigen. Kohlgewächse enthalten neben Vitamin C noch einige B-Vitamine, das Provitamin A, Eisen, Kalzium, Kalium, Jod und reichlich Ballaststoffe, die die Verdauung fördern – manchmal allerdings mit Nebengeräuschen.

Der amerikanische Pharmakologe Professor Dr. Paul Taladay entdeckte in Broccoli einen Wirkstoff, der die Zellen vor Krebs schützt. Das Sulforaphan hält die sogenannten freien Radikalen, die Tumore auslösen können, in Schach.

Kohlgemüse hat es in sich. Es gehört zu den haltbarsten Gemüsesorten; vor allem das engblättrige Kraut ist ideal für Vorratshaltung.

Rohkostsalate aus Weiß- oder Rotkraut sind eine köstliche Begleitung von Schweinsbraten; Gansl, Ente oder auch eine schlichte Blunze gewinnen durch Krautsalat als Beilage. Allerdings muß das Kraut sehr fein geschnitten sein, und wer empfindlich ist, sollte es blanchieren. Am köstlichsten ist der rohe Krautsalat aus ganz jungem Kraut. Ein paar frische Grammeln darüber erhöhen seinen Reiz. Nördlich von Bayern ist Krautsalat etwas total Exotisches. Norddeutsche Freunde waren ganz begeistert, als sie ihn in einem Balkanrestaurant entdeckten. Ein guter Grund für mich, sie auf den Naschmarkt zu einem Sauerkrautstand zu schleppen. Sie waren verblüfft: Sauerkraut aus dem Faß – daß es so etwas noch gibt! Und dann noch die bunte Vielfalt der Essigkonserven: gefüllte Paprika, eingelegte Pfefferoni, Kirschpaprika, eingelegter Knoblauch.

Das neue Erlebnis mußte vertieft werden. Also lud ich uns bei ungarischen Freunden auf »Gelegtes Kraut auf Siebenbürger Art« ein: *Erdély rakott káposzta*. Diese Speise ist ein Monumentalereignis, komponiert aus Sauerkraut, das in Schichten abwechselnd mit Faschiertem, Debreczinern, Reis, viel Paprika und Rahm in einen Topf geschlichtet, mit Suppe übergossen und stundenlang im Rohr gedünstet wird. Es schmeckt umwerfend gut, und wer danach keinen Barack braucht, hat einen gußeisernen Magen.

Wir tranken ihn auf die völkerverbindende Wirkung jenes Gewächses, das in dieser Form bei uns Kraut, in Deutschland Kohl heißt und das so sehr als deutsche Spezialität gilt, daß »Kraut« zum englischen Spitznamen für die Deutschen wurde. Marlene Dietrich trug ihn hocherhobenen Hauptes, schließlich hatte Ernest Hemingway ihn ihr verpaßt.

Sauerkraut ist aber auch in Frankreich populär. Vor allem im Elsaß, aber auch in Paris bekommt man es in vielen Brasserien. Angeblich ist es ein kulinarisches Souvenir, das französische Soldaten während der

Napoleonischen Kriege in Deutschland entdeckten. Als *choucroute* machte Sauerkraut eine französische Karriere.

In der feinen Abteilung von Kohl & Co ist das Rotkraut zu Hause. Roh ist es eigentlich blauviolett, kommt es mit der Säure von Zitronen, Wein oder Äpfeln in Kontakt, wird es rot. Besonders schmackhaft ist es, wenn man es, fein geschnitten, mit Orangensaft und Salz beizt und einige Stunden ziehen läßt. Dann Zwiebeln in Öl oder Schmalz anschwitzen, mit einem Teelöffel Zucker überstreuen, bis alles karamelisiert. Dann mit Rotwein aufgießen, das Kraut dazugeben und alles dünsten. Kurz vor dem Fertigwerden einen geschälten Apfel hineinraspeln und etwas Preiselbeermarmelade dazutun.

Kohlrabi schmecken am besten, wenn man sie jung erntet und gestiftelt als Rohkost zubereitet, da kommt ihr nussiges Aroma am feinsten zur Geltung. Ich mag sie aber auch als Bestandteil eines milden Frühlingsgemüses, mit Erbsen, jungen Karotten und Champignons in einer Rahmsauce. Da die Kohlrabiblätter die wertvollsten Inhaltsstoffe haben, sollte man die zarteren von ihnen mitverwenden.

Die jüngsten aus der Kohlverwandtschaft sind Kohlsprossen, die in ihrer jetzigen Form vor hundert Jahren in Brüssel gezüchtet wurden. Darum heißen sie auch im Englischen *Brussel sprouts*. Die Minikohlköpfchen, die besonders viel Vitamin C und B enthalten, können Kälte bis -12 Grad aushalten. Frost erhöht den Zuckergehalt und verfeinert ihren Geschmack. Ein kleiner Trick, um sie besonders mild zu machen: Milch im Kochwasser dämpft den Kohlgeschmack. Zu den reizvollsten Kohlpflanzen gehören Karfiol und Broccoli – sie sind eßbare Blüten. Karfiol kommt jetzt in einer neuen Variante auf den Markt - spitz und schön strukturiert, hellgrün und auch im Miniformat: Romanesco heißt diese Sorte, die gern im ganzen serviert wird. Broccoli, auch Spargelkohl genannt, übertrifft den Karfiol noch an inneren Werten. Er ist auch besonders fein und sehr bekömmlich. Nicht nur in der gehobenen Gastronomie, sogar beim Heurigen kann man heute Broccoli-Gerichte bekommen - Strudel, Salate, Aufläufe. Damit knüpfen die Heurigenköchinnen an eine vergessene Altwiener Tradition an: Brockerln, wie Broccoli früher genannt wurden, tauchen schon in den Kochbüchern des Biedermeier auf.

Bei uns kaum bekannt ist der Grünkohl, der in Deutschland ironisch »Oldenburger Palme« genannt wird. Er hat offene, gekräuselte Blätter, wird nach dem Frost sehr würzig und wird gerne zu einer geräucherten Wurst gegessen. »Kohl und Pinkel« heißt eines dieser Gerichte.

Der von viel weiter hergeholte Chinakohl hat sich bei uns hingegen längst durchgesetzt und ist heimisch geworden. Er ist ein entfernter asiatischer Verwandter unseres Kohls, mit sehr sanften Geschmacksanklängen an die derbere heimische Pflanze. Bei uns heißt er Jägersalat. Daß er in China »Zahn vom weißen Drachen« hieß, hat sich nicht herumgesprochen.

Eine interessante und weitschichtige Verwandschaft: Kohl & Co. Kein Grund, diesen Kelch an sich vorübergehen zu lassen.

BROCCOLIPUDDING

6 Portionen

25 dag Broccoli
2 Dotter
$1/4$ Liter Obers
Salz, Pfeffer
$1/2$ Zehe Knoblauch
Butter für die Formen

Broccoli über Dampf kernig weich kochen. Das Obers etwas einkochen, mit den Eiern verrühren und im Mixer mit den Broccoli vermischen und alles pürieren. Salzen, pfeffern. Kleine Auflaufformen buttern, die Masse nicht zu hoch einfüllen. In eine mit Wasser gefüllte Pfanne stellen und im Rohr ca. 20 Minuten garen. Dazu paßt:

ROHE PARADEISSAUCE

Ca. 6 Portionen

$1/2$ kg reife Paradeiser
(oder Dosenparadeiser)
1 Knoblauchzehe
1 kleines Stück Pfefferoni
1 Eßlöffel Olio vergine
Salz, Pfeffer, 1 Bund Basilikum

Die Paradeiser kurz blanchieren und häuten, Pfefferoni schneiden. Alle Bestandteile mit Ausnahme des Basilikums im Mixer pürieren. Basilikum nicht zu klein hacken, sonst verliert es sein Aroma ans Schneidebrett. In die fertige Sauce geben und im Kühlschrank zwei Stunden ziehen lassen. Zum Broccolipudding servieren.

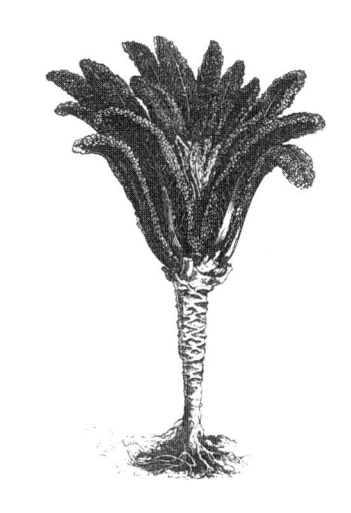

Der allgegenwärtige Fladen

Meine Schweizer Freundin Marianne ist nicht die einzige, die mich fragte, warum denn in Österreich Schinken mit Marmelade gegessen werde. Schinken? Mit Marmelade? Natürlich: Palat-Schinken! Tatsächlich, wenn man von Ausländern an das vertraute Wort herangeführt wird, erscheint es sonderbar. Woher der Name wohl kommt?

Natürlich sind Palatschinken im kakanischen Bereich beheimatet. Im Ungarischen heißen sie *palacsinta*. Im Tschechischen *palacinka*. Aus dieser Region kommen auch die üppigsten Versionen: die mit beschwipster Nußfülle, Schokoladesauce und Schlagobers angereicherten Gundelpalatschinken oder die mit duftender Punschcreme servierten Gleitpalatschinken und die mit reichhaltiger Topfencreme gefüllten, schindelartig geschlichteten, mit Rahm und Eiern überbackenen böhmischen Palatschinken.

Sie sind eines der köstlichsten Erbstücke der Monarchieküche. Aber ihr Name ist damit noch immer nicht erklärt. Reisen wir also auf der Spur der Palatschinken weiter nach Osten, nach Rumänien. Dort heißen die süßen Fladen: *placinta*. Rumänisch ist eine romanische Sprache. Das führt uns auf die Spur. Im Lateinischen heißt Kuchen *placenta*. Also sind die Palatschinken womöglich ein römisches Besatzungskind? Kann sein, daß uns die Legionsköche von Carnuntum und Vindobona den Namen hinterlassen haben. Die Palatschinken sind aber noch viel älter. Nach dem Brei ist der auf heißen Steinen geröstete Fladen eines der ältesten Gerichte der Menschheit. Fladen sind die Urform des Brots, man findet sie in fast allen Kulturen der Welt. Die Ägypter, die bereits 5000 v. Chr. Fladen buken, erfanden wahrscheinlich den Sauerteig und die Germ. Bei ihnen waren Bäckerei und Brauerei oft benachbart, die Backbehelfe, die den Fladen locker machten, waren ja Abfallprodukte der Brauerei. Nahrung – das war für sie: Brot und Bier. Auch heute noch gehören gebackene Fladen in vielen Kulturen zu den Grundnahrungsmitteln: in Mexiko sind es Tortillas aus Maismehl, in Indien Chapatti oder Pappadam. In der Emilia Romagna schätzt man *piadine*, in der Bretagne Crêpes. Und überall füllt man die Fladen: mit Fleisch oder Gemüse, Honig oder Früchten. Im Veneto habe ich eine Art von Palatschinken entdeckt, die seitdem zu meinem Repertoire gehören: *crespelle* – das sind hauchdünne Fladen, mit Pilzen oder Spinat gefüllt und mit Käsebéchamel überbacken. Allerdings mache ich die hauchdünnen Palatschinken fettlos in einer elektrischen Crêpe-Pfanne, damit man bei der üppigen Fülle kein ganz so schlechtes Gewissen haben muß. Eine Hochburg der Palatschinkenbäcker ist der kleine bretonische Ort Locronan bei Quimper. Gegenüber der Kirche liegt eine der berühmtesten Crêperien Frankreichs: Ty-Coz. Die Familie Lejollec hat ein Geheimrezept, damit ihre Crêpes so zart und knusprig werden – ein kräftiger Schuß Apfelschnaps soll daran nicht unbeteiligt sein.

Wenn die Crêperie öffnet, duftet bald der ganze mittelalterliche Marktplatz nach karamelisiertem Zucker, gebackenem Teig und edlen Füllen. Es gibt 66 verschiedene Arten von Crêpes: salzige mit Speck, Meeresfrüchten, Spinat, Pilzen, Käse, Schinken. Süße mit Kastanienreis, Nüssen, Brombeermarmelade, Bananen, Zitronenkonfitüre. Zu den Crêpes trinkt man Cidre, den pikant-säuerlichen Apfelwein, der im Steinkrug serviert wird. Etwas robuster als Crêpes sind Galetten: Fladen aus Buchweizenmehl, mit Paradeisern oder Schinken gefüllt.

Ob Crêpes, *crespelle* oder Palatschinken – so wie wir sie heute kennen, sind sie Produkte unseres Wohlstands. Das gelungene Missing link zwischen Urnahrung und verfeinertem Gaumenkitzel. Dieser Aufstieg begann im mitteleuropäischen Raum. Károly Gundel, Ungarns prominentester Gastronom der Jahrhundertwende, hatte Anteil daran. Er war Begründer des heute noch bestehenden Luxusrestaurants im Stadtwäldchen von Budapest. Er schrieb auch Kochbücher, die sich allerdings aus heutiger Sicht wie eine Anleitung zum Selbstmord mit Messer und Gabel lesen, so gewaltig sind die Mengen Schmalz, Obers und Eier, die er empfiehlt. Aber er hat ein paar interessante Tips für Palatschinkenfüllungen, die man etwas abgespeckt auch heute noch nachkochen kann. So schlichtet er Palatschinken zu einer Torte und gibt abwechselnd Topfen-, Nußfülle und Marillenmarmelade dazwischen. Zur Marillenmarmelade gehört ein Schuß Barack. Das ganze wird mit Eischnee, der mit Zucker und Marillenmarmelade vermischt ist, überbacken. Legendär sind auch die Husaren-Pfannkuchen, die einst der prominente Patron des Wiener Luxusrestaurants »Zu den drei Husaren« auf die Speisekarte setzte. Es sind eigentlich Béchamel-Omeletts, die mit Nüssen gefüllt und mit Erdbeermarmelade und Schokolade überzogen werden.

Egon Fodermayer wurde von seinen österreichischen Stammgästen immer wieder gerügt, daß er den ungebräuchlichen Ausdruck »Pfannkuchen« verwendete. Seine Nachfolger sind dann auf »Omelett« ausgewichen. Aber wer in Altwiener Kochbüchern blättert, wird vergeblich den Namen »Palatschinken« suchen und das gleiche Gericht als »Pfannkuchen« finden. Auch im berühmten Kochbuch der Katharina Prato gibt es in der Erstausgabe und auch bei späteren Auflagen nur den Ausdruck »Pfannkuchen« und »Omelett«.

Was ist der Unterschied zwischen Palatschinken und Omelett? Für Omeletts werden die Eier getrennt, das Eiklar geschlagen, nach dem französischen Originalrezept wird kein Mehl verwendet. Zum Palatschinkenteig gehört es unbedingt dazu, die

Eier werden ungeteilt in Milch oder Obers versprudelt.

Aus einem mit sechs bis acht Eiern angereicherten Palatschinkenteig entsteht der berühmte Kaiserschmarrn. Den liebt meine Schweizer Freundin Marianne ganz besonders. Und seitdem sie die kulinarische Verwandtschaft zwischen den endlich enttarnten Palatschinken und dem Kaiserschmarrn entdeckte, heißt er bei ihr: Palat-Schinkenfleckerln.

CRÊPES MIT CHAMPIGNONS UND HENDLLEBER

Für 4 Personen

Crêpes:

15 dag Mehl

2 Eier

1–2 Eßlöffel Milch

(so viel, daß ein dickflüssiger Teig entsteht)

Salz, Pfeffer

Butterschmalz zum Ausbacken

(sofern man nicht die Crêpes-Pfanne

benützt, für die kein Fett erforderlich ist)

Fülle:

1 kleine Zwiebel (gehackt)

25 dag Champignons (gehackt)

6 Stück Hendlleber

4 Scheiben Schinken

8 dag Butter

1 Schuß Cognac

$1/8$ Liter Obers

5 dag Parmesan

Butter zum Fetten der Form, Salz, Pfeffer

Für die Fülle die gehackte Zwiebel in Butter anlaufen lassen, die gehackten Champignons dazugeben, dünsten. Die Leber hacken und dazugeben, bei kleiner Flamme rösten, salzen, pfeffern. Mit einem Schuß Cognac aufgießen.

Die Bestandteile für die Crêpes verrühren, vier Stück backen. Mit je einem Blatt Schinken und einem Viertel der Fülle belegen und zusammenrollen. In eine gefettete Form einordnen, mit Obers überziehen und mit Parmesan bestreuen. Kurz im Rohr überbacken.

Der Geschmack des Orients

Als ich vor vielen Jahren als Geschenk einer in England lebenden Tante eine große Dose Currypulver bekam, stiegen daraus, wie der Geist aus der Flasche, die geheimnisvollen Düfte des Orients, die so lange meine Phantasie beschäftigt hatten. Sie waren meine Begleiter durch die Geschichten aus Tausendundeiner Nacht, bei Schilderungen der Seiden- und der Gewürzstraße, sie stiegen aus den byzantinischen Szenen eines historischen Schinkens meiner Kindheit: »Ein Kampf um Rom«. Bei der Lektüre hatte mich die Figur der lasziven, raffinierten Theodora allerdings viel mehr interessiert als die ruppigen gotischen Helden, deren dramatischem Ende im Vesuv ich keine Träne nachweinte. Curry – das war ein Stück Ferne, etwas, das Sehnsucht nach Reisen, nach Entdeckungen und Luxus weckte.

Also begann ich mit Curry zu experimentieren, was meine weniger entdeckungsfreudigen Freunde nicht sehr entzückte. Gulyas war ihnen lieber. Aber die anderen, ebenso neugierigen wie ich konnten nicht genug davon bekommen.

Ich mischte Curry in Reis, ich würzte alle Ragouts damit, bestreute sie mit Kokosraspeln und servierte dazu gebratene Bananen. Für einige Zeit war ich eine kulinarische Trendsetterin. Aber bald begannen alle Curry mit vollen Händen in ihre Töpfe zu verstreuen. Es kam, was kommen mußte: man konnte Curry weder riechen noch wollte man ihn essen. Die Freude an Exotik war überreizt und bald darauf auch erloschen.

Jahrelang dämmerte die Riesendose Curry in einem Winkel meines Küchenkästchens dahin. Ich hatte nicht das Herz, mich davon zu trennen, obwohl ich mir sagen mußte, daß der Gewürzgeist in der Dose immer schwächer würde. Und dann nahm ich mir eines Tages ein Herz, schmiß die Dose weg, und damit war Curry aus meinem Sinn. Italienische und französische Gewürze breiteten sich aus, und damit war ich zufrieden.

Bis ich eines Tages am Wiener Naschmarkt etwas entdeckte, das mir wie die wienerische Niederlassung eines orientalischen Bazars erschien: Stände mit Gewürzen, die ich oft kaum dem Namen nach kannte – Gelbwurz, Zitronengras, Chilipasten, Sambal, Kreuzkümmel, Sternanis, Szechuan-Pfeffer, Kardamom, Ingwer, Koriander. Inzwischen hatte ich ein wenig in echte Bazare hineingeschnuppert, hatte in orientalischen Restaurants unbekannte Gaumenreize genossen. Und wieder stiegen, wie der Geist aus der Flasche, Erinnerungen an die duftenden Schätze des Morgenlandes auf.

Da war die seltsame Gewürzmischung, die ich in einem nordafrikanischen Bazar entdeckt hatte: Ras al Hanout, mit seinen wilden, intensiven Düften. Pfeffer und Muskatnuß, Lavendel, Gelbwurz und Rosenknospen wurden dafür vermischt. Und: Belladonna, Spanische Fliege und gelegentlich auch Haschisch. Man würzt damit Reis, Couscous (Getreidegrütze), aber auch Desserts aus Mandeln, Honig und Butter. Dank der aphrodisierenden und berauschenden Komponente läßt sich verstehen, daß eifersüchtige Frauen gern damit würzen. Allerdings - was geschieht, wenn der so Eingekochte gleich nach dem Essen außer Haus geht?

Ingwer ist eines der Gewürze, die Kindheitserinnerungen wecken: Meine Großmutter machte vor Weihnachten Ingwerkekse, süß und scharf zugleich, deren Form mich faszinierte - sie war eine vereinfachte Nachbildung der Ingwerwurzel. Die kannte ich damals noch nicht - meine Großmutter verwendete pulverisierten Ingwer. Für mich ist dieses Gewürz, das man auf jedem Markt und sogar in gutsortierten Supermärkten frisch bekommt, eine neue Leidenschaft geworden. Der zarte, aromatische Duft, die sanfte Schärfe paßt zu vielen Fleisch- und Fischgerichten, auch zu manchen Salaten und gibt gewohnten Speisen einen neuen interessanten Geschmack. Zum Unterschied von vielen anderen Gewürzen ist das Aroma unaufdringlich und wird bei kleinen Dosierungen eher unterschwellig wahrgenommen. Ich mache gerne Fisch oder Garnelen in einer pikanten Sauce aus rotem Paprika mit einer Spur Pfefferoni und reibe zuletzt ein bißchen Ingwer hinein.

Safran, das teuerste Gewürz der Welt, ist ein alter Bekannter. »Safran macht den Kuchen gel« - wer hätte das nicht schon als Kind gehört. Seine Kostbarkeit erklärt sich daraus, daß die Narben des Krokus, aus denen Safran besteht, händisch gepflückt werden müssen. Safran wurde zuerst in Kleinasien angebaut, mit den Römern kam er nach Spanien, das heute der Hauptlieferant des sanft duftenden Gewürzes ist. Mir schmeckt Safran am besten im Risotto à la milanese, der nur mit Rindermark und Safran gewürzt wird. Der dottergelbe englische Safrankuchen, eine beliebte Beigabe zum Tee, sieht verlockender aus, als er schmeckt.

Chili ist eines der Gewürze, die nicht aus dem Orient, sondern aus Südamerika stammen. Durch die vielen Kreuz- und Querverbindungen des Kolonialhandels erreichte Chili dann den Orient. Er ist sowohl in der Tabascosauce als auch in der indonesischen Würzpaste Sambal enthalten.

Wer Paprika liebt - und welcher Gulyasfreund tut es nicht -, freundet sich vielleicht auch mit seinen heißen Geschwistern, den Chilis, an. Rund 200 Sorten gibt es in Zentral- und Südamerika - grün, rot, länglich, rund, prall, zerknittert, mild oder feurig.

Für Gäste, die ebenso gerne scharf essen wie ich, kommt Chili nicht nur ins Gulyas, sondern auch ins Reisfleisch oder ins Paprikahendl. Freunde, die das wußten, brachten mir vor Jahren eine hübsche Chilipflanze mit Minifrüchten. Stefan, mein damals vielleicht zehnjähriger Sohn, rupfte als Mutprobe zwei davon ab und verspeiste sie. Ich werde nie den Anblick vergessen, wie sein liebes rundes Gesicht plötzlich hochrot wurde, auf der kleinen Nase standen Schweißtropfen. Aber er zuckte mit keiner Miene, rannte nur schnell in die Küche und ließ einen halben Liter Milch zur Brandlöschung hinunterzischen.

Viele der duftenden Gewürze, die wir auf unseren so multikulturell gewordenen Märkten entdecken, vereinen ihre Aromen in interessanten Mischungen. Curry ist die bekannteste, meist besteht sie aus Chili, Kreuzkümmel, Senfsamen, Pfeffer, Ingwer, Blättern der Currypflanze und Gelbwurz, der die Farbe liefert. Aber Curry ist nicht gleich Curry. In Sri Lanka kommen Zimt, Knoblauch und Fenchelkörner hinein, in Thailand Koriander und Limonenschalen.

Auch in China liebt man Gewürzmischungen. Die populärste ist das Fünf-Gewürze-Pulver aus Sternanis, Zimt, Fagara (einer Pfefferart), Fenchelsamen und Gewürznelken. In der nordindischen Küche ist Garam Masala ein wichtiges Aromakonzentrat. Es besteht aus Zimt, Lorbeerblättern, Kreuzkümmel, Koriander, Kardamom, Pfeffer, Gewürznelken und Muskatblüte.

In der nordafrikanischen Küche bestimmt Harissa (siehe Rezept S. 74) den Geschmack von Eintopfgerichten aus Gemüse und Fleisch, die zu Couscous (Getreidegrütze) gegessen werden.

Piment, den Columbus von Jamaika nach Europa brachte, ist keineswegs nur ein Lebkuchengewürz, er gibt auch Gemüsetöpfen interessante Würze.

Kardamom hat sich aus der Mehlspeisküche emanzipiert, auch Fleischgerichte und Obstsalat gewinnen damit feines Aroma. Die Araber stecken einen Zweig Kardamom in die Kaffeekanne. Ich lege gerne ein oder zwei Schoten neben die Tasse, zum Aufmachen und Zerbeißen. Das intensiviert den Kaffeegeschmack, hinterläßt frischen Atem und angenehme Wärme in der Magengrube.

Koriander, einer der Bestandteile des Curry, kommt aus Indien und dem Iran, er gedeiht aber auch in unseren Haus- und Terrassengärten. Man kann sowohl die frischen Blätter, die der Petersilie ähneln, als auch die Wurzeln und die Samenkörner verwenden. Ich lege die Blätter auf Fisch, den ich in der Folie mit wenig Fett gare - so bleibt das Korianderaroma gut erhalten. Der würzige, ein bißchen an Orangen erinnernde Geschmack macht sich auch gut zu gedünsteter Stangensellerie.

Viele Gewürze schmeicheln nicht nur dem Gaumen, sie wirken anregend und desinfizierend. Aber im Übermaß genossen, können sie gefährlich sein. Muskatnuß, die wir so gerne in Rindsuppen, ins Erdäpfelpüree oder ins Béchamel geben, kann in Überdosis sogar Halluzinationen bewirken.

Die hohe Eßkultur Asiens entwickelte ein Raffinement des Würzens, das den ersten Europäern, die nach Osten zogen, eine neue Welt des Genießens eröffnete. Zu einer Zeit, da in Europa der Haferbrei Alltagskost und halbblutige Keulen Festessen waren, entwickelten Wissenschafter am Hof des Kalifen von Bagdad eine Harmonielehre, die Kunst und Wissenschaft, Dichtung und Küche umfaßte.

Das Wissen darum wurde dreimal entdeckt. Zuerst von den Griechen und Römern, mit deren Untergang es verloren ging. Dann bei den Kreuzzügen und den Entdeckungsreisen. Ein Teil der arabischen Würzkunst kam allerdings über Nordafrika nach Sizilien und Spanien. Schließlich waren Gewürze der große Fund, als Kolumbus Amerika und die Portugiesen die Molukken, die reichsten Gewürzinseln der Welt, entdeckten.

Nur die mächtigsten Herrscher der Renaissance hatten jene Privilegien, die uns heute selbstverständlich erscheinen: sie ließen die Aromen des Orients an ihren Tisch holen. Aber dann überfraßen sie sich mit unbeschreiblicher Gier an gewürzter Kost, die ein wichtiges Prestigesymbol dieser Zeit war.

Aus dem reichen Angebot der Gewürze der Welt wählen zu dürfen - das ist ein Vorrecht, das wir heute gar nicht genug zu schätzen wissen.

CHAKCHOUKA

Für 4 Personen

1 Eßlöffel Olivenöl
2 gehackte mittlere Zwiebeln
3 rote Paprika
4 große Paradeiser (oder eine Dose Pelati)
4 Eier oder 2 Paar Debrecziner

Das Öl erhitzen, die Zwiebeln hellgelb rösten, die Paprika nudelig schneiden und dazugeben. Dann die Paradeiser (geschält und zerkleinert) einrühren, salzen, pfeffern, mit Harissa (siehe nachfolgendes Rezept oder fertig gekauft) würzen und alles weichdünsten. Wer Chakchouka mit Würsten mag, gibt diese - ganz oder geschnitten - mit den Paradeisern dazu. Wer lieber Eier ißt, wartet, bis das Gemüse fertig ist, macht vier Mulden und schlägt die Eier hinein.

HARISSA

5 dag getrockneter roter Chili
2 Knoblauchzehen
1 Teelöffel Kümmel
1½ Teelöffel Kreuzkümmel
2 Teelöffel Koriandersamen
1 Teelöffel zerriebene, getrocknete Minzblätter
etwas Salz
1 Teelöffel Olivenöl

Die Chilis entkernen, hacken und in warmem Wasser einweichen. Abtropfen, mit allen anderen Bestandteilen mixen, in ein schmales Gefäß füllen, mit einer Schicht Öl bedecken und im Kühlschrank aufbewahren.

Anstrudelung des Strudels

Wir lieben ihn süß, wir lieben ihn salzig – und es ist ein sinnliches Vergnügen, ihn zu rollen: der Strudel ist einer der Bestseller meiner Küche. Seit vielen Jahren gibt es zu den Geburtstagen meiner im Herbst geborenen Söhne Weintraubenstrudel. Wie das eigentlich angefangen hat, mit dem Geburtstagsstrudel statt der Geburtstagstorte, wissen wir alle nicht mehr. Aber irgendwann hat den Geburtstagskindern der mit saftiger Mandelfülle ausgepolsterte Traubenstrudel so gut geschmeckt, daß weder Kuchen noch Torten dagegen eine Chance hatten.

Strudel gehören einfach zur Kindheit. Meine Strudelprägung wurde vom pikanten Rhabarberstrudel meiner Großmutter eingeleitet. Auch der Weichselstrudel war ein Erlebnis. Ihr Apfelstrudel schmeckte mir nicht so gut, denn mein Großvater wollte ihn glitschig und nicht knusprig. Dann lernte ich bei der Mutter einer Freundin einen Apfelstrudel mit Mandel-Bröselfülle und säuerlichen Weintrauben kennen: der war mein Fall, und den backe ich heute noch gerne.

Am besten schmecken mir salzige Strudel. Was für eine Wonne, in einem burgenländischen Weinkeller zu sitzen, Weine durchzukosten und zwischendurch scharf gepfefferten Bohnenstrudel zu essen.

Bei einem Fest im Burgenland gab es einmal ein Buffet mit zehn verschiedenen Strudelsorten, darunter Kraut- und Bohnenstrudel, Schinken-, Spinat-, Fleisch- und Fischstrudel, Topfen-, Apfel-, Kirschen- und Türkenstrudel (letzterer mit einer Fülle aus Datteln, Feigen, Nüssen, getrockneten Zwetschken und Marillen).

Ein bekannter Wiener Küchenchef, Roman Seidl, der von der Nobelgastronomie in ein Privatsanatorium wechselte, verriet mir das Rezept für einen Kartoffel-Lauchstrudel mit Lachsfilet (siehe Rezept S. 78). Glücklich die Patienten, die von einem solchen Kochkünstler verwöhnt werden.

Gemüsestrudel waren eine begehrte Alternative zum Sonntagsschnitzel, als meine Söhne eine Weile kein Fleisch aßen. Inzwischen sind sie nicht mehr so strikt. Und sie freuen sich, wenn ich ihnen einen Lauchstrudel mit Champignons und Hühnerfleisch backe. Dafür röste ich den fein geschnittenen Lauch hellgelb an, gebe das würfelig geschnittene Hühnerfleisch dazu, danach die Champignons, lasse alles gut anrösten und binde diese Masse mit Crème fraîche und einem Ei. Mit Salz, Pfeffer, Kräutern würzen, auf den Strudelteig streichen, einrollen, mit verquirltem Dotter bestreichen und backen.

Vielleicht mache ich Strudel auch deshalb so gern, weil man bei ihm – noch mehr als bei Kuchen – Fingerspitzengefühl braucht. Da ist der Balanceakt, den Strudelteig dünn auszuziehen, ohne ihn zu zerreißen. Dann das Zubereiten der Fülle, die nicht zu naß sein darf, weil sie sonst den Teig aufweicht, und nicht zu grob, weil sie ihn sonst zerreißt. Die Fülle gefühlvoll verteilen und dann – jetzt wird's heikel – den Strudel mit Hilfe des unterlegten Tuchs aufrollen und in die gefettete Pfanne befördern, die Naht nach unten, damit sich die Fülle nicht selbständig macht. Meinen Weintraubenstrudel (siehe Rezept S. 77) backe ich sehr langsam, weil die Mandelfülle aufgeht und den Teig sprengen kann. Meine Söhne sind zwar auch von der ausgetretenen, gebackenen Fülle begeistert, weil sie wie Marzipan schmeckt, aber als Köchin hat man den Ehrgeiz, einen unversehrten Strudel auf den Tisch zu bringen.

Mir schmecken Strudel aus hauchdünnem Strudelteig am besten, aber wenn viele hungrige junge Leute bei mir zu Gast sind, mache ich meine salzigen Strudel mit Gemüse-, Fisch- oder Fleischfülle gerne aus Blätterteig, weil sie dann ausgiebiger sind.

Wenn es schnell gehen muß, und das ist bei mir ziemlich häufig der Fall, habe ich keine Hemmungen, fertige Strudelblätter oder tiefgekühlten Blätterteig zu verwenden. Strudelteig schmeckt auch ungerollt sehr gut, wenn man daraus kleine Teigblättchen schneidet, mit Öl bepinselt und goldgelb bäckt. Dann setzt man drei oder vier Stück mit einer lockeren Beerencreme zusammen – ein federleichtes, hinreißendes Dessert.

Auch als Imbiß zum Aperitif eignen sich ungerollte Strudelspezialitäten. Man schneidet den Teig quadratisch aus, füllt ihn mit Kräutergervais oder einer pikanten Lachsfarce, faßt alle vier Ecken zu einem Beutel zusammen und bindet ihn mit einem Schnittlauchhalm. Auf ein geöltes Blech setzen und goldgelb backen.

Strudel ist eine Mehlspeise mit Schicksal. Die Araber, die über Nordafrika nach Spanien und Südwestfrankreich vordrangen, brachten den hauchdünnen Teig als erste nach Europa. Sie aromatisierten ihn mit Rosengelee oder Orangensirup. In sehr alten Kochbüchern firmiert der Strudelteig in Erinnerung an diese Herkunft noch als »Spanischer Teig«. Die Mauren Spaniens rollten den Strudelteig nicht ein, sondern legten ihn gefüllt schichtweise übereinander.

Mit den Mauren kam der Strudel bis Frankreich, wo er *pastis* oder *croustade* genannt wird. Von dort kam er aber nicht weiter. In unsere Breiten gelangte der Strudel mit den Türken, die ihn auf ihren Vorstößen über den Balkan und Ungarn bis vor Wien im Kriegsgepäck hatten. Ungarn, wo der Strudel *rétes* heißt, dürfte eine wichtige Station gewesen sein. Hier stand ein besonders kleberreiches Mehl zur Verfügung, das den Teig sehr geschmeidig macht. Wahrscheinlich begann man auch hier, ihn zuzusammenzurollen und nicht zu schlichten, wie es heute noch auf dem Balkan mit der Baklava geschieht. Naturgemäß waren Westungarn, das heutige Burgenland, Wien und Niederösterreich die wichtigsten Verbreitungsgebiete des Strudels. Hier gibt es auch die phantasievollsten Variationen. Und wenn es ein Gericht gibt, das ein Stück

Kulturgeschichte erzählen könnte, dann ist das der von mir als Beilage sehr geschätzte Erdäpfelstrudel. Die Hülle kommt aus dem Orient, die Fülle aus der Neuen Welt, von wo sie die Spanier nach Europa holten. Und all das vereint sich auf unseren Zungen.

STRUDELTEIG

12 Portionen

25 dag Mehl
3 cl Öl
2 g Salz
15 cl Wasser
5 cl Öl zum Bestreichen

Mehl, Öl, Salz und Wasser verkneten und zu einer Kugel formen. Auf einen mit Öl bestrichenen Teller legen, die Oberfläche auch mit Öl bestreichen und eine Stunde rasten lassen. Den Teig dann in Mehl wenden, auf einem bemehlten Tuch ausrollen und mit bemehlten Händen von der Mitte aus nach außen ziehen, bis er dünn und durchsichtig wird. Der Teig muß sofort ausgezogen werden, weil er sonst bricht.

WEINTRAUBENSTRUDEL

12 Portionen

Strudelteig
(selbstgemacht oder fertig)
5 Eier
15 dag Zucker
20 dag geschälte, geriebene Mandeln
40 dag gewaschene, getrocknete
und gerebelte Weintrauben
5 dag flüssige Butter

Zucker, Butter und Dotter schaumig rühren, Mandeln und steif geschlagenes Eiklar einheben. Die Masse auf den Teig streichen, mit Weintrauben belegen, rollen, mit flüssiger Butter bestreichen und backen.

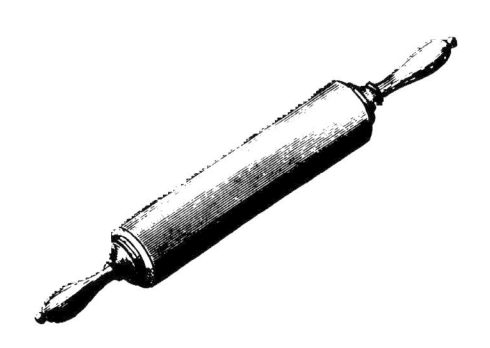

KARTOFFEL-LAUCHSTRUDEL MIT LACHSFILET

12 Portionen

25 dag Strudelteig
24 dag blanchierte Kartoffeln
in dünnen Scheiben
20 dag geschnittener Lauch,
blanchiert, gut abgetropft
30 dag Lachsfilet

Lachsfarce:

10 dag Lachs
10 dag Obers
1 Ei
2 Dotter
Salz, Pfeffer, Zitrone

Für die Farce den gekühlten Lachs mit Obers und Eiern im Mixer fein zerkleinern. Durch ein feines Sieb streichen, mit Salz, Pfeffer und Zitronensaft abschmecken. Das Lachsfilet in zwei Finger dicke Streifen schneiden, salzen, pfeffern. Den Strudelteig ausbreiten, darauf die Hälfte des Lauchs verteilen. Mit Farce bestreichen, darüber den restlichen Lauch und die Kartoffelscheiben legen. Die Lachsstreifen darübergeben, vorsichtig einrollen, zwei Stunden kühl stellen und bei 220 Grad 20-25 Minuten backen. Dazu serviert man:

SCHNITTLAUCHSAUCE

12 Portionen

1 Eßlöffel Butter
3 dl trockener Weißwein
3 dl Fischfond oder Bouillon
3 dl Obers
Salz, Pfeffer
5 dag Schnittlauch, fein geschnitten
1 Eßlöffel kalte Butter
je ein Stück Lauch, eine Scheibe
Sellerie und eine halbe Zwiebel

Das Gemüse klein schneiden und in Butter andünsten, mit Weißwein löschen. Fischfond oder Bouillon dazugießen und auf ein Drittel einkochen. Das Obers dazugeben und zehn Minuten kochen lassen. Passieren und abschmecken, vor dem Servieren mit dem Mixstab die kalte Butter einschlagen und den Schnittlauch dazugeben.

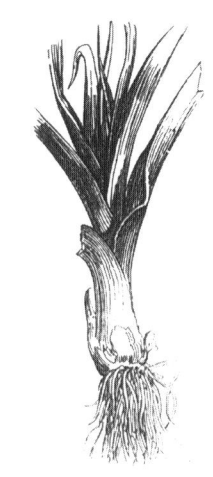

Vom Schlemmen und Stochern in gut gemischter Gesellschaft

Vergnügliche Mischungen

In einem Buch, das ich sehr mag – Jörg Mauthes Roman »Die Vielgeliebte« –, wird ein Fest geschildert, das meine Phantasie bis heute in Bewegung setzt. »Das große Fest« beginnt ganz ungeplant in einer kleinen Wohnung, verbreitet sich dann über Vorstadtbeisel und Villen, Heurige und Saunas, Bars und Künstlerwohnungen, Parks und Kaffeehäuser. Eine sich ständig wandelnde Gruppe aus Intellektuellen, Volkssängern, Aristokraten, Kammermusikern, verkommenen Genies und charmanten Ganoven zieht dahin, lacht und ißt, tanzt, trinkt, diskutiert, spielt – bis zur Erschöpfung. »Siebenmal ging die Sonne auf und siebenmal ging sie unter: so lange dauerte das Große Fest.« Und immer, wenn ich bei sehr durchorganisierten, total berechenbaren Festen zu Gast bin, denke ich an das »Große Fest« von Jörg Mauthe, das für ihn wahrscheinlich auch nur eine sehnsüchtige Fata Morgana vom Ausbruch aus den langweiligen Konventionen einer ungemischten Gesellschaft war.

Die richtige vergnügliche Mischung von Temperamenten und Genüssen ist wahrscheinlich das Geheimnis, wie man am besten vom Alltag abhebt.

Das ist gar nicht so schwierig, wie man meint. Ein höchst gelungenes Fest inszenierte ein Gastgeber, der den Raum, die Getränke und vielerlei Brotsorten beisteuerte – und jeden Gast sein transportfähiges Lieblingsgericht mitbringen ließ.

Und weil er damit sehr klug an den Ehrgeiz seiner Gäste appellierte, gab es ein köstliches Angebot an Pasteten, Salaten, Aufläufen, Quiches, Cremes und Kuchen. Beim Verkosten entstanden anregende Gespräche über Urlaubserinnerungen oder Küchenerfahrungen, Schlemmererlebnisse und -enttäuschungen, aus denen man eine ganze Menge über die Urheber eines Gerichts erfahren konnte.

Auf der Spur eines Dufts, eines Aromas gelangte man zu einem Menschen, der etwas von seiner Eigenart in eine interessante Speise gezaubert hatte (eines der Rezepte lesen Sie am Ende dieses Kapitels, S. 83).

Am Ende des Festes packte jeder seine Schüsseln und nahm sie wieder mit nach Hause zum Abwaschen. Das unangenehme Gefühl, das einen als mitfühlender Gast oft beschleicht, wenn man die Gastgeber am Ende eines Festes mit Bergen von Geschirr zurückläßt, hatten wir uns erspart.

Daß diese Einladung solch ein Erfolg wurde, verdankte sie der richtigen Mischung aus Planung und Improvisation: der Gastgeber überließ es zwar seinen Gästen, was sie mitbrachten, aber er bestimmte, wer Salziges, Fleischiges, Fischiges oder Süßes beisteuern sollte. Waren diesmal die Gäste ziemlich homogen und das Buffet vielfältig, so funktioniert die Sache auch umgekehrt: das Buffet aus einer Hand und die Gäste buntgemischt nach Alter, Beruf, Interessen. Solche Feste geschehen am besten in größeren Gruppen, in denen sich Spannungen vermeiden lassen. Ich habe hingegen schon Feste mit wenigen Leuten mit extremer politischer Positionierung erlebt, wo die Hausfrau sich zwischen zwei Streithähne werfen mußte, die ihre Meinungsverschiedenheiten fast mit dem Dessertmesser ausgetragen hätten.

Ich mag es sehr, wenn bei Festen auch Kinder dabei sind - das bringt Originalität, Direktheit, Unverkrampftheit. Wenn sich verschiedene Generationen um einen Tisch sammeln, können alle davon profitieren. Der gemeinsame Genuß, die aufgelockerten Gespräche wirken meist auch dämpfend auf kleine Selbstdarsteller, die unbedingt alle Aufmerksamkeit auf sich ziehen wollen. Niemand sagt Kindern übrigens so ungeniert die Meinung wie andere Kinder.

Zu solchen »gemischten« Gesellschaften passen alle - außer jenen, die verlangen, Kinder sollten bei Tisch »stumm wie ein Fisch« verharren, damit sie selbst ihre Egos entfalten können.

Die Lockerung althergebrachter Tischsitten besagt ja nicht, daß man sich über gewisse Grundregeln der Rücksichtnahme hinwegsetzen muß.

Zu jeder Zeit war das Verhalten bei Tisch, die Art, wie man Feste feiert, Ausdruck gesellschaftlicher Zusammenhänge. Die konventionellen Tischmanieren, die manchen auch heute noch erstrebenswert erscheinen, waren Produkte der feudalen Ordnung des 18. und 19. Jahrhunderts, die später von der bürgerlichen Gesellschaft übernommen wurde. Auch unsere offiziellen Feste sind noch davon geprägt, wie es einst bei Hof zuging. Man denke nur an die Opernball-Eröffnung.

Eine eigene Festkultur bei offiziellen Anlässen hat sich in unserer Zeit noch nicht gebildet. Ich habe schon Feste erlebt, die zwar populär sein sollten, aber unentschieden zwischen Etikette und Wurschtigkeit pendelten. Der Gastgeber, ein Politiker, stand beim Eingang und schüttelte Hände, während ein Teil der Gäste - einem unbekümmerten Leithammel folgend - an ihm vorbei zum Buffet strömte, das eigentlich erst als Belohnung für längere Reden gedacht war. Solche Probleme haben die wirklich populären Feste nie. Bei Stadtfesten ergibt sich die Choreographie ganz von selbst: man flaniert, schaut, tanzt, genießt und kommt mit anderen ins Gespräch, ohne sich um irgendwelche steifleinerne Regeln kümmern zu müssen.

Aber auch beim Heurigen ergibt sich die fröhliche Mischung zwanglos; an den langen Tischen kommen die verschiedensten Leute beim Wein zusammen, und oft genug ist das sehr amüsant. Wann wäre ich schon jenem muskulösen Mann begegnet, der sich als Schlachter vorstellte und bald eine unglaubliche Trinkfestigkeit bewies? Als er gerade beim siebenten oder achten Viertel angelangt war und keinerlei Anzeichen von Schwips zeigte, verriet er mir, daß er vor jedem Heurigenbesuch drei rohe Eier schluckte. Aber das war nicht das ganze Geheimnis: »Was san schon sieben, acht Viertel«, sagte er abschätzig und bestellte schon das nächste. »Wein – jede Menge. Nur kane Frauen. Das schwächt!«

Mit einem Historiker der Universität von Bologna kam ich in einer Vinothek auf sehr seltsame Weise ins Gespräch. Er aß am Nebentisch zum Wein etwas, das wie Grammeln ausschaute. Aber – Grammeln in Italien! Bevor ich noch fragen konnte, was es war, streckte der Mann seine Gabel aus und ließ mich und meinen Begleiter mit dem freundlichsten Lächeln der Welt kosten. Es waren tatsächlich Grammeln. In Bologna, das »la dotta e la grassa« – die gelehrte und die fette Stadt – heißt, läßt man, genauso wie bei uns, Karreespeck aus und macht daraus knusprige Grammeln. Allerdings ißt man dazu *piadine*, einen dünnen Teigfladen.

Bei der Kostprobe kamen wir ins Gespräch, der Grammelspender erzählte uns, daß er sonst immer mit seinem Freund Umberto Eco Grammeln zum Wein äße – »Sie wissen: Umberto Eco, ›Im Namen der Rose‹.« Wir waren tief beeindruckt und verabschiedeten uns schließlich. Der Professor hatte noch ein Seminar. »Leider mit lauter Idioten. Aber ich komme Sie sicher in Wien besuchen.«

Als wir beschwingt vom Wein und dem netten *professore* hinausgingen, fragte der Kellner: »Hat er Ihnen erzählt, er sei an der Universität? Und ein Freund von Eco?« Und dann bohrte er vielsagend den Zeigefinger in die Wange. »Un pazzo. Ein Verrückter. Aber die sperren sie ja jetzt nicht mehr ein, in diesem Land.«

Draußen stand lächelnd der *professore*. »Hat er Ihnen gesagt, ich sei verrückt? Das sagt er immer, weil ich ihm kein Trinkgeld gebe, diesem Tagedieb.«

Was wirklich wahr ist, weiß ich bis heute nicht, es ist auch ganz egal. Gemischte Gesellschaften ergeben oft die vergnüglichsten Erlebnisse.

FORELLENTALER

12 Portionen

1 Packung Tiefkühlblätterteig
25 dag geräuchertes Forellenfilet
(gut gekühlt)
1 Becher Schlagobers
1 Eßlöffel Crème fraîche
1 ungespritzte Zitrone
3 Blatt Gelatine
Salz, Pfeffer
frisches Basilikum
1 Dotter

Den Blätterteig auftauen, 3 mm dick ausrollen und mit einem runden Ausstecher (Durchmesser ca. 6 cm) Taler ausstechen. Auf ein mit Backpapier belegtes Blech legen, mit verschlagenem Dotter bestreichen und etwa 10 Minuten backen, bis die Taler hellbraun sind.

Inzwischen die mit abgeriebener Zitronenschale und etwas Zitronensaft abgeschmeckten Forellenfilets im Mixer fein zerkleinern. Nach Geschmack salzen und pfeffern. Die Gelatine kalt wässern, dann warm auflösen und unterrühren. Basilikum hacken, Schlagobers fest schlagen. Crème fraîche mit der Fischmasse verrühren, dann Basilikum beigeben, Schlagobers unterheben. Die Masse im Kühlschrank stocken lassen. Entweder zwischen zwei Teigtalern verstreichen oder mit dem Spritzsack aufdressieren und nicht bedecken.

Die ambulanten Schlemmer

Der Schauplatz: eine südliche Insel in der Abendsonne. Die Darsteller: ein Genießer, eine Genießerin, eine Möwe. Nach einem langen, köstlichen Tag am Wasser verspüren der Genießer und die Genießerin ein angenehmes Kribbeln in der Magengrube, das in Erwartung von Fisch, Salat, Brot und Wein ziemlich intensiv wird. Aufbruch. Ein letzter Blick auf den idyllischen Badeplatz. Da stößt die Möwe aus dem Azurblau herab, schnappt nach einem Fisch und entschwebt schluckend. Der Genießer (nachdenklich): »Kannst du verstehen, warum sie sich zum Essen nicht niedersetzt?«

Ein Genießer kann eben nicht verstehen, wie man sich gleichzeitig bewegen und essen kann – es sei denn im Flugzeug oder im Speisewagen. Aber inzwischen ist die Welt sehr schnellebig und sehr mobil geworden, und immer weniger eilende und hetzende Leute haben Lust und Zeit, sich zum Essen niederzusetzen.

Mir ist es auch nicht gelungen, durch Selbstversuche nachzuweisen, daß man als ambulanter Schlemmer mehr vom Leben hat. Ich neige eher dazu, lange Umwege für langsame Genüsse auf mich zu nehmen. Aber ich muß mich nicht um jeden Preis niedersetzen, um zu genießen – das habe ich an vielen italienischen Bars und an heimischen Imbißtheken lehnend geübt. Ich halte es für einen großen Fortschritt, daß man seit einigen Jahren auch in österreichischen Städten die Möglichkeit hat, kleine, feine Happen zu erschnappen, ohne dafür viel Zeit aufwenden zu müssen: an den Bars von Delikatessenläden, in Vinotheken, Espressos, bei Fleischhauern, Maronibratern, in Eissalons, an der Theke kommunikativer Beisel rund um Märkte und bei vielen Festen.

Was für eine köstliche Idee, bei Stadtfesten an Standeln regionale und internationale Spezialitäten zu verkosten: Sushi und Stelzen, Doughnuts und Marillenknödel, Rioja und Red Bull, G'spritzter und Ginger Ale.

Ähnlich bunt muß das kulinarische Straßenleben im alten Wien ausgeschaut haben, als die Angehörigen des Vielvölkerstaats im Prater, am Spittelberg oder in den Beiseln von Neulerchenfeld Salami und Znaimer Gurken, Krapfen und Mandoletti in verwienertem Böhmisch oder Italienisch feilboten.

Nicht alles, was man im Stehen genießt, ist Fast food. Bis das Sesambrot mit Salat, Zwiebeln, Paradeisern und Fleisch vom Döner Kebab belegt ist, braucht es massenhaft Vorarbeit. Die späte Eroberung unseres Landes durch türkische Genüsse war das Ergebnis einer langen, friedlichen Entwicklung. Nicht weit von Waidhofen, wo heute noch die Turmuhr die Stunde anzeigt, in der die Türken besiegt wurden, zieht ein niederösterreichischer Schafbauer mit einem perfekt aufgebauten Kebab von Fest zu Fest, wo dann türkische Kinder Mostviertler Gstanzeln lernen.

Wir verdanken den Türken eine ganze Menge von Genüssen, deren Herkunft wir schon lang vergessen haben: außer dem Strudel auch das Fleischlaberl bzw. den Big Mac. Türkische Grillköche trugen ihre »Köfte« nach Westen, bis sie, weit von ihrem Ursprung entfernt, als »Hamburger« Weltkarriere machten.

Es gibt in vielen anderen Kulturen Rezepte mit faschiertem, gebratenem Fleisch. Auch die Tataren haben Faschiertes gegessen, allerdings roh - nachdem sie es unter dem Sattel weichgeritten hatten. Aber mir erscheint es plausibler, daß die Türken, die jahrhundertelang den Balkan und Ungarn beherrschten und so viele Vorstöße auf österreichisches Gebiet machten, Spuren in unserer Eßkultur hinterließen. Die Gewohnheit, auf einer Reise innezuhalten, um Rast an einem Feuer, in einem Zelt, einer Hütte oder einem Autobahnrestaurant zu halten, um schnell zubereitete Gerichte zu essen, hat sich kaum verändert. Die ersten Fast-food-Lokale entstanden wohl entlang der Karawanenrouten, Handels- und Pilgerstraßen. Und ihre internationale Klientel sorgte dafür, daß auch die Rezepte auf Reisen gingen und sich in anderen Kulturen verbreiteten.

Das Bedürfnis, sich für eine Strapaze mit angenehmem Essen und Trinken zu belohnen, nährt heute eine riesige Industrie. Und oft bieten die modernen Karawanenrastplätze an Autobahnen die erste vorsichtige Annäherung ohne Schwellenangst an eine unbekannte Küche. Man bedient sich selbst, braucht keine Speisekarten oder unverständliche Erklärungen des Wirts - und hat im Eiltempo eine vielleicht lustvolle Erfahrung gemacht, die man später - im Sitzen - ausbauen kann. In mediterranen Ländern ist es denkbar einfach, auch außerhalb der genormten Massenrestaurants Unbekanntes zu erproben. In Frankreich beim Traiteur: kleine Pasteten, Taboulé - einen Salat aus Couscous, Gemüse und Pfefferminze, vielleicht eine im Briocheteig eingebackene Wurst oder Schweinssulz. An den Küsten: Muscheln und Krebse. In der Bretagne auch noch himmlischen Apfelkuchen oder Crêpes mit süßen oder salzigen Füllen.

In Griechenland sind meine Söhne und ich einmal - das Geld in Plastiksackerln verstaut - über einen Meeresarm zu einer korfiotische Jause geschwommen. Sie bestand aus kleinen Oktopussen, Rinderschinken und gefüllten Weinblättern (und für mich zusätzlich Ouzo, einem würzigen Anisschnaps, der bei Wasserzugabe milchig wird). Der Patron war höchst geehrt, daß wir für diesen Genuß so weit geschwommen sind.

Bei manchen schnellen Imbissen schwingt unerkannt ein Stück Geschichte mit: Daß man in Belgien Pommes frites so gerne ißt, hat mit den spanischen Habsburgern zu tun, die als erste Erdäpfel aus Westindien bekamen und sie in den von ihnen besetzten Niederlanden bekannt machten. Die Belgier essen dazu Sauce Andalouse,

Mayonnaise mit Paprika – auch ein Relikt der spanischen Herrschaft.

Zum schnellen Genuß unterwegs gehört natürlich auch das passende Getränk – meist Limonaden oder Cola aus der Dose. Aber im Süden begleitet häufig Wein oder Prosecco den Imbiß. Zu den spanischen Tapas, den pikanten Imbissen wie Brandteigkrapfen mit Schinken, Erdäpfelomelett, gebratenen Sardinen, paßt am besten Sherry. Und der ist alles andere als ein schnell gebrautes Getränk. Der würzige Wein aus Andalusien stammt von der Palomino-Rebe, die schon die Phönizier kannten. Der junge Wein, der durch Alkoholzusatz auf 15,5 % verstärkt wird, reift in Eichenfässern. Das Ritual des Verkostens gewinnt durch den auf einem Rohr befestigten Silberbecher, der mit einer eleganten, blitzschnellen Geste gefüllt wird, seinen besonderen Reiz. Der Sherry ist in verschiedenen Kulturen zu Hause. Seinen Namen hat er von Jerez de la Frontera. Als Sir Francis Drake 1587 Cadiz eroberte, nahm er viele Fässer des unbekannten Weins mit. In England wandelte sich sein Name dann zu Sherry. Und wurde zu einem Getränk des gehobenen Konsums. Auf der Straße, zu Fish and Chips aus dem Zeitungspapier-Stanitzel gibt es Ale, das milde süßliche Bier, oder Stout, das englische Starkbier.

Eine sehr reizvolle britische Erfindung für ambulante Schlemmer: das Picknick. Es ist wie geschaffen, um die raren schönen und trockenen Tage Englands zu zelebrieren. Mit kaltem Fleisch, Pasteten, Käse, Erdbeeren und Champagner. Bevorzugt als Pausenevent der Opernaufführungen in Glyndebourne, der Rennen von Ascot oder in der Tennissaison in Wimbledon. Auch in Österreich hat das Picknick elitäre Züge bekommen. Natürlich hat das Schnitzel mit Gurkensalat im Einsiedeglas Ewigkeitswert. Aber wer es ein bißchen nobler mag: im Schloß Grafenegg packt der bekannte Koch Toni Mörwald Picknickkörbe mit feinsten Imbissen. Hübsche Plätze unter Bäumen gibt es im Schloßpark genug. Und auch an Konzerten vorher oder nachher mangelt es nicht.

Eine der praktischsten Erfindungen für das Essen zwischendurch sind die Frankfurter. Daß sie auf der ganzen Welt außer bei uns Wiener heißen, ist Lokalgeschichte. Der aus Frankfurt nach Wien zugewanderte Fleischhauer Johann Georg Lahner benannte sie nach dem Ort seiner Ausbildung. Wiener – das ist nicht nur bei Würsteln ein Qualitätsbegriff für schnell konsumierbare Genüsse. In Dänemark heißt wunderbar knuspriges Plundergebäck mit guter Fülle Wienerbrød, weil es angeblich ein Wiener Bäcker in den Norden brachte. Warum allerdings die Plunderkolatschen in Dänemark Spandauer heißen, hat mir noch niemand erklären können.

Viele der schnellen Imbisse haben Weltkarriere gemacht. Die Sandwiches des Sir John Montagu, Earl of Sandwich, wurden als Zwischenmahlzeit fürs Kartenspiel erfunden. Die gefüllten, zusammengeklappten Weißbrotschnitten verschlug es dann, mit regionalen Abänderungen, nach Amerika, von wo sie nach Italien exportiert und Tramezzini benannt wurden – die wiederum auch in Österreich höchst populär geworden sind. Selbst Sushi, die in Purpurtang oder rohen Fisch gewickelten Happen aus gesäuertem Reis, in dem Pilze, Gurken, Fische, Krebse oder Ingwer stecken können, haben mit ihrer schicken Exotik ein meist junges, fitneßbewußtes Publikum erobert, weil sie leicht und bekömmlich sind.

Mediterrane Vorspeisen sind durch ihre meist ziemlich aufwendige Zubereitung nur für den Esser Fast food. Die Köche beschäftigen sich mit viel Phantasie damit, diese kleinen Gerichte zu Delikatessen zu machen. In Portugal sind es Kroketten aus Stockfischpüree, halbmondförmige Taschen mit einer Fülle aus Fisch, Faschiertem, Krebsen oder Muscheln. Und nicht zu vergessen Sardinen. Nirgends kann man sie so frisch und würzig essen wie an der portugiesischen Küste, wenn die Sardinenschwärme im Frühjahr fettgefressen aus dem Winterquartier kommen. Sie werden auf kleinen Kohleöfen gemeinsam mit rotem Gemüsepaprika gegrillt, mit Öl, Zitrone oder Essig mariniert und im Stehen verspeist.

Ebenso aufwendig werden italienische Antipasti zubereitet, wie zum Beispiel in Öl mit Kräutern eingelegte Artischocken, Zucchini, Melanzani, Zwiebeln oder Pilze. Einer der einfachsten und doch anspruchsvollsten Imbisse, der von der Güte und Frische seiner Bestandteile lebt, ist die Bruschetta, das bäuerliche Knoblauchbrot. Wunderbar, im Herbst Bruschetta zu essen, mit kaltgepreßtem Olivenöl und den letzten, würzig duftenden Paradeisern.

BRUSCHETTA

Pro Person

1-2 Schnitten frisches Graubrot
1-2 Zehen Knoblauch
1-2 Flaschenparadeiser
junges, kaltgepreßtes Olivenöl
Salz, Pfeffer
frisches Basilikum

Das Brot wird geröstet. In der römischen Campagna geschieht das manchmal noch über einem Holzkohlenfeuer, das ein sanft rauchiges Aroma vermittelt.
Den Knoblauch mit Schale mit dem Messer zerdrücken, die Schale weggeben. Knoblauch auf das warme Brot streichen. Darauf legt man enthäutete, gewürfelte Paradeiser, Basilikum, Salz, Pfeffer und Olivenöl und trinkt dazu Wein. Das ist - was die Einfachheit und Schnelligkeit der Zubereitung betrifft - Fast food. Aber eines, das man sich langsam und genußvoll auf der Zunge zergehen lassen sollte.

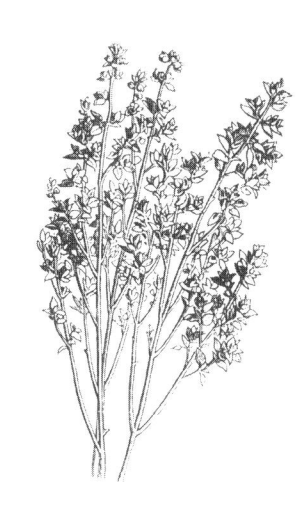

Gäste à la carte

Jedesmal, wenn ich ein Fest für meine Familie oder meine Freunde vorbereite, freue ich mich, wie gut es uns geht, wieviel Köstlichkeiten uns zur Verfügung stehen und wie leicht es geworden ist, sich Neues von großen Könnern abzuschauen. Und dann fällt mir das erste Fest ein, das ich als junges Mädchen mit Freunden vorbereitete. Es war in der Nachkriegszeit, und alles, was uns zur Verfügung stand, waren Mehl, Melasse, Kunstfett, etwas Trockenei und ausgerauchte Gewürze. Daraus machte ich mit Freundinnen einen Fleck, den wir euphorisch Lebkuchen tauften. Er war so hart, daß wir nur mit Hammer und Meißel ein paar Brocken herausstemmen konnten. In den Rest bohrten wir ein Loch, zogen Spagat durch und hängten ihn als Türklopfer auf. »Ihr, die ihr eintretet, lasset alle Hoffnung auf Speise fahren ...«, schrieben wir darunter.

Und dann kamen die Gäste und mit ihnen eine Dose Silverhake (unsägliche Fischstücke mit vielen Gräten, ursprünglich Futter für Schlittenhunde, aber im Nachkriegs-Wien sehr gefragt), ein paar Haferkekse, Erbsenaufstrich, eine Glenn-Miller-Platte und eine Flasche Wein für zehn Personen. Aus der panschten wir Punsch und hatten eine Riesenhetz! Aber: Asketen, halt! Schlechtes Essen ist kein Garant für gute Stimmung. Ich kann die opulenten Feste längst nicht mehr zählen, bei denen ich mich wunderbar unterhalten habe. Nur eine Achtundsechziger-Veteranin aus nördlichen Gefilden sagte mir angesichts eines üppigen Buffets: »Bei so viel Essen kommen doch gar keine tiefen Gedanken auf!« Aber in der Nachbarschaft des Mittelmeers begreift man schneller, wieviel gescheite, lustige und tiefgründige Gespräche seit Jahrtausenden durch gutes Essen inspiriert wurden, als jemand aus einer Gegend, in der man Labskaus für eine Delikatesse hält. Asketen, Nörgler, Stocherer, Meckerer und »ideologische« Esser sind eine Geißel jeder Genießerrunde. Leider sind sie nur selten stille Abstinenzler kulinarischer Wonnen. Sie wollen missionieren, überzeugen, jede Lust totreden. Meinetwegen soll sich einer von rechtsdrehender Heuschreckenmilch ernähren, wenn es ihm guttut, aber er soll Leute, die ihre duftenden Spaghetti, ihr saftiges Lammkotelett genießen, damit in Frieden lassen.

Der Genuß der Genußunfähigen besteht leider oft darin, den anderen die Freude am Essen zu vermiesen. Da solche Menschen durch ihren Überschuß an Magensäure selbst oft schlank sind, ist ihre schärfste Waffe jene, die Schuldgefühle der molligen Schlemmer zu wecken. Aber der liebe Gott ist gerecht, und einer der ärgsten Miesmacher, die ich kenne, ist so fett wie kein

RECEPTE.

Englischer Pflaumen Kuchen

Erdäpfelgratin mit Schwammerln (Rezept Seite 93)

einziger von uns Genießern. Asketen waren mir immer schon verdächtig. Irgendeine Kompensation für verweigerte Gaumenlust wird es schon geben. Und sei es die Rechthaberei. Allerdings: Asketen sind leicht zu durchschauen. Komplizierter wird es mit den Nörglern. Diese könnten auf den ersten Blick durchaus mit Genußsuchern verwechselt werden. Nur treiben sie die Perfektion dabei so gnadenlos auf die Spitze, daß ihnen zum Schluß gar nichts mehr schmeckt.

Es ist qualvoll, sie als Gäste zu haben, aber immerhin bändigt sie da noch die Höflichkeit. Höllisch ist es, ihr Gast zu sein. Da wird einem vorexerziert, wie unbestechlich der Geschmack des Nörglers ist. Auch die meist haubenreif kochende Partnerin wird nach so strengem Maßstab gemessen, daß zuletzt alle in tiefe Depression verfallen. »Nichtig, nichtig ist das Bemühen des Menschen nach Vollkommenheit!« In der Küche und überhaupt!

Der Nörgler hat sein Ziel erreicht, jetzt wissen alle, daß es niemanden mit so hohem Anspruch und Wissen gibt wie ihn. Wer ihm widerspricht, entlarvt sich als Banause. Einen tiefen Blick in den Urgrund seiner Querulanz vergönnte mir ein Nörgler, als seine Frau den Fisch, den sie kochen wollte, nicht bekam. Der Ersatzfisch war großartig. Aber der Nörgler bekam den Ausdruck eines wütenden Säuglings, der gleich losheulen würde.

»Sicherheit ist nirgends«, sagte ich tückisch. Der Nörgler fühlte sich verstanden. »Wenn meine Magensäfte sich auf einen bestimmten Fisch einstellen, dann will ich nur ihn und keinen anderen.«

Armes, ängstliches Perfektionistenbaby, das Erwachsenenleben ist voll der Krisen! Noch eine andere Spezies macht Genießern den Genuß madig: die Stocherer. Zu meinem engeren beruflichen Umfeld gehörte einmal eine ausgeprägte Stocherin, dünn wie eine Bohnenstange, nervös, unsicher, voller Ausreden. Ich beobachtete, wie sie vor Fleisch in Tranchen zurückschreckte, und versuchte es mit Ragouts. Die Stocherin kratzte am Teller und brachte nichts hinunter. Vielleicht Gemüsegerichte? Das gleiche Spiel.

Vielleicht war alles zu stark gewürzt? Ich versuchte es mit Milde, aber auch das Béchamelhuhn fuhr auf ihrem Teller Ringelspiel. Es blieb nur der Entzug. Einen ganzen Tag schleppte ich sie durch Venedig, ohne ein Restaurant anzusteuern. Es schien ihr nichts auszumachen, während meine Speicheldrüsen bei jeder Trattoria Granada spielten.

Endlich wurde es Abend. Wir saßen in Harrys Bar, und der berühmte Risotto mit Meeresfrüchten duftete unwiderstehlich. Aber was tat die Stocherin? Sie schob mit der Gabel Scampi, Muscheln, Calamari an den Rand, nahm einen Bissen Reis und klagte, daß er fischelte. »Herr Ober, 'n belegtes Brot«, sagte sie, und Arrigo Cipriani, der gerade lächelnd durch den Saal schritt, kugelten fast die Augen aus dem Gesicht.

Jetzt stochert die Stocherin nicht mehr – zumindest nicht in meiner Gesellschaft.

»Machen Sie nur keine Geschichten, wir essen alles«, sagte ein anderer meiner

Gäste. »Nur – meine Frau ist nicht so begeistert von Innereien. Lamm und Wild muß auch nicht sein. Mir graust vor Schweinernem, und auf Fisch und Meeresfrüchte bin ich allergisch. Nur keinen Salat am Abend – nicht zu verdauen. Käse widerstrebt uns. Und auf Desserts verzichten wir aus Liniengründen. Aber sonst – nur keine Geschichten!«

Bei Meckerern weiß man, woran man ist. Ehrgeizige Köchinnen machen trotzdem den Versuch, sie zu dankbaren Tischgenossen zu erziehen. Pragmatiker fragen sich allerdings, ob der Unterhaltungswert dieser Zeitgenossen groß genug ist, daß sich die Mühe mit ihnen lohnt. Meist sind sie im Gespräch so nörglerisch wie beim Essen. Und wer braucht so etwas schon!

Mit »ideologischen« Essern ist es auf andere Weise schwierig. Meist haben sie vernünftige Anschauungen, aber sie verteilen diese mit dem großen Schöpflöffel über alle Tischgefährten. Aus dem Land X darf man keine Weintrauben, aus dem Land Y keine Bananen, aus dem Land Z keinen Kaffee kaufen, denn das würde ihre verabscheuungswürdigen Regierungen stärken. Stimmt natürlich. Aber ob die unterdrückten Weinbauern, Bananen- und Kaffeepflücker etwas davon haben, wenn sie durch unseren Konsumverzicht ihre Arbeit verlieren?

Bleiben wir bei den Gästen, die es einem leicht machen, eine gute Gastgeberin zu sein. Sie sind unverkrampft, brauchen nicht genötigt zu werden, greifen gerne und lustvoll zu.

Ein hübsches Beispiel lieferte mir einmal ein prominenter Gast, dessen leeres Glas ich übersehen hatte. »Trockene Baustelle«, sagte er und hielt mir sein Glas lachend entgegen. Leute, mit denen man gerne an einem Tisch sitzt, äußern Wünsche. Vor Einladungen frage ich immer, was meine Gäste nicht gern essen. Auch unkomplizierte Gäste können Aversionen gegen manche Speisen haben. Aber zu sagen, daß man eh alles ißt, um dann unglücklich auf ein Lammkotelett zu starren, ist für Gastgeber ziemlich irritierend.

Geben und Nehmen müssen in Einklang stehen, wenn Gastgeber und Gäste glücklich sein sollen. Ich freue mich immer, wenn es Besuchern so gut schmeckt, daß sie sich auch noch die Reste ausbitten, um sie mit nach Hause zu nehmen. Egal, ob für die Omi oder den Flocki.

Mit einer Freundin, die auch gerne Gäste hat, überlegte ich, ob es eigentlich idealtypische Gerichte gibt, die so gut wie allen schmecken. Nach unserer Meinung sind das vor allem einfache Dinge, die wir schon in unserer Kindheit mochten; sie vermitteln die mollige Geborgenheit, die wir auch heute noch suchen: Teigwaren, Reis, Erdäpfel, Palatschinken. Man kann sie als Hauptgericht oder als Beilage servieren, und es gibt viele Variationsmöglichkeiten. Meine Bestseller sind ein Auflauf aus dünnen, salzigen Palatschinken mit Béchamel und Schwammerln dazwischen, weiters Spargelrisotto und schließlich Erdäpfelgratin, sowohl als Beilage zum Lamm wie auch als Hauptgericht mit Schwammerln. Eigentlich tröstlich: die wahren Genüsse, die alle verbinden, sind einfach.

ERDÄPFELGRATIN MIT SCHWAMMERLN

Für 4 Personen

1 kg speckige Erdäpfel
½ Liter Milch
5-6 Eßlöffel Crème fraîche
10 dag geriebener Parmesan
20 dag geputzte und blättrig
geschnittene Champignons
1 mittlere Zwiebel, 1 Knoblauchzehe
Salz, Pfeffer, Muskatnuß, Petersilie
Butter

Die Erdäpfel waschen, schälen und hauchdünn in der Küchenmaschine schneiden. Die Milch mit Crème fraîche, Salz, Pfeffer, Muskatnuß und 6 dag Parmesan aufkochen. Die Erdäpfelscheiben hineingeben und auf kleiner Flamme 20 Minuten unter Umrühren kochen. Die Zwiebel fein hacken, mit etwas Butter anlaufen lassen, die geschnittenen Champignons dazugeben, salzen, pfeffern, mit gehackter Petersilie vermengen. Wegstellen. Die Auflaufform mit der Knoblauchzehe ausreiben, buttern, die Hälfte der Erdäpfelmasse einfüllen, die Champignons darüber verteilen, dann die restlichen Erdäpfel darübergeben. Glattstreichen, mit dem restlichen Parmesan und Butterflocken bestreuen und etwa 50 Minuten im Rohr backen. Zuletzt die Temperatur reduzieren oder Gratin mit Alufolie abdecken. Mit Salat servieren.

Kochbuchhaltung

»Wozu brauchst du denn das alles?« sagte die Freundin und stocherte mit spitzen Fingern in Bergen von Kochbüchern, die ich zwecks Entstaubung und Reduzierung aus den Regalen geholt hatte.

Ja, wozu braucht man wirklich rund 150 Kochbücher? Im ständigen Gebrauch sind maximal zehn, weitere 20 brauche ich für ausgefallenere Sachen. Und der Rest?

Vom Rest kann ich mich auch diesmal nicht trennen, denn jedesmal, wenn ich ein Kochbuch weggab, war dort garantiert das eine und einzig gute Rezept für Diplomatenpudding oder Rosoglio-Likör, das Freunde oder Leser bei mir einforderten.

Also werden die Kochbücher liebevoll bewedelt. Und als die Freundin kopfschüttelnd weggeht, lese ich mich wieder einmal in ihnen fest.

Meine Kochbuchbegeisterung hat – wie jede Sammlertätigkeit – etwas Manisches. Die Liebe zu meinen Schätzen bricht in unregelmäßigen Abständen mit großer Vehemenz aus, wird dann wieder ruhiger – aber trennen kann ich mich davon nicht. Obwohl ich jeden freien Platz in meiner Wohnung mit Bücherregalen verbaut habe. Gute Freunde haben mir schon geraten, auch meine Terrasse zu überdachen, um eine Bibliothek daraus zu machen. Die Kochbücher sind nur ein kleiner Teil davon, sie sind rund um meine integrierte Küche gruppiert, damit ich sie schnell bei der Hand habe.

Ehe sie wegging, hatte die Freundin noch in meiner ziemlich umfangreichen Sammlung von Büchern zeitgenössischer Köche gewühlt und den Kopf geschüttelt. »Für mich ist das nix. Und wahrscheinlich auch für die meisten nicht, die ehrlich genug sind, das zuzugeben. Damit machen sich Leute nur wichtig.«

Sie würde staunen, was für brauchbare Rezepte für Mohnnudeln man bei Witzigmann finden kann. Allerdings setzt er auch manchmal Produkte und Geräte voraus, die in einem normalen Haushalt kaum zu finden sind.

Ob Liesl Wagner-Bacher, Reinhard Gerer, Sissy Sonnleitner, Ewald Plachutta, die Obauer-Buam – bei allen findet man Anregungen, die auch der nichtprofessionellen Küche Glanzlichter aufsetzen. Einer der besten Patissiers Österreichs, Dietmar Fercher, schildert die Herstellung seiner luftigduftigen Mehlspeisen so genau, daß einfach nichts passieren kann.

Viel mehr Vorsicht ist bei den Kochbüchern von Schauspielern oder Showstars geboten: da waren die Ghostwriter oft recht effekthascherisch und inkompetent unterwegs. Vermittler schönster Illusionen sind die

Autoren jener luxuriösen Bild- und Rezeptbände, die sich mit der Küche berühmter Autorinnen und Maler des vorigen Jahrhunderts befassen. In schwelgerischen Bildern wird die Augen- und Gaumenlust beschworen, die George Sand, Colette, Renoir, Matisse oder Toulouse-Lautrec erfreute. Man möchte am liebsten in diese wunderbaren Stilleben hineinklettern, um wirklich an ihnen teilzuhaben. Aber wenn man die Rezepte von der betörenden Optik trennt, bleiben meist sehr schwere, aufwendige, für unsere Zeit nicht mehr wirklich passende Gerichte über.

Hut ab vor einer bekannten Autorin unserer Zeit: Die Kochbücher von Christine Nöstlinger, z. B. »Ein Hund kam in die Küche«, bieten alles, was genießerische Leute mit wenig Zeit und bescheidener Küchenpraxis brauchen, und sind außerdem noch witzig und anregend.

Aber all das ließ meine Freundin nicht gelten. »Ich halte mich lieber an die bewährten Großmutter-Rezepte, da kann nichts passieren«, sagte sie und entschwand endgültig.

Natürlich gibt es auch solche in meiner Sammlung. Der Methusalem unter meinen Kochbüchern stammt aus dem Jahr 1800. Das »Haus- und Kunstbuch« mit einem endlosen Untertitel, den ich Ihnen ersparen möchte, ist eine lustige Mischung allerlei praktischer Tips. Es beschreibt detailfreudig, wie man Porzellan oder Glas kittet, Tinte macht, Gemälde reinigt. Aber es bringt auch Hinweise, wie man pökelt – das war ja damals Hausfrauenarbeit. Oder wie man Fische konserviert: bei heißem Wetter täglich mit Milch begießen, bei kühlem nur jeden dritten Tag.

Von Seewasser verdorbener Kaffee wird – man lese und staune – gemeinsam mit Zwiebeln gebrannt. Die Geschmäcker sollen sich dabei angeblich nicht vermischen. Weinpantschen scheint eine allgemein übliche Haushaltstätigkeit gewesen zu sein; jedenfalls verrät das »Haus- und Kunstbuch«, wie man Wein Kraft geben kann: und zwar mit Branntwein. Haltbar macht man Wein, indem man Weihrauch durch einen Trichter ins Faß leitet.

Die Verwandlung eines österreichischen Weins in einen Moselwein erfolgt mit Hollerblüten. Und Heimwehkranke, die sich in der Ferne nach österreichischem Wein sehnen, brauchen nur Senfmehl auf zerstoßene rote Weintrauben geben und vergären lassen. Prost!

Das seltsamste Rezept verrät, wie man lebende Fische und Krebse vergoldet. Mit einer Mixtur aus Burgunderpech, Bernsteinpulver und gestoßenem Bimsstein, die dem abgetrockneten lebenden Fisch oder Krebs aufgepinselt wird ... Wozu? Vielleicht aus Prestigegründen – solche Goldfische hatte sicher nicht jeder.

Was Hausfrauen vor 200 Jahren alles wissen und tun mußten! Zum Beispiel »wie man Mehlwürmer für Nachtigallen erzieht.« Singvögel wurden zu dieser Zeit ja gerne in Käfigen gehalten und mußten ernährt werden. Man besorgte sich dafür »Mehlwürmer vom Bäcker«, steckte sie in einen Sauerteig und erntete nach vier Wochen »viele Tausende Würmer und eine Menge schwarzer Käfer«.

Anna Dorn, eine sehr selbstbewußte Köchin und Hausfrau, brachte 1827 ihr »Großes Wiener Kochbuch« heraus, das schon einige Grundsätze moderner Ernährung kennt. Die Autorin warnt vor zuviel Fett, sie weiß, daß das Fleisch in Freiheit gehaltener Tiere besser und gesünder ist. Und daß sich Kurzgebratenes und Gedämpftes leichter verdaut.

Die Vielfalt ihrer Rezepte ist außergewöhnlich. Sie führt über hundert Suppenrezepte an, darunter vierzig Fastensuppen. Um diese Zeit gab es ja noch 180 Fasttage, die auch eingehalten wurden. Der Begriff Fisch wird sehr großzügig bemessen. Auch Biber, Fischotter, Tauchenten, Rohrhühner, Schildkröten, Frösche und Schnecken werden dazugezählt. Bis ins 19. Jahrhundert gab es ja noch reichlich Schildkröten in den Donauauen – sie wurden mit Messer und Gabel ausgerottet. Heute gibt es nur mehr ganz wenige Exemplare im Nationalpark Donauauen.

Wie in fast allen historischen Kochbüchern sind die Gewichtsangaben sehr vage – eine Handvoll da, ein Löffel (groß oder klein?) dort.

Kochbücher waren zu dieser Zeit nichts für arme Leute. Delikatessen wie Trüffeln werden als selbstverständlich vorausgesetzt.

Pasteten dienten in alter Tradition der Resteverwertung, aber auch der Aufbereitung von zähem, manchmal schon leicht verdorbenem Fleisch, dessen Geruch mit viel Gewürzen übertüncht wurde. Konservierung, eine der wichtigsten Hausfrauenarbeiten, war im Biedermeier ein Abenteuer. Da wurden Ribisel abgerebelt und in Flaschen gesteckt, die mit dem Hals abwärts im Garten eingegraben werden. Andere Früchte wurden in Fässern mit Laub und Sägespänen vergraben, mit Eiklar bepinselt und in Hagelzucker gewälzt, am Stengel in Scheunen zum Trocknen aufgehängt.

Ein Schwebekasten mit Fliegengitter hielt Mäuse und Ungeziefer vom Fleisch fern.

Die Mittagsmahle hatten fünf bis sechs Gänge; dafür mußte im Morgengrauen mit dem Kochen begonnen werden. Der Schwarzenbergsche Mundkoch Zenker, ein strenger Zuchtmeister, schrieb den Hausfrauen akribisch vor, wie Schnee zu schlagen war: 180 Schläge in der ersten Minute, 200 in der zweiten, 230 in der dritten, 280 in der vierten und 360 in der fünften. Man kann sich vorstellen, was es bedeutete in dieser Zeit einen anspruchsvollen Haushalt zu führen. Anspruchsvoll, das waren sie alle, die im 19. Jahrhundert Kochbücher schrieben: Katharina Prato, Louise Seleskowitz, Marie von Rokitansky ... Ihre Werke waren Best- und Longseller. Mein Exemplar von Pratos »Süddeutscher Küche« aus dem Jahr 1911 ist bereits die 48., verbesserte Auflage im 301. bis 305. Tausend.

Der blanke Neid könnte einen fressen!

Mit Prato nahm die Wiener Küche, wie wir sie heute kennen, bereits sehr deutliche Formen an. Alle Klassiker und ihre wichtigsten Variationen sind hier vertreten. Es ist gar nicht so schwer, hier Rezepte zu finden, die auch heute noch taugen.

Ihren gerührten Mandelpudding kocht in unserer Familie schon die dritte Generation. Und wenn ich im Originalrezept lese, daß man die Masse eine halbe Stunde rühren muß, bin ich sehr dankbar, im Zeitalter der Küchenmaschinen zu leben. Einen der letzten Repräsentanten der »Großmutterküche« habe ich noch persönlich kennengelernt: Franz Ruhm. Er war der erste Fernsehkoch, er begleitete mit seinen Rezepten österreichische Köchinnen durch die Krisenzeiten der dreißiger Jahre über den Krieg bis in die Zeit des jungen Wirtschaftsaufschwungs. Sein Standardwerk »Illustrierte Wiener Küche« versucht schon, die Abläufe des Kochens bildlich festzuhalten. Er bringt Rezepte nach Themen geordnet, streut kochpädagogische Bemerkungen ein. Aber er kann auch den Stolz auf sein hohes Können nicht bändigen und zeigt Profi-Kochkunst, wie Zuckerskulpturen, die einer Hausfrau nie gelingen können. Und auch die in Fächerform drapierten Aufschnittplatten mit kunstvoll gespritzter Topfencreme, die garnierten Aspikbomben und das Marzipanobst sind alles eher als Anregungen für Amateurköchinnen. Gelegentlich muß ich sie meiner Freundin zeigen, wenn sie wieder von den »bewährten Großmutterrezepten« schwärmt.

Da sind die Kochbücher der Superköche von heute um vieles realistischer.

MANDELPUDDING NACH KATHARINA PRATO

Für 4 Personen

5 dag Butter
5 Dotter
3 Eiklar
7 dag Zucker
7 dag geschälte, geriebene Mandeln
2 Kipferln vom Vortag
Obers zum Befeuchten
4 dag Rosinen
4 dag Arancini

Die Kipferlrinde etwas abreiben, die Kipferln in Stücke schneiden und mit soviel Obers begießen, daß sich die Stücke aufweichen. Butter mit Zucker abtreiben, mit den Dottern gut verrühren, dann die Kipferlmasse, Rosinen, Mandeln und Arancini dazugeben. Eiklar zu Schnee schlagen und unterheben. Eine Puddingform mit Mandellikör befeuchten und mit Kristallzucker ausstreuen. Die Masse einfüllen und über Dunst kochen, bis eine eingestochene Nadel sauber bleibt. Stürzen und mit Himbeeren servieren.

Lob der Flops

Wenn man, wie ich, schon ziemlich lange kocht und sich auch noch gerne darüber ausläßt, kommt man gelegentlich in den völlig unbegründeten Verdacht der Unfehlbarkeit. Da wird man dann mit der Entschuldigung eingeladen: »... aber so gut wie Sie kann ich natürlich nicht kochen.« Manchmal wird man auch mit der schnippischen Feststellung konfrontiert: »Wir machen nicht soviel Geschichten ums Essen. Es gibt so viel Wichtigeres.«

Am peinlichsten ist mir, wenn man mich zum Oberlehrertum animiert: »Sie müssen mir sagen, wie man es am besten macht.«

Zum Genießen gehört für mich vor allem Entspannung. Und die stellt sich nur schwer ein, wenn man das Gefühl hat, entweder maßlos überschätzt oder in eine Schachtel mit falscher Etikette gestopft zu werden.

Am liebsten lade ich Leute ein, die sich mit mir freuen, wenn das Essen gelingt, und die mit mir lachen, wenn etwas danebengeht.

Denn: wenn man so lange kocht wie ich, ohne es professionell gelernt zu haben, dann kann man auch auf eine sehr lange Reihe von Flops zurückblicken.

Sie passieren natürlich immer dann, wenn man sie am wenigsten brauchen kann. Aber wer braucht schon überhaupt Flops?

Jeder, behaupte ich. Denn nichts ist lehrreicher als Fehler, aus denen man klug wird.

Mein allererster Flop lag allerdings an den anderen, die nicht begriffen, daß die Mischung aus Senf, Himbeermarmelade, sauren Gurken und Haferflocken der erste Versuch einer couragierten Fünfjährigen war, etwas Eigenständiges zu schaffen. Und ich war tief beleidigt, daß diese wunderbare Mischung einer humorlosen Tante überhaupt nicht schmeckte.

Das sind die Erfahrungen, die einem die kulinarische Unschuld rauben. Man beginnt zu überlegen, wie man auf andere wirkt, wird verkrampft und ehrgeizig – und dann passiert erst recht etwas.

»Fanget nicht zu hoch an«, schrieb schon eine der Urmütter der Wiener Küche, Anna Dorn, in ihrem 1827 erschienenen Kochbuch für »gebildete Köchinnen«.

Wie recht sie doch hat.

Welcher Teufel hat mich einmal geritten, als ich einer fabelhaften Köchin der alten Schule zeigen wollte, daß man auch ganz anders kochen kann als sie. Die mit Bries gefüllte Kalbsroulade in pikanter Morchelsauce nach einem italienischen Rezept erschien mir als das richtige Kontrastprogramm zu ihren perfekten Riesenbraten. Aber es rächt sich, wenn man nicht aus Liebe kocht, sondern um etwas zu beweisen. Immer war mir die Roulade geglückt, aber ausgerechnet als die Bratenspezialistin zum Essen kam, war das Kalbfleisch hart und wurde immer härter, je länger ich es dünstete. »Aber die Sauce ist recht gut«, sagte sie gnädig und lud die ganze Runde zur Hofratskalbsbrust eigener Machart ein. Und alle sagten glücklich zu.

Meine Großmutter, bei der ich als Kind oft in die Töpfe schaute, sagte immer: »Es gibt keine Küchenkatastrophen, es gibt nur Köchinnen, die sich nicht zu helfen wissen.« Wenn ihr einmal eine Torte nicht aufging, gab es viele Punschkrapferln, in deren rumgetränkter Fülle sich die speckige Torte wunderbar verbarg.

Vielleicht hätte ich meine harten Rouladen faschieren und zu einer Pastete verarbeiten sollen, wie es seit dem Mittelalter üblich war, um zähe Schwäne und andere unbekömmliche Speisen genießbar zu machen?

Das Großmutter-Rezept für Mehlspeisen-Flops habe ich in meinen Küchenanfängen variiert und – für die Kinder ohne Alkohol – zur Hausspezialität gemacht. Aus einem speckigen Kuchen, den ich in Stücke schnitt und unter viel Himbeercreme begrub, wurde eine Lieblingsspeise meiner Kinder: der »Bakos-Quatsch«. Man konnte ihn aus altem Gugelhupf, Biskotten oder mürben Keksen machen, ihn mit Vanillepudding oder Schokoladesauce zusammenkleistern. Der »Bakos-Quatsch« schmeckte immer anders und war ein Hit in weniger anspruchsvollen Zeiten als den jetzigen.

Im Friaul lernte ich eine hochgeistige Wiederaufbereitung alter Mehlspeisen kennen. Die Gubana, die friulanische Abart von Reindling und Potitze, wird mit ziemlich viel Grappa durchtränkt, wenn sie zu stauben beginnt.

In alten Kochbüchern wimmelt es nur so von Tips, wie man Küchenunfälle vertuschen kann. Je älter die Kochbücher, desto umfangreicher die Beschreibungen, wie man Lebensmittel und Speisen, die schon unbrauchbar scheinen, ins Diesseits zurückholt. Wahrscheinlich wären Hausfrauen des 19. Jahrhunderts entsetzt, wenn sie wüßten, wieviel wir wegschmeißen. Anna Dorn, Katharina Prato & Co gaben Tips, wie man Verschwendung verhindern kann.

Uns, die wir nicht nur gut, sondern auch gesund kochen möchten, wird allerdings anders, wenn wir lesen, daß man von verschimmelter Marmelade die oberste Schicht abheben und den Rest mit Essig aufkochen soll. Wer weiß, wie viele unerklärliche Krankheits- und Todesfälle diese Methode nach sich zog.

Im »Allgemeinen Haus- und Kunstbuch« aus dem Jahr 1800 steht, wie man ranziges Öl verbessert. Ganz einfach: »... so wasche es in Salzwasser, bis es völlig auftrübt. Eine Auflösung von Pottasche, die bis zur Sättigung getrieben wird, gibt diesem trüben Öl Klarheit wieder.« Man kann aber auch »Weinsteinöhl« – was immer das auch sein mag – mit kernlosen Früchten und Honig im Öl vergären lassen und soll danach ein Öl bekommen, das wie neu schmeckt. Manche dieser alten Kochbücher lesen sich wie eine Anleitung für Lebensmittelverfälscher. Aber zurück zu den Flops unserer Zeit und was man dagegen tun kann. Superkoch

Reinhard Gerer gibt in seinem Buch »Die kleinen Tricks der großen Köche« (Orac) eine Menge brauchbarer Tips, um Küchenunfälle zu vermeiden.

Bratkartoffeln saugen sich nicht mit Fett voll, wenn man dieses genügend erhitzt. Wenn man beim Reiskochen den Deckel in ein Tuch wickelt, brennt nichts an. Spiegeleier erst vor dem Essen salzen, sonst glänzen sie nicht. Und wie das Wiener Schnitzel schöne Wellen kriegt? Das Fett soll 140 Grad haben, wenn man die Schnitzel einlegt; danach die Pfanne ständig bewegen.

Vorbeugende Tips, damit nichts passiert, sind wichtig. Aber die nachträglichen, die man bekommt, wenn schon etwas passiert ist, prägen sich tief ein, wenn man die Ursache erkennt. Meine allererste Blamage hatte ich mit vierzehn, als ich allein das Dessert für ein Familienessen zubereiten durfte. Es hieß großspurig »Äpfel à la Pompadour« und bestand aus marmeladegefüllten Äpfeln mit Vanillecreme. Alles klappte wie am Schnürchen. Nur daß ich das Puddingpulver zuerst in Milch auflösen sollte, hatte ich vergessen. Also produzierte ich eine knödelige Sauce, die ich verzweifelt glattzurühren versuchte und die auch noch anbrannte. Aber seit damals weiß ich, wie man es macht.

Flops können passieren, wenn man nicht weiß, daß Paprika beim Anrösten bitter wird, daß kalter Rahm in heißen Saucen ausflockt.

Aber Flops können auch darin bestehen, daß man zu viel oder zu wenig kocht. Wenn meine Kinder zum Spaghetti-Essen kommen, dann reichen die empfohlenen 7 dag Nudeln nicht, da müssen es mindestens 12 dag sein. Und für Risotto, für das man 10 dag Rundkornreis rechnet, können es bei Liebhabern dieses Gerichts ruhig 12 dag sein. Kein Problem, wenn etwas übrigbleibt: Risotto al salto schmeckt am nächsten Tag hervorragend. Dafür wird der Rest zu einem Fladen geformt, in heißer Butter mit etwas Öl unter leichtem Rütteln ohne umzurühren gebraten. Dann wendet man den Risottofladen mit Hilfe eines Deckels und bräunt die andere Seite. Salat und ein Glas Wein schmecken gut dazu.

Zum lustvollen Kochen gehört auch die Freude am Experiment. Wenn etwas schiefgeht – kein Problem: man hat auch wieder was gelernt!

Nicht alle Überlieferungen sind für die Ewigkeit haltbar. Haben wir nicht gelernt, mit heiligem Respekt an den leicht zu beleidigenden Germteig heranzugehen? Ein Dampfl (Germ, etwas Zucker, Mehl und Milch verrühren) muß sein, steht in den meisten Rezepten. Muß es wirklich? Wenn die Germ ganz frisch ist, kann man sie, in Milch aufgelöst, direkt zum Mehl geben. Das Dampfl hatte seine Berechtigung, als frische Produkte nicht so selbstverständlich waren wie heute. Aber ein ganz einfacher Tip: eine Schale mit Wasser im Backrohr ist eine gute Aufstiegshilfe für Germteig.

Aber jetzt Schluß mit den Tips! Viel wichtiger sind für jeden die eigenen Flops – und was man daraus macht.

CREME-ÄPFEL

Für 4-6 Personen

6 mittelgroße Äpfel
Zitronensaft
1 Eßlöffel Zucker
feste Ribisel- oder
Preiselbeermarmelade bzw. -gelee

Vanillecreme:

$1/4$ Liter Milch
14 dag Kristallzucker
2 Vanilleschoten
3 dag Vanillepuddingpulver
1 Dotter
1 Schuß Cognac
$1/8$ Liter Schlagobers

Die Äpfel schälen, das Kerngehäuse ausstechen, mit Zitronensaft beträufeln, mit einem Eßlöffel Zucker in Wasser (bedeckt) weichkochen. (Achtung, daß sie nicht zerfallen. Passiert es doch, kann man sie abgetropft gemeinsam mit etwas Marmelade auf getoastetem Milchbrot servieren. Ein Tip, wenn Kinder dieses sehr einfache Rezept probieren.) Die nicht zerfallenen, abgetropften Äpfel mit Marmelade füllen. Puddingpulver mit etwas Milch verrühren. Die restliche Milch, den Zucker und das ausgekratzte Vanillemark aufkochen, das verrührte Puddingpulver einrühren, den versprudelten Dotter dazugeben, und alles aufkochen. Mit Cognac würzen, vom Feuer nehmen und auskühlen lassen. Obers schlagen und in die ausgekühlte Creme einheben. Gemeinsam mit den gefüllten Äpfeln servieren.

Der kleine Unterschied

In meiner Kindheit gab es nur einen einzigen Mann, der kochen konnte, ohne ein Koch zu sein. Das heißt – ob er wirklich kochen konnte, weiß ich nicht. Aber er war ein Virtuose in der Kunst, Cremeschnitten und Schaumrollen zu backen. Dieser Onkel Wig war eigentlich Schuldirektor, aber immer zu Allerseelen, wenn sich die ganze Verwandtschaft bei den Familiengräbern traf, kam seine große Stunde. Denn nach dem Friedhofsbesuch gingen alle zu Onkel Wig und Tante Toni. Was es sonst noch zu essen gab, weiß ich nicht mehr, denn die Cremeschnitten und Schaumrollen stahlen offenbar allen anderen Gerichten die Show. Sie nahmen es mit der allerfeinsten Zuckerbäckerware auf, und die vielen guten Köchinnen der Familie neigten sich in Respekt vor diesen Fertigkeiten, von denen kein Mensch wußte, woher sie eigentlich kamen.

Den Männern waren sie eher peinlich, als ob sich der sonst sehr würdevolle Onkel Wig ein rosa Ballettrockerl angezogen und darin Pirouetten gedreht hätte.

»Wieso versteigt sich ein honoriger Schuldirektor zu derart abseitigen Kunststücken?« wurde leise gemurmelt. Aber laut genug, daß meine Luchsohren das auffangen konnten.

Niemand erfuhr, was Onkel Wig zu den blättrigen Mehlspeisen geführt hatte. Um davon abzulenken, wurde angelegentlich der nicht anwesende Teil der Familie ausgerichtet, und das war mir derartig fad, daß ich ein Wasserglas zerbiß. »Ausgerechnet eines von den geschliffenen«, stöhnte Tante Toni, während mir meine Mutter die Scherben aus dem Mund holte. Wahrscheinlich war es die Erinnerung an allerseelenumflorte Familienfadesse, die mir bis heute den Geschmack an Cremeschnitten und Schaumrollen verdorben hat.

Und kochende Männer waren lange kein Thema für mich, weil ich außer dem zuckerbackenden Onkel Wig keinem begegnete. Mein Großvater kam täglich fünf vor eins in die Küche, um meine Großmutter zu fragen: »Gibt es heute nichts zu essen?« Worauf meine Großmutter die Augen rollte und präzise um Schlag eins die Suppe auf den Tisch stellte. Mein Großvater verglich dann seine Taschenuhr mit der Pendeluhr, schüttelte den Kopf, wenn die Turmuhr der nahen Kirche erst zwei Minuten später zu hören war. Das war sein ganzer Beitrag zu unseren Mahlzeiten. Daß sie gut waren, mußte nicht eigens beredet werden. Die Frage »Hat es dir geschmeckt?« wurde mit »Wenn es nicht gut ist, sage ich es schon!« beantwortet. Dazu hatte er aber nie Gelegenheit.

Mich wundert heute noch, daß meine Großmutter so viel lachte.

Mein Vater lobte zwar das Essen meiner Mutter, gelegentlich brachte er eine selbstgefangene Forelle und nahm sie auch aus. Das war dann schon alles.

Nach diesen Erfahrungen wunderte es mich überhaupt nicht, daß mein Mann erwartete, von mir die Frühstückssemmel bestrichen und Zucker und Milch in den Kaffee gerührt zu bekommen. Für mich war das keine Affäre. Erst als dann zwei Kinder zu füttern, in den Kindergarten und die Schule zu bringen waren, ehe ich selber in die Redaktion ging, verweigerte ich diese Bedienung.

Daß es Männer gibt, die ganze Mahlzeiten allein zustande bringen, hielt ich für ein Gerücht – bis ich dann gleich zwei davon kennenlernte. Beide hatten lang allein gelebt und waren mit Frauen zusammen, die sich rühmten, vier linke Füße mit lauter Daumen drauf zu haben. Und siehe da – ihre Männer kochten gern und auch gut. Sie waren absolut weiße Raben. Denn damals murksten höchstens ein paar verspielte Männer nach den Rezepten der ersten Fernsehköche am Herd oder an selbstgemauerten Grillherden, um Steaks mit Hilfe von viel Schnaps zu verbrennen. Wenn sie damit fertig waren, hinterließen sie ein furchtbares Chaos, was zu feurigen Ehekrachs oder intensivem Märtyrertum der Partnerin führte. Aber dann hielt eine neue Generation Einzug in den Küchen: die Männer von Frauen, die gegen Rollenfixierung revoltierten und sich vom Müslimischen zum Brotbacken vorarbeiteten. Von Indienaufenthalten brachten sie nicht nur sanfte Beschwörungen von Gelassenheit und Toleranz mit, sondern auch feurige Gewürzmischungen, mit denen sie Gemüsetöpfe aufpeppten. Als Nachspeise gab es Vollkornkekse, denen mancher Eckzahn geopfert wurde.

Meine Söhne waren auch mit von der Partie der kochenden Jungmänner. Ihre Begeisterung fürs Kochen machte mir klar, daß Männer langsam drauf kamen, wie lustvoll die Verwandlung von roher Materie in etwas Eßbares sein kann.

Allerdings: wenn ein Mann kochen will, dann mit allen Konsequenzen – hinterhergeräumt wird nicht. Und das hat schon so manchen kochwütigen Mann gezähmt.

Unter meinen jüngeren Freunden ist heute der »Mann am Herd« längst kein Diskussionsthema mehr. Und das hängt sicher damit zusammen, daß auch Frauen, die nicht vier linke Füße und lauter Daumen drauf haben, Männer an den Herd lassen. In meiner Generation wurde er ja noch von Frauen, die nicht berufstätig waren, als ureigenstes Revier verteidigt. Da stand Macht gegen Macht. Wäre ja noch schöner, wenn ein Mann ausprobieren wollte, ob er etwas kann, das als Reservat der Frauen gilt! Genau dieses Verhalten brachte die grantigen Patriarchen hervor, die mit der Uhr in der Hand fragen: »Gibt es denn heute nichts zu essen?«

Ich finde es wunderschön, wenn zwei Menschen miteinander vorbereiten, was sie dann auch gemeinsam oder mit anderen essen. Es ist auch ein kleiner Harmonietest, wie man miteinander umgeht. Das gilt allerdings nur für Küchen, die groß genug sind, um zwei Leuten genug Spielraum zu geben.

Bei meinen ersten Besuchen italienischer Märkte war ich immer sehr davon angetan, wie viele Männer ihre Frauen beim Einkaufen begleiten, wie kennerisch sie auswählen, wie aktiv sie sich in die Verkaufsgespräche einmischen. Bis ich dann erkannte, daß das alte Rollenspiel auch dabei Gültigkeit hat. Der Mann bestimmt, was gekauft wird, die Frau trägt dann die schweren Taschen nach Hause und kocht, während sich der Mann an der Bar von den Strapazen des Marktbesuchs ausruht. Bei jüngeren Paaren in Nord- bis Mittelitalien hat sich das aber auch verändert. Ich war schon einige Male bei hervorragend kochenden italienischen Ehemännern eingeladen. Und der Vormarsch der Geschirrspüler sorgt dafür, daß sich ihre Frauen entspannt lächelnd zurücklehnen können. Bei Frauen wie bei Männern gibt es begnadete, mittelmäßige und herzlich schlechte Köche. Geschmack und Geschick ist nun einmal nicht jedermanns oder jederfraus Sache. Was Männer manchmal hindert, wirklich kochen zu lernen, ist die unnatürliche Begeisterung ihres Publikums. »Mein Gott, wie wunderbar - für einen Mann« heißt es, wenn Fleisch in einer endlosen, überwürzten Sauce schwimmt, die Nudeln verkocht, der Salat verknofelt ist. Als Mann würde ich mich dagegen wehren, wie ein etwas zurückgebliebenes Kind hochgejubelt zu werden. Aber manche Männer sind nicht so heikel, wenn es darum geht, sich Honig um den Bart schmieren zu lassen. Die kritischen wehren solche Peinlichkeiten ab - sie sind es auch, die etwas aus Fehlern lernen und immer bessere Köche werden.

Ihre Zahl wächst - und dabei ist natürlich immer von Amateuren die Rede. Unter ihnen gibt es, genauso wie unter Frauen, hochtalentierte Ziseleure der großen Küche. Sie haben handwerkliches Geschick und hochentwickelte Geschmackspapillen. Sie sind - genauso wie Köchinnen dieses Kalibers - Ausnahmeerscheinungen.

Unter kochenden Männern habe ich viel mehr Extremisten als unter Frauen gefunden. Sie neigen zu deftigen Suppen, zu feurig gewürzten Eintöpfen, vom Gulyas über Ratatouille bis zum provenzalischen Hendl, das zu den Glanznummern eines befreundeten Malers gehört (siehe Rezept S. 105). Das Spiel mit dem Feuer hat nach wie vor große Anziehungskraft auf sie. Fred Feuerstein läßt grüßen. Seine Nachfahren haben es allerdings inzwischen gelernt, wie man Brikettsteaks vermeidet.

Hobbyköche, die auch gerne backen, kenne ich nur wenige. Meine Söhne gehören dazu. Der ältere spezialisierte sich eine Zeitlang auf saftige Vollwertkuchen, der jüngere auf eine ausgezeichnete Mohntorte. Daß sie vor Jahren aufgekratzt von einem Vortrag eines indischen Gurus kamen, bei dem ein Früchtebrot serviert wurde, das alle unglaublich lustig und superlocker machte, erfüllt mich im Nachhinein noch mit Schrecken. Zum Glück haben sie das Rezept nicht nachgekocht. Ich habe den Verdacht, daß Haschisch dabei war!

Eines haben Männer von heute jedenfalls gelernt: der kleine Unterschied ist zwar noch immer wichtig, aber er besteht nicht darin, am Herd den Hilflosen zu spielen.

Provenzalisches Hendl

Für 4-6 Personen

1 mittlere Zwiebel
3-4 Knoblauchzehen
5 dag durchzogener Speck
6 Hendlhaxen
1 Dose geschälte Flaschenparadeiser
1 gelber und 1 roter Paprika
15 dag Champignons
10 dag entkernte Oliven
¼ Liter kräftiger Rotwein
provenzalische Kräutermischung
(wenn nicht zu haben: Thymian, Basilikum)
Olivenöl zum Anbraten
Salz, Pfeffer, Paprika (in der Provence wird dieses Hendl mit Vierteln von in Salz eingelegten Zitronen garniert)

Den Speck klein schneiden, anbraten, etwas Olivenöl, die gehackte Zwiebel und Knoblauch dazugeben und anziehen lassen. Die würfelig geschnittenen Paprika beigeben, und wenn sie weich werden, auch die zerkleinerten Champignons. Mit Rotwein aufgießen und gemeinsam mit den Paradeisern 30-40 Minuten dünsten. In der Zwischenzeit die Hendlhaxen in Olivenöl von allen Seiten anbraten und in der Gemüsemischung fertigdünsten. Würzen, Oliven schneiden und dazugeben, abschmecken, mit Weißbrot und dem gleichen Rotwein servieren.

Pommes mit Plattfuß

Eines ist klar: Ob es uns paßt oder nicht, Pommes und Pizza, Spaghetti mit Ketchup, Hamburger mit Milchshake und Eislutscher – auch in Form eines Plattfußes – gehören zum kulinarischen Kinderalltag. Da kann man sich die Seele aus dem Leib kochen und vielleicht auch den einen oder anderen Erfolg buchen – aber austreiben kann man den Kids ihre Neigung zu den in der Werbung gepriesenen Genüssen nicht. Denn das, was alle anderen Kinder auch essen, will das eine Kind nicht missen. Sinnlos, darüber zu philosophieren, daß alle anderen Kinder ja auch nur die Summe von Einzelkindern sind. Jedes Einzelkind sieht fern und will den gleichen Fertigfraß, den der »Große Bruder« im Fernsehkastel infernalisch geschickt mit Comic-Figuren, Heileweltbildern, Action und Ohrwurmmelodien schmackhaft macht.

Aber ja, Schwammerlsuppe, Kräuterhendl und Mohr im Hemd, eigenhändig zubereitet, schmecken ihnen fabelhaft. Aber beim nächsten Ausflug wird die Vorliebe für Fast food wieder wirksam.

Wie nachhaltig die ist, erlebte ich als amüsierte Beobachterin in einem bekannten Gourmetlokal. Am Nachbartisch saß ein junges Paar mit seinem achtjährigen Buben, dem sichtlich die Wonnen der gehobenen Küche nahegebracht werden sollten. Artig aß er Flugentenbrust an Blattsalat, rosa gebratenes Lammfilet in Thymiansauce. Beim Mohnsoufflee mit Waldbeeren wurde das Kind unruhig. »Wann kommen denn endlich die Pommes?« fragte es dräuend. »Gar nicht«, erklärte der Vater herzlos. »Alle dürfen Pommes essen, nur ich muß so einen Schrott mampfen!«

Den Leuten vom Nebentisch rutschten die Augenbrauen über den Scheitel. Der grandseigneurale Sommelier und ich grinsten um die Wette. Das Kind witterte Morgenluft. »Und nachher will ich einen Plattfuß.«

Die Eltern zergingen vor Peinlichkeit. »Oder wenigstens ein Cheesy.« Leichte Entspannung. Immerhin wußte das Kind ungefähr, wie Käse auf Englisch hieß. Die Wissenden grinsten weiter. Cheesy war genauso wie Plattfuß ein Eislutscher der anderen Art.

»Ich will nicht mehr so ein Futter für Vollkoffer«, murrte das Kind. Bald darauf flüchteten die Eltern zermürbt. Gar nicht so einfach, ein Kind in Zeiten des Überflusses zu einem einigermaßen vernünftigen Esser zu machen.

Vielleicht hatten wir es in weniger üppigen Zeiten fast leichter. Damals wurde zwar genausowenig anstandslos verputzt, was auf den Tisch kam, aber die Alternative zur Verweigerung war ein knurrender Magen und nicht die Selbstbedienung im überfüll-

Mandelpudding (Rezept Seite 97)

Provenzalisches Hendl (Rezept Seite 105)

Creme-Äpfel (Rezept Seite 101)

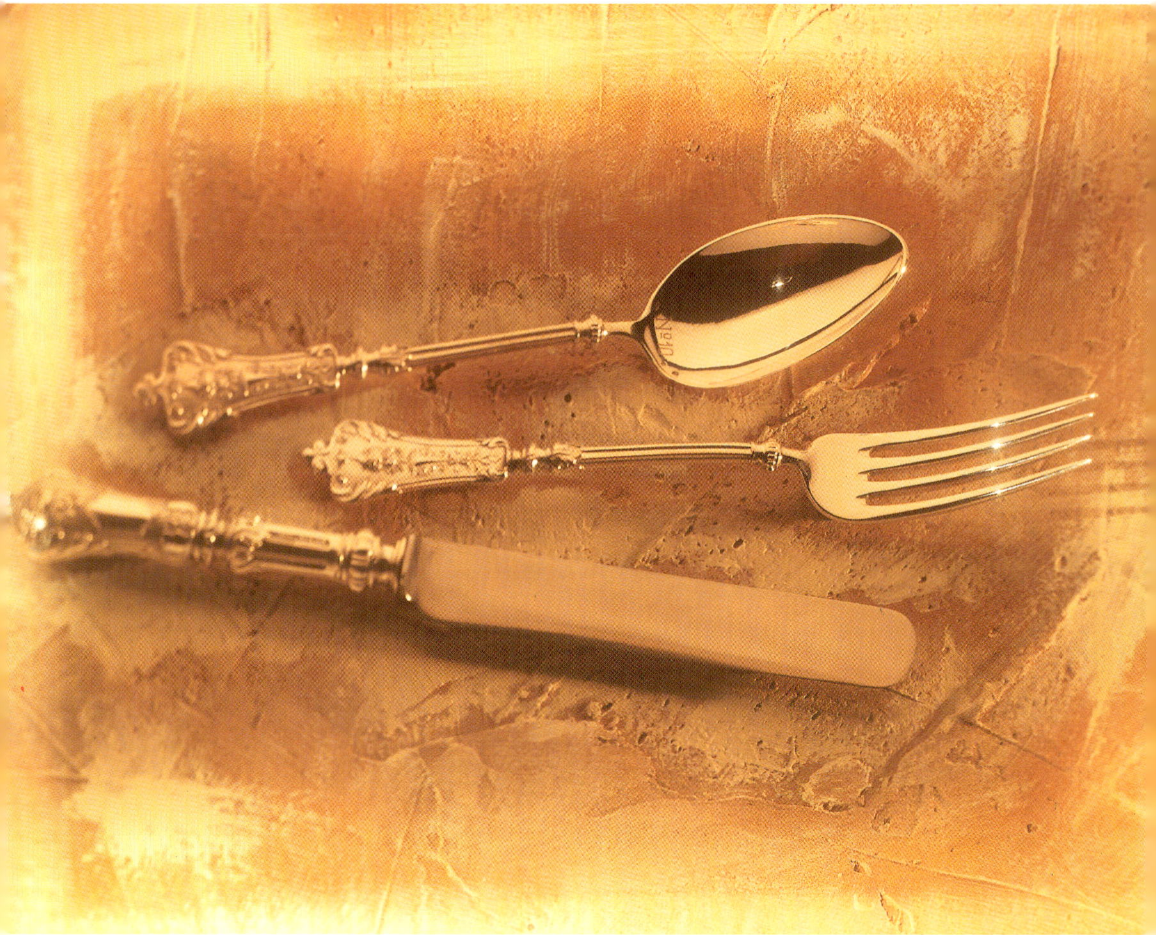

ten Kühlschrank oder die Flucht ins Fastfood-Lokal. Aber ich erinnere mich noch mit Schrecken der Zeit, als meine Kinder Konsumverzicht predigten und jeden teureren Käse als Vergeudung betrachteten.

Doch auch das ging vorüber. Wichtig ist, daß man als Mensch, der gerne genießt, nicht resigniert - irgendwann öffnen sich die Papillen der Kinder auch für die Dinge, die uns auch schmecken. Am einfachsten fördert man das durch gemeinsames Kochen. Das Hantieren mit weichen, duftenden Materialien, die sich zu wunderbaren Speisen verändern können, hat etwas mit Zauberei zu tun. Und ich kenne kein Kind, das nicht gerne zaubern möchte. Angefangen hat bei uns alles mit den Weihnachtskeksen. Die einfachen Teige, die sich wie Plastilin formen lassen, fordern die Phantasie heraus. Wer braucht da noch Ausstechformen, wenn man Mini-Dinosaurier und Lieblingsfeinde mit langer Nase aus Mürbteig formen kann? Danach wird glasiert, mit bunten Streuseln bestreut - oder mittendrin alles stehengelassen. Allzusehr sollte man das Durchhaltevermögen der Weihnachtsbäcker nicht strapazieren.

Nachher gibt es - als Ausgleich für das viele Süße - Würstel, meinetwegen mit Ketchup, saure Gurkerln oder pikanten Topfenaufstrich.

Als nächstes haben wir den gemeinsamen Brunch entdeckt. Eine wunderbare Chance, Kinder einfache kleine Gerichte selbständig machen zu lassen. Manu macht erstklassige Spiegeleier. Demnächst probieren wir selbstgemachte Waffeln oder Marmeladekipferln aus Blitzblätterteig.

Eine phantastische Gelegenheit, Kindern Lust aufs Kochen zu machen, bietet das offene Feuer. An einem sicheren Platz am Strand oder auf einem Kiesplatz tragen wir Holz zusammen und haben allerhand zu tun, daß es auch wirklich gut brennt. Dann kriegt jeder einen dünnen, zugespitzten Ast. Durchzogener Speck wird in dickere Schnitten geteilt und kammartig eingeschnitten. Nicht zu tief, der Speck muß nämlich auf das Holz gespießt werden und darf nicht abstürzen. Dann ins Feuer halten. Das schmurgelt und duftet, daß einem das Wasser im Mund zusammenläuft. Wer will, kann seinen Stock auch mit einer Schlange aus rohem Brotteig umwinden und muß aufpassen, daß über dem Feuer auch wirklich Brot und nicht Brikett draus wird. Dazu gibt es Salat, eingelegten Kukuruz, Oliven, Pfefferoni.

Zu meinem Erstaunen geriet dabei die rote Universalsauce Ketchup in Vergessenheit - das Abenteuer, Speck und Brot zu rösten, war offenbar stärker als die alte Konditionierung. Grillen ist die nächste Stufe des Kochvergnügens mit Kindern. Alles wird gemeinsam gemacht. Am Vortag die Beize für das Fleisch, am Grilltag das Vorbereiten von Salaten und Saucen. Freie Bahn den Phantasievollen - wem's nicht schmeckt, der hat Pech gehabt. Ein paar konventionelle Saucen bleiben schon als Rettung, falls nötig. Aber meist essen Kinder mit Wonne, was sie sich zubereiten.

Ganz gut, wenn sie lernen, behutsam und effektiv mit dem Feuer umzugehen, abzuwarten, bis sich weiße Asche über den glühenden Holzkohlen bildet. Alles braucht seine Zeit, und wer hudelt, verpatzt alles.

Und dann kommen die Würstel, die Fleischlaberln, die Koteletts auf den Grill. Es gibt Väter, die sich als alleinige Hüter des Feuers verstehen und Frauen und Kinder nur zu niedrigen Handlangerdiensten zulassen möchten. Aber mit denen wollen wir uns nicht um einen Grill versammeln, dann wird es nämlich urfad, das schöne Spiel mit dem Feuer ist bald mega-out, wenn man dabei nur zuschauen darf. Natürlich ist es für Erwachsene bequemer, Kinder nicht mitspielen zu lassen; aber Spiele machen ja nur Spaß, wenn sie nicht zu einfach sind. Vor Tatendrang glühende Kids wollen aktiv mitmachen, und die gemeinsame Freude am Kochen und Essen wiegt dann jede Unbequemlichkeit auf.

Kochaktive Kinder lernen es spielend, daß selbstgemachte Einzelanfertigungen höher zu schätzen sind als genormte Massenware. Es macht vielleicht ein bißchen Mühe, mit ihnen Weckerln mit Katzengesicht zu backen oder eine Torte mit Schokoladeguß und kandierten Kirschen. Aber was Kinder dabei erfahren, ist der Spaß an der eigenen Leistung und die Lust am Endprodukt. Und wenn sie sich dann noch großherzig vom Produkt ihrer Mühe trennen, um es zu einem Kindergeburtstag mitzubringen, dann haben sie neben dem Kochen auch noch Teilen gelernt.

Für mich ist es ein besonderes Vergnügen, mit Kindern Tisch zu decken. Da benützen wir die hübschen Dinge, die ich so gerne von Reisen mitbringe. Da gibt es dunkelblaue Muschelteller, die mit Kirschparadeisern, Oliven, Silberzwiebeln oder Artischocken gefüllt werden. In altes bäuerliches Krapfengeschirr kommen dicke rosa Kerzen, und in einer grünblau irisierenden Glasschale schwimmen weiße Blütenköpfe und rosa Schwimmkerzen in Rosenform. Das ist unser Roserlkompott.

In Eierbecher stopfen wir Pelargonien von der Terrasse. Und wenn es uns paßt, kommen in den Warzenkrug junge Zwiebeln statt Blumen.

Alles, was so ist, wie es immer war, ist – wie alle Kinder wissen – einfach fad. Es besteht durchaus Hoffnung, daß Pommes mit Ketchup und hinterher ein Plattfuß einmal als Nahrung für Vollkoffer* gilt.

---

*) Fußnote für alle, die nicht in Hörweite von Jugendlichen vegetieren: »Koffer« nennt man einen Menschen, der so zugeklappt ist, daß alle wichtigen Dinge des Lebens an ihm vorübergehen. Steigerungsform: Vollkoffer.

MANDELWAFFELN

Für 6 Personen

15 dag Zucker
15 dag Butter
3 Eier
1 Packerl Vanillezucker
10 dag Mehl
5 dag geschälte, geriebene Mandeln
1/2 Teelöffel Backpulver
Bittermandelöl
Öl für das Waffeleisen

Butter, Zucker und Vanillezucker schaumig rühren, die drei Eier darin versprudeln. Mandeln, Mehl und Backpulver vermischen und dazugeben. Mit einem Tropfen Bittermandelöl aromatisieren. Das elektrische Waffeleisen erhitzen, mit Öl bestreichen, zwei Eßlöffel Teig hineingeben, schließen und 2-3 Minuten backen.

Waffeln kann man mit Butter und Marmelade servieren, mit frischen Früchten oder geschmolzener Schokolade. Sehr hübsch sieht es aus, wenn man die Waffeln in ihre herzförmigen Teile zerschneidet und sie mit Marmelade oder mit Topfencreme mit Früchten zusammensetzt.

Für Kinder, die es gern salzig haben: den Zucker weglassen, statt der Mandeln Parmesan, Salz und gehackte Kräuter beigeben. Dazu rohes Gemüse und einen pikanten Dip aus Kräutertopfen.

Sehnsucht nach dem rechten Maß

Wenn ein alter Freund, der viel auf Reisen und oft zu Gast in erstklassigen Restaurants ist, zu mir kommt, wünscht er sich immer Erdäpfelgulasch. Ein richtig altmodisches Erdäpfelgulasch mit Debrecinern und ein wenig Sauerrahm. Damit er sich von Hummer & Co erholen kann. Das ist natürlich meine bissige Interpretation. Er leidet keineswegs am Überfluß, aber die schlichten Gerichte seiner Kindheit schmecken ihm eben noch immer. »Krautfleckerln!« stöhnt er, »Beuschel mit Knödel!« Oder: »Steirisches Wurzelfleisch!«

Manchmal kommen auch in sehr elitären Restaurants Miniportionen dieser deftigen Hausmannskost als Gruß aus der Küche. Der Hang zur neuen Bescheidenheit bekommt zwar einen etwas widersprüchlichen Anstrich, wenn es danach mit Gänseleber und Riesengarnelen weitergeht. Aber man merkt es, daß Sparprogramme auch ihre kulinarischen Spuren hinterlassen. Man muß die Knauserei ja nicht gleich mit soviel Intensität betreiben, wie Hanneke van Veen und Rob van Eeden, ein holländisches Ehepaar, das eines Tages beschloß, nur das Allernotwendigste auszugeben. Sie haben ihre Erfahrungen in einem Buch zusammengefaßt: »Wie werde ich ein echter Geizkragen«. Älteren Lesern wird mancher Tip bekannt vorkommen. Denn Turmkochen und Kochkisten, die die Kochhitze zum Nachgaren nützen, sind ein ziemlich alter Hut.

Einer durch lange Zeit der Verschwendung lässig gewordenen Gesellschaft Resteverwertung zu empfehlen, hat etwas für sich. Man muß sich ja nicht an den Tip halten, Gurkenmarinade als Salatsauce zu verwenden - brrr! Aber ein wenig mehr Überblick über Vorräte zu behalten und sie nicht verderben zu lassen, hat viel für sich. Auch wenn mich die »Genießer«-Tips: Packerlsuppe, Reis mit weißem Kohl und »Geizburger« aus Sellerie und Zwiebeln mit Ketchup nicht zur Nachahmung reizen.

Genußvoll sparen kann man besser nach mediterranen Vorbildern. Dort gibt es eine Armeleuteküche, die unüberbietbar gut und preiswert ist und keineswegs an Askese denken läßt. Und wie Ernährungswissenschafter feststellen, ist sie auch noch sehr gesund.

Wenn ich mich mies fühle, mache ich mir Spaghetti aglio e olio, und während sich der milde Duft gekochter Nudeln, zerlassener Butter und sanft angebratenen Knoblauchs vereint, geht es mir schon viel besser. Budgetschonend ist das ganze noch obendrein. Wer braucht schon große Fleischportionen, wenn eine Sauce aus aromatischen Gemüsesorten, frischen Kräutern und guten Gewürzen die Nudeln netzt. Wir sind heute in der glücklichen Lage, aus den verschiedensten Küchenkulturen auswählen zu können und das Beste und Preiswerteste daraus zu kochen.

Der Trend zur einfachen, maßvollen Küche ist in vielen guten Restaurants zu merken. Sie lassen sich auf Spezialitäten der Regionalküche ein und bereiten sie finessenreich zu. Im Gasthof Marienbrücke in Gmunden verkostete ich neulich hauchleichte Bratknöderln mit Mostkraut, die wirklich ein Erlebnis waren.

Der Trend zurück zur einfachen, maßvollen Küche ist keine Erfindung unserer Zeit. Immer wieder folgten auf Zeiten der Verschwendung Epochen der Einschränkung, der Rückbesinnung auf das Wesentliche. Nur ist bei uns heute - trotz aller wirtschaftlichen Probleme - die Zahl der Verschwender größer.

Der römische Staatsmann Cato der Ältere pries die einfache altrömische Getreidekost als Kontrastprogramm zur verfeinerten griechischen Küche, die auch die Römer schätzten. Puls, der Getreidebrei der Vorfahren, war nach Catos Meinung den raffinierten griechischen Brotsorten vorzuziehen. Bei uns sind es Müsli und Vollwertkost, die der üppigen Fleischkost entgegengesetzt werden. Aber wie im alten Rom das griechische Brot läßt sich auch bei uns die resche weiße Frühstückssemmel mit Marmelade nicht wegdenken.

In Zeiten des Überflusses profilieren sich immer wieder Prediger der Askese. In unserer Zeit sind es Ernährungsfachleute. Im Barock verspottete der Augustinermönch Abraham a Sancta Clara wortgewaltig und witzig die Verfressenheit der Wiener.

Seine Predigten wider das wienerische Wohlleben gefielen allen - die Prasser ließen sie wohlig erschauern, die Armen erlebten dabei das Glück der Rechthaberei. Was Abraham a Sancta Clara wohl zu unserer Zeit sagen würde, die soviel mehr Menschen unseres Landes genußsüchtig sein läßt?

Bis zum Ende des 18. Jahrhunderts war der Getreidebrei die Hauptnahrung in Europa. Das Brot, das uns als das einfachste Grundnahrungsmittel erscheint, wurde erst mit der Verbreitung privater Backöfen eine Selbstverständlichkeit. In ländlichen Gegenden besaßen viele bäuerliche Gemeinden einen einzigen Backofen, der von allen benutzt wurde. Der Sparherd wurde erst in der zweiten Hälfte des 19. Jahrhunderts populär. Grundnahrung war nach wie vor der Brei. Der Schmarrn war seine reiche Verwandtschaft; dafür mußte man schon Fett haben, und das war keineswegs selbstverständlich. In armen Gegenden kam allenfalls ein Stück Butter oder Schmalz auf den Brei, wenn es hoch herging, ein Löffel Rahm oder Honig.

Ehe sich der gemauerte Herd durchsetzte, hing über dem Kaminfeuer ein Kessel, in dem die »Ewige Suppe« brodelte. Sie bestand aus Wasser, Getreide und allem, was in Haus und Garten anfiel: Gemüse, Fleischreste, Knochen, Knorpel. In schlechten Zeiten war die Suppe sehr dünn. Geschlachtet wurden meist nur zähe, alte Tiere, die durch stundenlanges Kochen genießbar gemacht wurden. In einem kleinen Lokal in der Nähe von Ancona habe ich einmal eine Suppe von unbeschreiblichem Wohlgeschmack gegessen. Reis schwamm darin, Gemüse, Kräuter, Muscheln, Krebse. Als ich die Wirtin nach dem Rezept fragte, zeigte sie auf einen riesigen Topf, der auf dem Herd brodelte. Ein Küchenmädchen warf gerade ein paar Knochen hinein. »Rezept? Es gibt kein Rezept. Es gibt einen großen Topf und viele gute Dinge. Basta!« Als ich ein paar Tage später kam, schmeckte die Suppe noch immer wunderbar, aber anders - inzwischen waren eine Menge Pilze darin gelandet.

In vielen südlichen Ländern habe ich diese endlos schmorenden Eintöpfe genossen - sie widersprechen allem, was wir an modernen Zubereitungsmethoden gelernt haben. Aber ihr Geschmack ist oft sensationell.

Fette und magere Zeiten lösen einander seit Jahrhunderten ab. Erstaunlicherweise war in Europa zwischen dem 14. und dem 16. Jahrhundert der Fleischkonsum höher als vorher oder nachher. Danach, vor allem im Dreißigjährigen Krieg, gab es so furchtbare Hungersnöte, daß Stroh und Rinde in den Brei kamen und Schlangen, Würmer, Katzen und Hunde die Suppe nahrhafter machten.

Aber abgesehen von Hungerzeiten - was Armeleutkost war, unterlag dem Wandel der Wirtschaft und des Geschmacks. So wehrten sich im 19. Jahrhundert Dienstboten dagegen, öfter als zweimal pro Woche Lachs essen zu müssen - damals ein reichlich vorkommender und daher billiger Fisch. Und Mitte des 19. Jahrhunderts konnte Charles Dickens schreiben: »Austern und Armut gehören zusammen«, weil die heute so luxuriösen Muscheln überreichlich auf den Markt kamen.

Erdäpfelgulasch

Für 4-6 Personen

1 kg speckige Erdäpfel
2 mittlere Zwiebeln
2 Zehen Knoblauch
1 Eßlöffel Öl
3 Eßlöffel Rosenpaprika (oder 2 Eßlöffel Rosenpaprika und ein kleiner getrockneter Pfefferoni, wenn man es gern scharf mag)
Majoran, Pfeffer, Kümmel, Salz,
1 Lorbeerblatt
2-3 Paar Debreziner oder Frankfurter
1/4 Liter saurer Rahm
1 Schuß Essig
1 Liter Suppe (eventuell aus Würfeln)
Schnittlauch

Die Erdäpfel roh schälen und würfeln. Die Zwiebeln und den Knoblauch schälen, hacken und in Fett anrösten. Paprika und die anderen Gewürze dazugeben, mit Essig und Suppe aufgießen, die Erdäpfelwürfel einlegen und nicht zu weich kochen. Die Würste in Scheiben schneiden und ziehen lassen.
Man kann den Rahm mit dem Schneebesen einschlagen oder ihn extra servieren. Eventuell mit Schnittlauch bestreuen.

Fisch mit Zwickzange

Beim Durchputzen einer wenig gebrauchten Bestecklade fielen sie mir wieder einmal in die Hand: die Sandwichgabel mit der Abstreifautomatik, die Messerbänke, die flachen Eislöffel, die Schneckenzangen. Erbstücke oder Hochzeitsgeschenke – auf jeden Fall Relikte einer anderen Zeit. Obwohl ich viel für schön gedeckte Tische übrig habe, sind sie lange nicht mehr verwendet worden.

Unmerklich hat sich auch meine Art der Gastlichkeit verändert und hat auf Zeitströmungen reagiert. Für unkonventionelle Gäste gibt es schon einmal »finger-food«-Vorspeisen, die man mit der Hand ißt: mit Schinken oder Käsecreme gefüllte Strudelteigbeutel, Brandteigkrapferln mit Lachscreme, Teigtaschen mit pikanter Fülle oder Erdäpfelplatzerln mit Lachs (siehe Rezept S. 120). Dieses zuletztgenannte Gericht heißt bei mir: »Fisch ohne Zwickzange«, und das hat eine kleine Geschichte.

Bei meinen Großeltern arbeitete eine Haushaltshilfe, die aus einer bäuerlichen Familie kam. Ehe sie nach Wien übersiedelte, hatte sie im Gutshaus oft bei Festen ausgeholfen. Die dabei entwickelten Finessen hatten sie sehr beeindruckt. »Die essen nämlich Fischerln mit Zwickzange.« Gemeint waren Schnecken, deren Gehäuse mit der Schneckenzange gehalten wurde. »Fisch mit Zwickzange« war seither bei uns ein Synonym für ironisierte Prunkentfaltung. Dabei ging es bei meinen Großeltern noch viel formeller zu als bei mir. Sie verwendeten die ominösen Messerbänke, die heute bei mir vor sich hin oxydieren. Meine Mutter mußte noch bei Tisch mit angelegten Ellbogen kerzengerade sitzen. Und wenn über jemanden gesprochen wurde, der schlechte Manieren hatte, hieß es: »Na, gerade daß er sich nicht mit der Gabel am Kopf kratzt.«

Ich hätte als Kind wahnsinnig gern jemanden gesehen, der sich das traute, aber es war mir nicht vergönnt.

Als Kind habe ich noch Reste einer ins 20. Jahrhundert geretteten Tischkultur erlebt, die zwar bald abblätterte, aber auch positive Impulse von amerikanischer, mediterraner oder fernöstlicher Lebensweise gewann. Viel Althergebrachtes wurde in Frage gestellt, aber damit verschwand auch viel Schwulst und Krampf. Was für eine Qual, Spargel nur mit der Gabel zu essen oder Muscheln und Krebse mit Besteck!

In Italien und Frankreich erlebte ich vergnügt, wie entspannt und funktionell Essen sein kann. Die verkrampften Finessen der Jahrhundertwende paßten zur allgemeinen Körperfeindlichkeit, zu Korsetts und Gehröcken und zur doppelten Moral – die hochgezwirbelten Tischmanieren wurden vor allem Gästen vorgeführt. Teetrinken mit weggestrecktem kleinem Finger war die Parodie »feiner« Manieren.

Mit Messer und Gabel ißt man im Verhältnis zur Eßkultur ja noch nicht gar so lange und nur in einem kleinen Bereich der Welt. Römer und Griechen aßen noch mit der Hand. Und zwar mit der rechten. Mit der linken stützten sie sich in ihrem Ruhebett auf - gegessen wurde ja im Liegen. Das erforderte, daß die Speisen handlich zerkleinert auf den Tisch kommen mußten. Daß die Kelten das Fleisch mit scharfen Messern von den Keulen schnitten, erschien den Römern ziemlich barbarisch. Das Essen allein mit dem Messer war bis ins Mittelalter gebräuchlich. Angeblich wurde die Gabel von der byzantinischen Frau des Dogen Orseolo im 11. Jahrhundert zum erstenmal in Europa verwendet. Bis sie sich allgemein durchsetzte, dauerte es fünfhundert Jahre. In der Zeit der großen steifen Halskrausen war man für ihre Funktionalität sehr dankbar.

Teller und Schüsseln - bei den alten Ägyptern eine Selbstverständlichkeit - gab es auch auf den höfischen Tafeln des Mittelalters nur selten. Speisen wurden auf alten Brotscheiben angerichtet. Die saucendurchtränkte Unterlage samt den Resten wurde vom Personal verspeist.

In bäuerlichen oder kleinbürgerlichen Haushalten wurde bis ins 20. Jahrhundert mit dem Löffel aus einer Schüssel gegessen. Meist gab es ja Suppe, Brei oder Schmarrn, und dafür reichte der Löffel. Wenn es zu Feiertagen Fleisch gab, wurde es mit dem Messer vorgeschnitten und aufs Brot gelegt.

Tischtücher gab es schon zur Zeit Karls des Großen, sie wurden ungeniert zum Abputzen fettiger Finger verwendet. Zur Zeit der Babenberger tauchten die ersten Servietten auf - wahrscheinlich auch von ihren byzantinischen Frauen importiert. Manchmal waren sie aus Samt und wurden nach einem Festmahl weggeworfen.

Auch die Eßgewohnheiten wandelten sich. Im Mittelalter war die Vormittagsmahlzeit am wichtigsten, das Frühstück war nur ein Imbiß im Morgengrauen. Zu Mittag gab es eine kleine Mahlzeit, und ehe es dunkel wurde, noch eine weitere.

Daß daraus in bürgerlichen Haushalten des 19. Jahrhunderts drei kleine und zwei große Mahlzeiten wurden, mit Gabelfrühstück und Jause als Zwischenmahlzeiten, kann man sich heute kaum mehr vorstellen.

Heute hat der schnelle, leichte Imbiß bei jüngeren Berufstätigen längst das traditionelle Mittagessen verdrängt. Die Hauptmahlzeit verschiebt sich - entgegen den Erkenntnissen und Ratschlägen der Ernährungswissenschafter - in die Abendstunden. Aber schon gibt es einen neuen Trend: »dinner-cancelling« - man ißt nichts mehr nach fünf und hält sich damit fit und schön. Wohin dann mit der edlen Tischwäsche, den zarten Gläsern, die abendlichen Essen soviel Atmosphäre geben? Aber wahrscheinlich betreiben hauptsächlich Singles *dinner-cancelling*, und in Familien geht es ungesund und urgemütlich weiter wie bisher.

Noch keine Generation vor uns konnte aus so edlen und nach Verwendungszweck differenzierten Gläsern trinken wie wir. Eine prominente Köchin rechnete mir einmal

— FISCH MIT ZWICKZANGE —

vor, daß Gläser einen beträchtlichen Teil ihrer ständigen Investitionen ausmachen. Aber welch ein Unterschied, einen Wachauer Smaragd aus Riedelgläsern anstatt aus einem jener besseren Senfgläser zu trinken, die bei uns Gott sei Dank fast verschwunden sind. In Italien und Frankreich findet man eher derbe Gläser auch noch in guten Restaurants. Edle Gläser sind kein Snobismus – der Unterschied ist spürbar.

Altes und Neues, Feierliches und Saloppes durchdringen einander in unserer Zeit locker und unangestrengt. Berühmte Köche kokettieren mit der Fast-food-Küche und komponieren Hamburger aus edelsten Produkten. Konsequenterweise müßte man sie allerdings aus der Faust essen und nicht mit dem Silberbesteck.

Beides, der direkte Zugriff auf Eßbares wie auch das Hantieren mit edlem Gerät, hat einen sinnlichen Reiz. Ich mag es sehr, Muscheln mit Hilfe von Muschelschalen zu essen und die Finger zu Hilfe zu nehmen. Edle Saucen tunke ich gerne mit Brot auf, und zum Reiz einer Bouillabaisse gehört es, daß man das letzte Restchen aus den Krebsen herauskitzelt – und das geht am besten, wenn man sie aussaugt. Köstlich! Aber ich hantiere auch gern mit schönem Vorlegebesteck, stelle eine edle Silbersauciere auf den Tisch und lege für jeden Gang das passende Besteck auf. Doch es gibt ein paar Dinge, die ich absolut nicht mehr brauche: ein Teesieb, weil der Tee bei mir im Baumwollnetz zieht und ohne Flankerln serviert wird, Mokkalöffel, weil kaum jemand bei mir Mokka trinkt.

Und natürlich auch die gewissen Zwickzangen, für die schwer im Magen liegenden »Fischerln«, die eigentlich Schnecken sind.

ERDÄPFELPLATZERLN (FISCH OHNE ZWICKZANGE)

Für 6-8 Personen

3/4 kg in der Schale gekochte und geschälte Erdäpfel
3 Eier
1 Eßlöffel Milch, 1 Eßlöffel Schlagobers
so viel glattes Mehl, daß eine formbare Masse entsteht, je nach Konsistenz der Erdäpfel 2-3 Eßlöffel
Salz, Pfeffer
Butterschmalz zum Herausbacken

Garnierung:

20 dag Räucherlachs
Zitrone
1 Jungzwiebel
Basilikum
1 Eßlöffel saurer Rahm

Die Erdäpfel durch die Presse drücken, mit Eiern, Mehl, Milch und Obers verrühren. Kleine Laibchen formen, flachdrücken und in Butterschmalz auf beiden Seiten herausbacken. Zwiebel fein hacken, mit dem klein geschnittenen Lachs und soviel Rahm vermischen, daß eine streichbare Masse entsteht. Salzen, pfeffern, mit Zitronensaft würzen und auf die Laibchen streichen. Mit großen, gut saugenden Papierservietten zum Aperitif servieren.

Wunderwelt der Märkte

Märkte – das bedeutet sinnliches Leben, üppige Vielfalt, friedliches Miteinander im Wettstreit um Qualität. Seit meiner Kindheit zieht mich diese Welt in ihren Bann. Mit Jahrmärkten in der Sommerfrische hat es angefangen. Ich spüre heute noch den durchdringenden Geruch nach gebrannten Mandeln und naphtalinumwehten Wollwesten, nach leicht verkohlter Bratwurst, Senf und dem gesponnenen Zucker, der so zuckerlrosa duftete, wie er aussah. Dazu scheppernde Blasmusik, die metallische Kühle einer Münze in der Hand. Mit ihr konnte man sich an einem Spiel beteiligen, das einem meist Nieten bescherte.

Die Märkte des Südens lehrten mich die Opulenz und Schönheit eines oft auch sehr einfachen Angebots. Was vermögen italienische oder französische, spanische oder portugiesische, türkische und marokkanische Marktleute aus Früchten und Gemüse, Brot, Käse, Fisch und Gewürzen für Stilleben zu arrangieren! Nur mit dem Fleisch stehen sie oft auf Kriegsfuß. Die bläulichen Hendln baumeln wie Opfer eines Henkers am Haken. Aber schon ist man wieder eingehüllt in Düfte und fremdartige Laute, glühende Farben und die Komik und Dramatik des täglichen Straßentheaters hinter Verkaufsständen.

Auch heute noch, wo auch unsere heimischen Märkte so reichhaltig geworden sind, verblüfft mich die sorgfältige Vorbereitung der Produkte und ihre Präsentation auf mediterranen Märkten. Gemüse wird sorgfältig geputzt, Artischocken sind gestutzt, das Heu entfernt. Der Salat scheint nur aus Herzen zu bestehen. Heikle Beeren sind in schöngeflochtenen Körbchen eingebettet. Der Käsehändler schnitzt kleine Ferkel aus dem Provolone. Grüne Blätter sind das Bett, auf dem sich silbrig und rosig schimmernde Fische und Meeresfrüchte räkeln. Nicht nur Maler ließen sich immer wieder von der vielgestaltigen Schönheit des Marktangebots zu Bildern inspirieren. In seinem Buch »Der Bauch von Paris« ließ Emile Zola mit Worten den Farben- und Formenrausch der Pariser Hallen erstehen: »Dann kamen die Edelfische, je einer auf einem Teller aus Weidengeflecht ausgelegt; mit silbernen Schlangenlinien verzierte Lachse, bei denen jede Schuppe ein Radiernadelstich in die Politur des Metalls zu sein scheint; Seebarben mit stärkeren, gröber ziselierten Schuppen ... Es war, als habe irgendeine Meerjungfrau ihr Schmuckkästchen auf die Erde ausgeschüttet, unerhörte und bizarre Geschmeide ...« Die Hallen von Paris sind verschwunden und mit ihnen auch die vielen Bistros, in denen sich die letzten Nachtschwärmer mit den ersten

Marktleuten bei einer dampfenden Zwiebelsuppe trafen.

Rund um Märkte wird überall auf der Welt gut und handfest gegessen. In der Markthalle von San Lorenzo in Florenz ißt man hervorragende, spottbillige Kutteln, die es an Qualität mit jedem Salonbeuschel aus erstem Wiener Haus aufnehmen. Auch die Ribollita, die toskanische Suppe aus Bohnen, Speck, Zwiebeln und Kohl, mit Brotscheiben belegt und überbacken, ist hier besser als in jedem Restaurant. Das Venedig der Venezianer konzentriert sich rund um die Erberia, den Gemüsemarkt Venedigs, und um den benachbarten Fischmarkt. Dort, wo die ältesten Wurzeln der Stadt sind, rund um den Rialto, ist die Stadt am jüngsten und lebendigsten. Und wenn hier »nostrani« angeboten werden, das sind Paradeiser, Artischocken und Spinat von den Gemüseinseln Sant' Erasmo und Le Vignole, dann ist das eine Erinnerung an ein kleines Stück Unabhängigkeit des alten Inselstaats, der damals nur durch den Handel überlebte.

Bei den Fischen steht aus gutem Grund nie »nostrani«. Früher war es selbstverständlich, daß die Lagune Fische, Krebse, Muscheln und Meeresschnecken im Überfluß lieferte. Heute sind viele Fische und Meeresfrüchte Importware. Seit jeher wurde allerdings Stockfisch aus Skandinavien importiert, eine typische Seefahrer-Konserve, die sich unter den versierten Händen venezianischer Köchinnen zur Delikatesse verwandelt.

In den kleinen Lokalen am Rand des Marktes kann man *baccalá mantecato* verkosten, das ist ein würziges Stockfischpüree, ähnlich der provenzalischen Brandade. Wer es eilig hat, labt sich im Stehen an Tramezzini, den pikant gefüllten dreieckigen Sandwiches, die eigentlich amerikanischen Ursprungs sind, aber in Italien und nun auch bei uns Heimatrecht erworben haben. Wer sich an venezianische Traditionen hält, löffelt *pasta e fagioli*, eine kräftige Bohnensuppe mit Nudeln.

Verfeinerte Kost hat in Marktnähe nichts verloren. Die Marktleute, die schon im Morgengrauen ihre Arbeit beginnen, verlangen nach robusten Genüssen.

Die monumentalste Kalorienbombe wird zum Beispiel rund um flandrische Märkte verzehrt: Pommes mit dicker, gelber Mayonnaise.

Aber auch rund um österreichische Marktstandeln wird deftig gegessen: Gulyassuppe, Bohnensuppe, Burenwurst. Nur am Naschmarkt wehen einem manchmal exotische Düfte entgegen; sie steigen von Sushi oder Gemüsecurrys, internationalen Fischgerichten oder Tramezzini auf.

Wiens Markttradition reicht weit ins Mittelalter zurück. Die Stadt hatte sehr früh ein Zwischenhandelsmonopol, was bedeutete, daß Händler aus anderen Städten nur unter Einschaltung eines Wiener Kaufmanns Geschäfte machen durften. Die Marktgesetze waren streng, Maßeinheiten wurden genau kontrolliert, die Preise und die Qualität der Ware wurden ständig überwacht. Betrügerische Bäcker, die das Brot verfälschten, wurden mit der Bäckerhutsche immer wieder unter Wasser getaucht. Damit sich keiner ausreden konnte, wurden die Maßeinheiten außen an der Stephanskirche angebracht. Dort sind sie heute noch zu sehen.

In den Gassen und Plätzen rund um den Stephansdom pulsierte das Marktleben. Die Straßenbezeichnungen verraten heute noch, wo man die einzelnen Produkte fand: Mehl am Mehlmarkt, Fleisch am Fleischmarkt, Molkereiprodukte in der Milchgasse, Ochsen am Heumarkt.

Außerhalb der Stadt, bei der Lerchenfelder Linie, dem heutigen Gürtel, war der Vogelmarkt. Gute Sänger erzielten hohe Liebhaberpreise, schlechte endeten in der Bratpfanne. In den letzten Jahren sind Wiens Märkte bunt, vielfältig und verlockend geworden. Was man im Urlaub kennen und schätzen lernte – Curry und Sternanis, Tofu und Sojasprossen, Ingwer und Oliven –, bezieht man gerne in den Alltag ein.

Am Marktstand begegnen einander wienerische Levante-Urlauber und Levantiner, die perfekt den wienerischen Schmäh beherrschen, zu friedlichen Verkaufsgesprächen. Toleranz geht durch den Magen.

Auch die Bauern aus der Umgebung der Städte geben den Märkten Vielfalt und Ursprünglichkeit. Einkaufen beim Bauern hat in den Städten eine lange Tradition. Lagererdäpfel, Wein und haltbares Gemüse wurden schon immer gerne frei Haus geliefert. Solche Beziehungen waren in schlechten Zeiten oft lebensrettend. Später kombinierten die frisch motorisierten Städter gerne Ausflüge mit Einkaufstouren. Man besuchte seine Bauern, kostete den neuen Wein, holte Bio-Gemüse. Nun kommen Bauern wieder in die Stadt und bieten auf den Märkten ihre Produkte an: kerniges Hausbrot und aromatischen Käse, Kräuter und Hausmehlspeisen, Selchwürste, Surfleisch, Blunzen und Preßkopf.

Einer der reizvollsten bäuerlichen Märkte ist in Graz, bei der Oper, wo gutes Kernöl, Sulmtaler Hendln, hübsche Blumengebinde und so altmodisch-gesunde Sachen wie Wipferlsaft gegen Husten angeboten werden. Manchmal auch Murmelfett gegen Rheumatismus. Eine wahre Wonne ist auch der Markt bei der Pfarrkirche von Krems, an der Schnittstelle zwischen der südlich üppigen Wachau und dem rauhen Waldviertel mit seinen unverwechselbaren Produkten. Hier gibt es wunderbare Marillen, aber auch Mohn, Kümmel, Honig und erstklassige Erdäpfel – und im Herbst duftet das ganze Viertel nach Schwammerln.

Ob in Salzburg oder Innsbruck, Klagenfurt oder Bregenz, Zwettl, Gars, Waidhofen an der Ybbs – in ganz Österreich haben einfallsreiche Bauern mit erstklassigen Produkten die Märkte erobert. Viele Konsumenten wollen gute, frische Ware seriöser Herkunft, und sie lehnen den Verpackungswahn der Lebensmittelindustrie ab. Bewußte Konsumenten verurteilen die Massentierhaltung und inhumane Transporte. Ein Plus für Bio-Bauern, die ihr Fleisch mit genauen Informationen auf Märkten oder über Bestellung an zentralen Abholstellen anbieten.

Märkte sagen viel über unsere Bedürfnisse, Sehnsüchte, die Lust am prallen Leben aus. Ohne sie wäre unser Leben viel ärmer.

Pasta e fagioli
(Venezianisches Marktessen)

Für 4 Personen

1 Schinkenknochen
mit etwas Schinken dran
5 dag Schinkenspeck
2 Eßlöffel Olivenöl
1 Zwiebel
1 Karotte
3 Selleriestangen
25 dag getrocknete rote Bohnen
15 dag Teigwaren
(Tagliatelle oder die
rautenförmigen Maltagliati)
Rosmarin
Thymian
Salbei
Basilikum
2 Lorbeerblätter
1 Zehe Knoblauch
1 Eßlöffel Butter
2 Eßlöffel Parmesan
Salz
Pfeffer

Die Bohnen über Nacht einweichen. Am nächsten Tag die Zwiebel schneiden und mit gehacktem Speck und Öl anbraten, das geputzte und geschnittene Gemüse beigeben. Das restliche Fleisch vom Schinkenbein schneiden und beiseite legen. Bohnen und Bein zum Gemüse geben und mit $1^{1}/_{2}$ Liter Wasser aufgießen. Nach dem Aufwallen klein stellen und die Bohnen weichkochen. Etwa die Hälfte der Bohnen mit dem Schaumlöffel herausnehmen und mit etwas Suppe passieren. Das Schinkenbein herausnehmen. Passierte Bohnen und Schinken in die Suppe geben, salzen, pfeffern, mit Kräutern und Gewürzen abschmecken. (Die Suppe sollte mollig, aber nicht zu dick sein, da die Teigwaren noch Flüssigkeit aufnehmen.) Kurz vor dem Servieren die Teigwaren einlegen und kernig weich kochen. Einen Eßlöffel Butter beigeben und mit Parmesan bestreut servieren.

Jahreszeiten der Gaumenlust

Faschingsbuffet mit Urlaubsaroma

Das Nachtmahl bei Freunden war gut, der Wein trinkbar, aber statt einem entspannten Gespräch folgt eine Video- oder Diavorführung mit hulatanzenden oder delphinfütternden Gastgebern, mit dem Sonnenuntergang am Kilimandscharo und dem Halbmond über Manhattan.

Eine harte Sache, denn Urlaubserinnerungen sind schwer transportabel und meist nur für den bekömmlich, der diesen Urlaub miterlebte. Was für eine Wonne, wenn es statt Urlaubsbildern kulinarische Erinnerungen gibt, mit denen man viel mehr anfangen kann. Entweder wecken sie in unserem Gedächtnis lustvolle Erlebnisse, oder sie machen Sehnsucht danach.

Ich habe von Reisen eine ganze Sammlung von Vorspeisen-Rezepten mitgebracht: Tapas, Antipasti, Hors d'œuvres, Mezédes. Wenn ich viel Zeit habe, dann lade ich gleichgesinnte Freunde zu so vielen feinen Vorspeisen ein, daß man gar keinen Platz mehr für Hauptspeisen hat. Die Faschingszeit ist ein guter Termin, sich und anderen solch ein Buffet zu vergönnen und sich mitten im Winter auf einen Urlaub in der Sonne zu freuen.

Spanische Tapas eignen sich da besonders gut: Thunfisch mit Bohnen, gebratene Champignons, pikante Muscheln. Tapa heißt eigentlich Deckel, und als Deckel werden die belegten Brote in Spanien über die Sherrygläser gelegt, damit keine Fliegen hineinfallen. Trockener Sherry ist auch ein guter Begleiter für die kleinen Imbisse – aber auch Sidra, spanischer Apfelwein, der genauso wie Sherry in spanischen Bars in hohem Bogen ins Glas geleert wird. Tapas in der Bar sind die Rettung für alle, die wie ich mittags wenig Hunger haben und damit die Zeit bis zu den späten Nachtmahlzeiten in Spanien überbrücken. Krebse in der Schale, die man mit Zitronensaft beträufelt oder in eine pikante Sauce tunkt, sind beliebte Tapas. Mich wundert immer die Gleichmut spanischer Barwirte, die zuschauen, wie ihre Gäste die Krebsschalen auf den Boden schmeißen und sie dann zertreten, was laut knirscht. Eine besondere Köstlichkeit unter den spanischen Vorspeisen ist *Jamón ibérico*, der würzige Schinken, den man jetzt auch schon bei uns bekommt. Er stammt von einer halbwilden, hochbeinigen Schweinerasse, die enorm genügsam ist. Im Herbst frißt sie sich mit Eicheln voll, nur dreißig Prozent ihrer Nahrung dürfen beigefüttert werden. Darum ist das Fleisch mager und mürb. Der Schinken braucht zwei Jahre zum Reifen, davon sechs Monate im kalten Keller.

Auch knusprig gebratene Stücke Spanferkel werden als Tapas serviert. In Malaga habe ich Jungschweinernes mit einer pikanten,

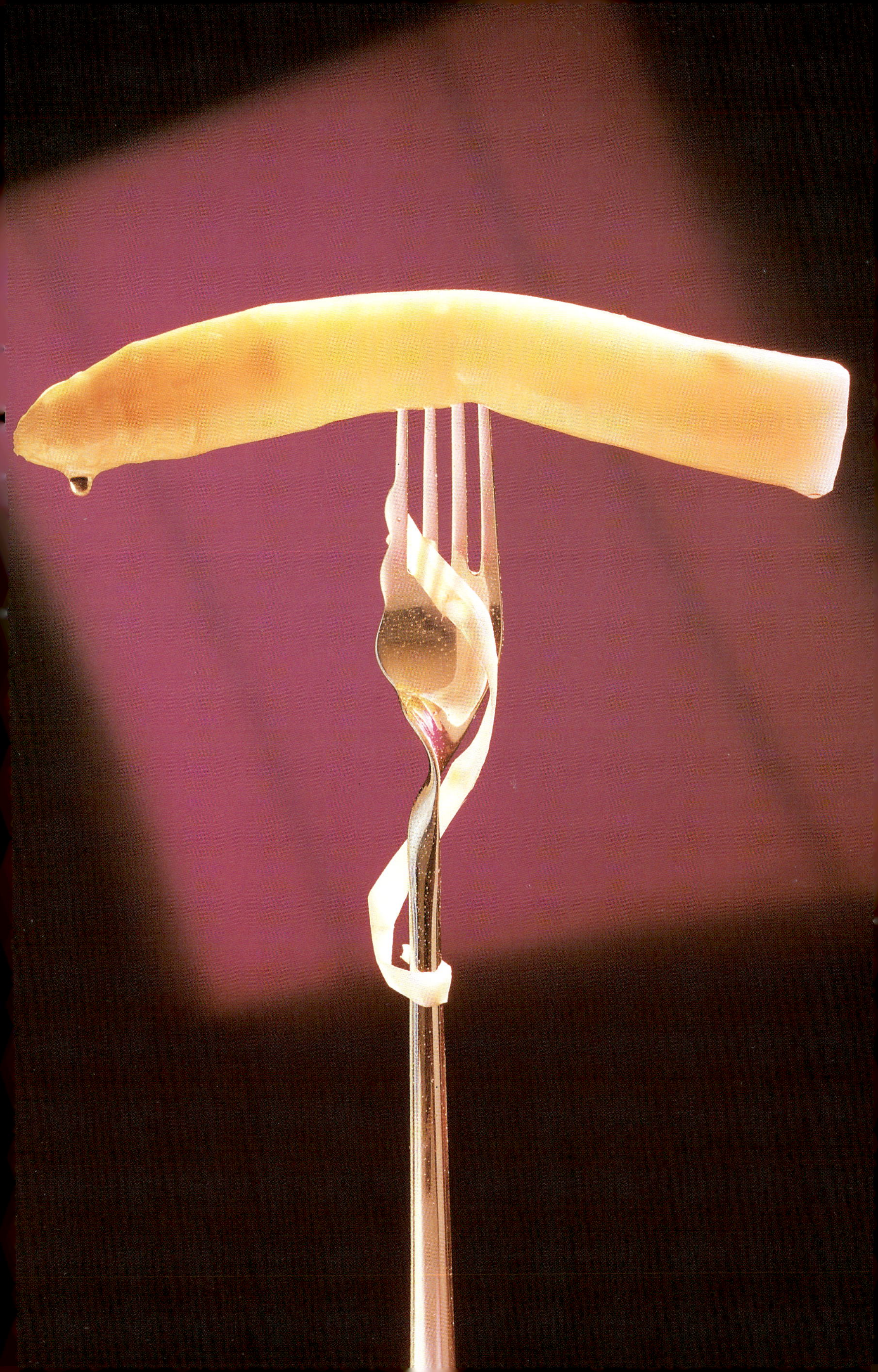

Spargelgupf (Rezept Seite 134)

mexikanischen Avocadosauce serviert bekommen. Man kann diese Sauce aber auch zu Faschiertem oder Roastbeef reichen – eine ungewöhnliche Variante für ein kaltes Buffet (siehe Rezept S. 130, das bewußt eine kleine Menge angibt, damit man es für sich ausprobieren kann.)

Wahre Menschenfallen sind die Antipastibuffets in italienischen Restaurants. Aber da muß man sich leider zurückhalten, weil es ja noch eine Menge anderer guter Speisen gibt. Zum Glück gibt es Bars und Imbißlokale, wo es marinierte Artischocken, Zwiebeln, eingelegte Pilze zu Prosciutto, Salami und Käse und einem Glas Wein gibt. Oder Tramezzini, die einfallsreich mit Thunfisch, Scampi, Prosciutto, Spargel belegten dreieckigen Weißbrotschnitten.

Genießerische Vegetarier haben es in Italien gut: Zucchini, Melanzani, Paprika und viele andere köstliche Gemüse in würzigen Kräutermarinaden machen den Verzicht auf Fleisch sehr leicht. Gebratene Paprika mache ich gern nach dem Rezept eines sizilianischen Restaurants: im Rohr fast schwarz gebraten, dann mit feuchten Tüchern überdecken – so läßt sich die Haut gut entfernen. Und dann die fast süßen Paprika in einer Marinade aus gutem Essig, Olivenöl, gehackten Sardellen, etwas Knoblauch, Petersilie und Kapern auftischen.

Eine Vorspeise, die bei uns leider immer noch ein Luxus ist, gehört in Frankreich durchaus zu den erschwinglichen Genüssen: Austern. Mit einem Glas Chablis oder Champagner werden sie in Paris im Zentrum fast an jeder Hausecke angeboten. Für ein Buffet im kleinen Kreis habe ich sie mir einmal geleistet, zusammen mit einem guten Austernmesser und dem im Fischgeschäft vorgezeigten Trick, wo man es ansetzen muß. Ein Pinsel, mit dem man die vielleicht trotzdem vorhandenen Splitter sanft abputzt, kann nicht schaden.

Ein Gang über die großen, bunten Märkte, von denen es in Österreich leider noch viel zu wenige gibt, versorgt einen mit Anregungen für unkonventionelle Einladungen mit Urlaubsflair.

Es gibt griechische und türkische Läden, die Erinnerungen an Mezédes wie in Kreta und Meze wie in Antalya aufsteigen lassen: mit einer Riesenauswahl verschieden aromatisierter Oliven, mit Schafskäse in vielerlei Formen und Geschmäckern, mit pikanten und süßen Teigpasteten, die man nur kurz überbacken muß.

Stoff für bunte Buffets liefert nicht nur der Süden. Bei lieben Freunden in Dänemark habe ich die Wonnen des Smørrebrød kennengelernt: fein garnierte Brote mit Lachs oder Aal, Schinken oder Tatar und manchmal auch kuriose Kombinationen, wie Schmalz mit Käse. Sie haben lustige Namen: »Nachtmahl des Tierarztes« oder »Löwenmahl«. Bei einem Riesenteller Smørrebrød habe ich die lockere Freundlichkeit der Dänen erlebt, die so gut zu ihrer ungezwungenen Eßkultur paßt. Es war kurz vor Weihnachten, und ich saß mit meinen Freunden und vielen Paketen enggedrängt an einem Tisch. In der Nachbarloge ein junges Paar allein. Plötzlich schoben sie uns unter der Abtrennung einen Meter des gemeinsamen Tisches herüber, damit wir uns besser rühren konnten.

Das schwedische Smörgasbord ist ein üppig bestücktes Buffet mit Hering und Lachs, Aal, Eiern, Käse und Obst rund um ein Faß Aquavit. Hering spielt eine große Rolle dabei, er wird gerne pikant eingelegt.

Freunde mit der Neigung zu multikulturellen Buffets haben einen großen Vorteil: man weiß immer, was man ihnen von Reisen mitbringen kann. Gewürze und Getränke, kulinarische Spezialitäten, hübsches Geschirr und reizvolle Tischwäsche.

Das Problem dabei: manchmal ist es verflixt schwer, sich von den Mitbringseln zu trennen.

Avocado-Püree

4 Portionen

1 reife Avocadofrucht
1 Pfefferoni
(oder ein Mokkalöffel scharfes Paprikapüree)
1 Paradeiser
1 roter Paprika
1 hartgekochtes Ei
1 Eßlöffel Olivenöl
1 Eßlöffel Weinessig
Salz
Pfeffer
Basilikum

Essig, Öl, Salz und Pfeffer abrühren und mit der geschälten, in kleine Würfel geschnittenen Avocadofrucht vermengen. Den Paradeiser blanchieren, häuten, Kerne und Saft ausdrücken, die Frucht kleingeschnitten beigeben. Das harte Ei hacken, Paprika und Pfefferoni klein würfeln. Alles vermischen. Immer wieder abschmecken, die scharfen Bestandteile vorsichtig nach Geschmack dosieren. Gut vermengen, in eine attraktive Schale geben und mit frischem Basilikum dekorieren.

Kulinarische und andere Frühlingsgefühle

Höchste Zeit, daß es auch in meinen Kochtöpfen Frühling wird. Wenn es sehr kalt ist, ringle ich mich nur allzugern um Hochkalorisches zusammen - offenbar ist die Steinzeitfrau in mir noch recht lebendig.

Aber wenn das Thermometer steigt, wird sie ruhiger. Auf den Märkten locken die herrlichsten frischen Gemüse, heurige Erdäpfel, Lammfleisch, Spargel, Morcheln, Freilandeier - alles Dinge, die gut schmecken und noch dazu gesund und äußerst anregend sind.

Fast allen Genüssen, die uns die wiedererwachte Natur beschert, werden erotische Wirkungen nachgesagt. Vielleicht, weil unter der Frühlingssonne alles heiterer, beschwingter wirkt als in Matsch und Graupelregen. Den Geschichten nachzugehen, die sich um erotisierende Produkte ranken, ist amüsant und spannend.

Bei Spargel oder Karotte ist es vor allem die Optik, die sinnliche Assoziationen erweckt. Beim Spargel, aber auch bei der Sellerie kommt noch die entwässernde Wirkung dazu, die offenbar erotisch interpretiert wurde. In prüderen Zeiten als den unseren war alles, was sich unterhalb des Nabels abspielte, einfach unanständig. So wurde den Nonnen eines Klosters zum heiligen Hieronymus der Verzehr von Bohnen untersagt, weil sie einen unkeuschen Kitzel entfachten. Ob den Schwestern - mangels Erfahrung - die Körperöffnungen ein bißchen durcheinandergekommen sind? Oder waren sie verdorbener, als man glaubt?

Gar nicht so einfach, Aphrodisiaka zu bestimmen; was dem einen als lustfördernd erscheint, ist für die anderen ein Lusttöter. Beispiel: grüner Salat. Den Ägyptern galt er, wahrscheinlich dank seines milchigen Saftes, als erotisierendes Gericht. Die Griechen hingegen machten den Salat für Impotenz verantwortlich und verordneten ihn als Heilmittel für Hypersexuelle. Eine flachblättrige Salatsorte nannten sie sogar »Eunuch«.

Auch der Kuhmilch wurden völlig gegensätzliche Wirkungen zugeschrieben. In China galt sie, wie bei uns, als Beruhigungsmittel, auf das man gut schläft. Gandhi hingegen trank keine Kuhmilch, weil sie ihn erregte, er nahm lieber Ziegenmilch zu sich. Die Alraune oder Mandragora, diese Wurzel, die wie ein Männchen aussieht und am Fuß von Galgen gesammelt wurde, war für die einen ein Mittel, sexuelle Energien zu steigern, für die anderen ein Schmerz- und Beruhigungsmittel. Kleopatra soll sich nach dem Verlust des Antonius mit einem Trank aus Alraunen in den Schlaf des Vergessens versetzt haben.

Bei vielen erotisierenden Produkten schließt man von der Form auf die Funktion. Vielleicht erklärt das auch die scheinbaren Widersprüche – schließlich gibt es auch Menschen, die einen aufputschen, und andere, die einen in Tiefschlaf versetzen können. Vom Ginseng, einer ähnlich wie die Alraune geformten Wurzel, weiß man durch aktuelle Tests, daß sie das Immunsystem stärkt und die Vitalität erhöht. Und das ist das Geheimnis aller Liebesmittel: sie bewirken, daß man sich gut und gesund fühlt. Die Frühlingsgefühle stellen sich dann schon von selbst ein.

Die Rarität eines Stoffs trägt auch dazu bei, daß man ihm erotisierende Wirkung zuschreibt. So kamen Erdäpfel nach ihrer Entdeckung in der Neuen Welt zu ihrem libidinösen Renommee. Sie waren so kostbar, daß sie nur in Schloß- und Klostergärten gezogen wurden. »Tartuffel« nannte man sie damals – in Anlehnung an die ebenso kostbare und lustverheißende Trüffel. Als nach Hungersnöten Erdäpfel per Dekret als Volksnahrung verordnet wurden, war es mit dem prickelnden Ruf schnell vorbei. Da mochte sich Friedrich II. von Preußen noch so demonstrativ auf einen Balkon setzen und sich beim Erdäpfelessen zuschauen lassen – etwas, das man essen mußte, fand keine Gegenliebe.

Der französische Apotheker Parmentier, der ein exquisites Rezept für Erdäpfelsuppe entwickelt hatte, verstand weit mehr von menschlichen Seelen. Er umzäunte seinen Erdäpfelacker und schrieb auf ein Schild: »Ausgraben bei Strafe verboten« – so schnell konnte keiner schauen, waren die Knollen geplündert. Und die *Potage Parmentier* machte Weltkarriere und war kein Armeleute-Essen mehr. Und wer eine würzige Erdäpfelsuppe, vielleicht mit frischen Maimorcheln, in der richtigen Gesellschaft ißt, wird keineswegs widersprechen, daß Erdäpfel neben gesundheitlichen auch erotisierende Meriten haben.

Gemeinsam essen – das ist natürlich die Basis, damit erotisierende Gerichte ihre Wirkung entfalten können.

In Burma muß ein Paar, das regelmäßig gemeinsam ißt, diese kulinarische Verbindung in einer Ehe legalisieren. Darum gilt auch als größter Bruch der Intimität, Menschen beim Essen zu überraschen. Da ist es weniger verwerflich, sie im Schlafzimmer zu besuchen.

Wieviel Kannibalismus in uns allen steckt, wissen wir nur zu gut, wenn wir das Objekt unserer Leidenschaft beknabbern. Ein gemeinsames Essen steigert diese Lust. Ich erinnere mich gern an den Film »Tom Jones«, der die erotischste Eßszene der Filmgeschichte zeigt: ein Paar verschlingt einander dabei mit Blicken, schlürft, schmatzt, schleckt sein Schlemmermahl – und jeder weiß, was tatsächlich gemeint ist. Auch an Produkten, deren Duft an extreme Körpergerüche erinnert, wie Moschus, Zibet, Trüffel, Austern und Kaviar, konnte eine Karriere als Aphrodisiakum nicht vorübergehen. Daß sie selten und kostbar sind, prädestiniert sie zusätzlich als Objekte der Begierde.

Rar und teuer waren über Jahrhunderte exotische Gewürze, die auf den Fregatten der Venezianer und Portugiesen aus fernen

Ländern nach Europa gebracht wurden. Die Aura des Geheimnisvollen, Gefahrenumwitterten hat der Erotik noch nie geschadet. Ein zusätzlicher Anreiz der Gewürze war ihr Duft, ihre hitzefördernde Schärfe, der schnelle Herzschlag, den Übergenuß bewirkt. Und dazu noch die Phantasien aus Tausendundeiner Nacht, die im wichtigsten Sexualorgan, dem Gehirn, den richtigen Film ablaufen lassen. Manchmal genügt laut Legende aber auch ein Stück Brot als Instrument des Liebeszaubers, wenn ein verliebtes Mädchen den Teig gegen den heißen Körper preßt, ehe es ihn bäckt. Wahrscheinlich wirkt er nur, wenn die Geschichte mitgeliefert wird ... Magie, an die man glaubt, ist der wirksamste Teil eines Aphrodisiakums.

Das müssen die Nashörner Afrikas schmerzlich erfahren; ihr Horn gilt als unfehlbares Liebesmittel für Männer. Chemiker haben bei ihren Analysen nur Phosphor gefunden, aber wie bei Spargel und Rübe folgt die Funktion der Form. Inzwischen sägt man in den Wildreservaten Afrikas Nashörnern das begehrte Horn ab und rettet so ihr Leben. Im Zeitalter von Viagra wird man es ihnen sowieso belassen.

Verzauberung durch Wirklichkeitsverlust – die kann auch ein gutes Glas Wein oder Champagner bewirken. Wer sich allerdings seinen Partner allzu nachdrücklich schöntrinkt, kann erleben, was schon Shakespeare wußte: »Der Trunk treibt das Verlangen und vertreibt das Vollbringen.«

Bis in unser Jahrhundert haben Mädchen die Unfähigkeit von Männern, sie durch Charme herumzukriegen, mit schweren Vergiftungserscheinungen und sogar mit dem Tod bezahlt. Cantharidin, das Gift der »Spanischen Fliege« (in Wirklichkeit stammt es von einem Käfer) verursacht Krämpfe, Hitzegefühl, Nierenschäden und Erstickungsanfälle.

Nicht weniger gefährlich ist Kokain: das Gefühl des Abhebens ist kurz, die Abhängigkeit lang. Um die Jahrhundertwende war das noch so unbekannt, daß Sigmund Freud, der selbst mit Kokain experimentierte, das Gift als Stärkungsmittel empfahl.

Eigentlich kann alles, das man in der richtigen Gesellschaft und Verfassung konsumiert, entspannend und damit auch erotisch stimulierend wirken. Das kann ein liebevoll vorbereitetes und präsentiertes Essen genauso sein wie Musik, Düfte und die Vorstellung, daß etwas beglückend schön wird, wenn man es sich sehr wünscht. Ob man dazu Trüffel, Austern oder Kaviar ißt, spielt nicht die wichtigste Rolle.

Den Zauber, den man Spargeln nachsagt, sollte man im Frühling auf jeden Fall erproben. Wenn sie taufrisch von österreichischen Feldern kommen, muß man schon sehr verkrampft sein, um bei ihrem Genuß nicht in die allerbeste Stimmung zu geraten.

SPARGELGUPF

Für 4 Personen

1 kg weiße Spargel
1/4 Liter Weißwein
12 dag Butter
1 kleiner Becher Crème fraîche
etwas Zitronensaft
2 Eier
Salz
eine Prise Zucker
Pfeffer
Butter für die Formen

Spargel schälen, die Köpfe abschneiden, die Stangen in etwas mit Wasser verdünntem Wein mit Salz, Zucker und Butter bißfest kochen (ca. 15 Minuten). In den letzten Minuten die Köpfe beigeben. Die Stangen herausnehmen und im Mixer fein pürieren. Die Köpfe abtropfen lassen. Das Spargelpüree mit Eiern und Crème fraîche vermischen, mit etwas Zitronensaft, Salz, Pfeffer abschmecken. Die Formen mit flüssiger Butter ausschmieren. Die Spargelköpfe zuunterst einlegen, die Masse zu zwei Dritteln einfüllen. Mit Folie abdecken und in einer wassergefüllten Pfanne im Backrohr 30 Minuten garen. Auskühlen lassen, mit einem scharfen Messer seitlich lockern und stürzen. Eventuell mit Kräuterrahm servieren.

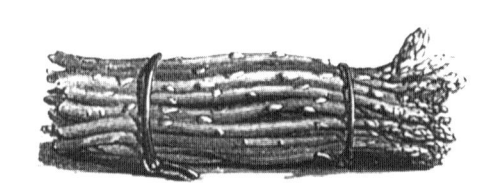

Matjes – der Mädchenhering

Mit leuchtenden Augen lud mich ein deutscher Kollege zu seinem Matjesfest ein. Ich zögerte ein bißchen. »Was ist los«, sagte er, »du bist doch sonst ein so großer Fischfan?«

»Fisch – ja!« sagte ich.

»Na, ist Matjes vielleicht kein Fisch?«

»Hering. Fett. Salzig«, knurrte ich. »Du wirst staunen«, sagte er mit missionarischem Blick. Um ehrlich zu sein, ich wollte nicht staunen, sondern mich drücken. Einen ganzen Abend lang Hering, dazu Bier und Schnaps – nein, danke!

Aber dann ging ich hin und staunte tatsächlich. Mein Kollege hatte holländische Freunde, die ihm eines der ersten Matjesfässer der Saison reservierten und auch noch persönlich anlieferten. Wahrscheinlich hat ihr Auto noch ein Jahr lang geschelt. Aber der Aufwand stand dafür.

Junger Matjes ist wirklich eine Delikatesse. Mild und mollig, in sanften Beige- und Silbertönen schimmernd, von angenehmer Konsistenz und durch verschiedene Verarbeitung und Beilagen variabler, als ich gedacht hätte. Die beiden Holländer, höchst vergnügliche Burschen, versorgten mich mit Informationen über den Fisch, der zwar ein Hering ist, in einem bestimmten Lebensabschnitt aber Matjes heißt.

Die holländischen Fischer holen den dreijährigen Matjes aus den Gewässern. Deutsche Fischer bevorzugen den vier- bis fünfjährigen Matjes. Entscheidend ist: er hat noch nicht gelaicht. *Maagdekens haring* nennen ihn die Holländer – Mädchenhering.

Am besten schmeckt er in der Zeit von Mai bis Ende Juli. Da wuchern die kleinen Meeresalgen auf den Planktonwiesen ganz üppig, und die vom Winter abgezehrten Heringe, die maximal vier Prozent Fett haben, fressen sich satt und rund. In kürzester Zeit haben sie 18–22 Prozent Fett. Mit dem Plankton nehmen die Fische wertvolle Nähr- und Aufbaustoffe auf. Matjes ist daher reich an Eiweiß, ungesättigten Fettsäuren, Mineralstoffen, Spurenelementen und Vitaminen.

Plankton gibt es in reichem Maß in der Nordsee und im Atlantik. Bei den Shetlandinseln ist einer der berühmtesten Fanggründe für holländischen Matjes. Klein und hellbraun sollte er sein, auf keinen Fall grau. In Holland gibt es eine sehr alte Tradition der Matjeszubereitung, die allen technischen Behelfen zum Trotz bis heute beibehalten wird. Bereits auf dem Schiff wird der Matjes ausgenommen. Mit der Hand, in einer überlieferten Schnittechnik rund um die Kiemen. (Es gibt auch Maschinen für diese Arbeit, aber die beste Matjesqualität ist immer handgeschnitten. Man erkennt sie an den ungeraden, fransigen Rändern. Maschinschnitt wird bei größeren, härteren Fischen angewandt. 800 bis 1000 Filets kann ein geübter Fischer in einer Stunde händisch schneiden.) Dann werden die Eingeweide, mit Ausnahme der Bauchspeicheldrüse, entfernt – diese ist ein wichtiges Hilfsmittel beim nun folgenden Reifeprozeß. Der Fisch ist noch immer auf dem Fangboot, wenn er in die Fässer mit Salzlake kommt, in der er drei bis vier Tage bleibt. Es wird kein Meersalz, sondern Salinensalz verwendet, weil es milder ist. Und je edler der Matjes, desto geringer der Salzgehalt – maximal vier Prozent.

An Land wird der Matjes schockgefrostet, um mögliche Parasiten zu töten. Nach dem Auftauen kommt er noch einmal in Salzlauge, und nach spätestens vier Tagen ist er eßbereit.

Die holländische Königin bekommt das erste Faß. Die beiden nächsten werden mit großem Wirbel versteigert. Einmal wurden schon über zwei Millionen Schilling dafür erzielt, pro Matjesfilet fast zweieinhalbtausend Schilling! Der Reinerlös kommt einer wohltätigen Stiftung zugute.

Nach soviel Theorie zeigten mir die beiden Holländer, wie man Matjes zünftig ißt: Man packt das geputzte, entgrätete Filet, das noch an den Schwanzflossen zusammenhängt, hebt es hoch und läßt es langsam in der Mundhöhle verschwinden. Und während wir uns nun dem Matjesbuffet meines Kollegen widmeten, erzählten mir die beiden Holländer, was für ein Volksfest der Flaggetsjesdag in Scheveningen ist, wenn die Matjes-Saison beginnt. Da kommen die beflaggten Schiffe in den Hafen, Musik spielt, Kinder tanzen. Und an den Verkaufsständen werden Matjes, Bier und Genever angeboten, aber auch französischer Wein, Baguettes, Schwarzbrot und süße Rosinensemmeln, die man mit Matjes und Zwiebeln ißt.

Das Buffet meines Kollegen war mit klassischen und exotischen Matjesgerichten bestückt. Wir kosteten uns durch Matjes auf Hausfrauenart mit Apfel und Zwiebeln in Rahmsauce und Matjes in Portwein-Marinade durch, versuchten Matjessalat mit roten Rüben, aber die interessantesten Variationen waren in der exotischen Abteilung zu finden: Matjes mit Papaya, Ananas, Curry und Sojasprossen. Wichtig ist die Reife der exotischen Früchte, deren Aroma einen pikanten Kontrast zum mildsalzigen Fisch bildet. Sehr angenehm schmeckt Matjessalat auch mit Kapern und Zwiebeln oder mit Mangochutney auf Orangenscheiben. Eine schnelle, gute Sache ist Matjes-Tatar. Dafür hackt man die Filets, mischt sie mit jungen Zwiebeln, grünem Pfeffer und Schnittlauch und streicht sie auf gebuttertes Vollkornbrot. Eine köstliche Ergänzung zu Matjes sind heurige Erdäpfel und Fisolen mit knusprig gebratenem Schinkenspeck. Aber das ist schon eine komplette Mahlzeit. Ich staunte, wie vielseitig Matjes zu verwenden ist. Jeder hat so seine blinden Flecken in der kulinarischen Geographie. Und meine Blickrichtung geht am liebsten in Richtung Mittelmeer. Aber nichts soll einen daran hindern, über Nacht klüger zu werden. Noch dazu, wenn ein Gaumengenuß mit einer Menge neuer Erkenntnisse verbunden ist. Schließlich ist der Hering ein mindestens so gefragtes Tier wie der Lachs, den es kaum noch in seiner Wildform gibt. Um den Hering entbrennen heute Wirtschaftskriege. Er ist der am häufigsten vorkommende Fisch europäischer Küstengewässer, aber auch der am meisten gefangene.

Unsere Breiten erreicht er meist geräuchert als Bückling, als Salzhering, Rollmops oder in Konservendosen in verschiedenen Saucen. Grüne Heringe sind in Österreich Exoten, und man muß schon ziemlich unempfindlich sein, um sie gebraten zu schätzen. Sie schmecken zwar gut, aber sie stinken zum Himmel. Da lob ich mir den Matjes, der zart nach Meer duftet und nach all den köstlichen Gewürzen und Früchten, mit denen er sich so gut verbindet.

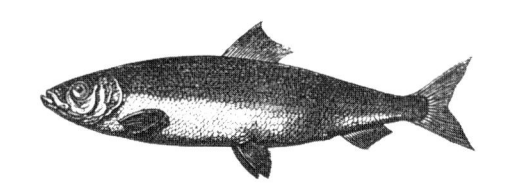

MATJESSALAT MIT FRÜCHTEN

Für 8 Personen

6 Matjesdoppelfilets
$1/2$ Becher Yoghurt (3,5 %)
$1/2$ Becher Sauerrahm
4 junge Zwiebeln
$1/4$ kg Sojasprossen
2 Papayas
1 tropische Ananas
2 ungespritzte Zitronen
1 kleine Pfefferonischote
1 Dotter
$1/8$ Liter Öl
3 Eßlöffel Currypulver
1 Eßlöffel Sojasauce
Salz

Die Matjesfilets in Würfel schneiden. Die Sojasprossen in kochendem Salzwasser kurz blanchieren und abtropfen. Die Frühlingszwiebeln putzen und schneiden. Die Ananas schälen, den Strunk entfernen, das Fruchtfleisch würfeln. Papayas schälen, entkernen und in Scheiben schneiden. Die Zitronenschale abreiben, mit etwas Saft vermischt über die Papayas gießen. Pfefferoni teilen, Kerne herausputzen und fein schneiden. Aus Dotter und Öl eine Mayonnaise rühren, mit Yoghurt und Rahm mischen, Curry und Sojasauce beigeben. Alles mit den vorbereiteten Früchten, dem Gemüse (ohne Pfefferoni) und dem Fisch mischen. Vorsichtig mit Salz, Zitronensaft und Pfefferoni abschmecken. Im Kühlschrank eine Stunde ziehen lassen, aber nicht eiskalt servieren. Matjes entfaltet sonst nicht seinen typischen Geschmack.

Hunger auf Salat

Wer sagt da noch, daß etwas, das einem guttut, entweder unmoralisch ist oder dick macht? Gibt es etwas, das kulinarisch korrekter und Schlankheit bewahrender wäre als Salat? Ich bin gerade mit ungeheurem Salathunger vom Heilfasten bei Willi Dungl zurückgekehrt. Acht Tage gibt es da nur Wasser, Tee, klare Gemüsesuppe, ganz wenig Obstsaft und sehr viel Karlsbader Salz. Und nachher, wenn man sich vorsichtig wieder an feste Kost annähert, schwelgt man vor jedem Gericht in köstlichsten Salaten. Was mir an gesunder Kost am besten gefällt, ist ihre Überschneidung von Bewährtem mit der Gourmetküche. Auch in Frankreich oder Italien ißt man den Salat vor der Hauptspeise und genießt eine Mischung milder und zartbitterer Blätter mit Kräutern in sanften Marinaden. Ärzte und Ernährungswissenschafter wissen längst, wie gesund die Mittelmeerküche ist, die Salat, Gemüse und Fisch bevorzugt und bei Fleisch und festen Fetten zurückhaltend bleibt. Und ein Glas guten Weins ist auch erlaubt.

Der Trick dabei: mit einem Teller Salat stillt man den ersten Hunger auf sehr bekömmliche und nicht belastende Weise. Wobei die rohen Salate mittags und die gekochten abends gegessen werden. Als bewußter Genießer geht man mit einer Zutat eher sparsam um, die dem Salat den Namen gab: Salz. Salat – das heißt eigentlich: das Gesalzene. Wie wenig man salzen muß, erlebt man, wenn man Kräuter verwendet. Schnittlauch oder Kresse, Basilikum oder Estragon, Kerbel, Korianderblätter, Pimpinelle und ein Hauch Knoblauch geben dem Salat soviel Aroma, daß man mit erstaunlich wenig Salz auskommt. Der Blutdruck läßt danken. Noch vor ein paar Jahren bin ich immer voller Neid von ausländischen Märkten zurückgekommen – welche Vielfalt an Kräutern wurde einem in Frankreich, Italien, der Schweiz, aber auch in deutschen Großstädten angeboten! Inzwischen haben auch die österreichischen Gemüsegärtner diese Marktnische entdeckt. Fast das ganze Jahr über bekommt man meine Lieblingskräuter – Basilikum, Kresse in verschiedensten Variationen, Thymian und Oregano, Zitronenmelisse, Salbei und Minze. Viele dieser Kräuter sind sehr anspruchslos und gedeihen sogar in einem Kistl am Fensterbrett. Bei mir auf der Terrasse hat sich ein Rosmarinstöckerl zu einem kleinen Strauch ausgewachsen. Und der Schnittlauch wächst unermüdlich jedes Jahr wieder.

Daß die besten Salatrezepte rund ums Mittelmeer entstanden, hat natürlich damit zu tun, daß hier Zitronen, Oliven und Wein gedeihen und seit jeher für die richtige

Säuerung und Salbung des Salats sorgen. Essig und Öl würzten schon die Gerichte der Babylonier. König Nebukadnezar, von dem der Prophet Daniel im 7. Jahrhundert vor Christus sagte, er esse Gras wie ein Ochse, wird seinen Salat sicher mit Essig und Öl gemischt haben.

Eine der ältesten Salatpflanzen ist der Häuptelsalat, eine Lattichart, die aus den Steppen Indiens und Nordafrikas nach Europa kam. Es ist ratsam, auf den Häuptelsalat zu warten, bis er aus der Freilandhaltung kommt. Der Glashaussalat enthält wesentlich mehr Nitrat. Außerdem hat die Freilandware festere Herzen.

Diese Grundform des Blattsalats hat viele attraktive Verwandte, die wir zum Teil erst in den letzten Jahren kennenlernten. Ein alter Bekannter ist der Bummerlsalat, mit seinen festen Köpfen und den eng übereinanderwachsenden reschen Blättern. Hier wäre eine Rettungsaktion für das schöne Wort »resch« fällig, das fast vollständig dem hantigen »knackig« gewichen ist. Ich weiß, ich weiß – im Fernsehen heißt es immer knackig, ob beim Salat oder bei Hinterteilen. Ich bin für resch, weil ich auch viel Sympathie für die »reschen Godeln« habe, die keineswegs mit »knackigen Taufpatinnen« zu übersetzen sind und die in ihrer Ausformung als Naschmarkt-Sopherl das Einkaufen zu einem so großen Vergnügen machen.

Zurück zum reschen Bummerlsalat, der ebenso wie der Häuptelsalat eine Reihe fescher Kinder hat: den fleischigen, ins Rötliche spielenden Bataviasalat oder den reschen, leicht süßlichen Krautsalat. Den Bummerlsalat gibt es nicht nur in hellgrün, sondern auch in rötlichen Nuancen.

Weil offenbar auch Salate mit der Mode gehen, sind in den letzten Jahren viele dieser rotbraunen Sorten auf den Markt gekommen: der dunkelrote, gekräuselte Lollo Rosso (es gibt auch eine gelbgrüne Version), der Eichblattsalat, die aus der Zichorienfamilie stammende Rote Endivie und der vielseitige Radicchio. Liebhaber der italienischen Küche haben die kompakten Radicchioköpfe im Land um Treviso kennengelernt. Dort gedeiht auch eine längliche, weißrippige Sorte; rund um Verona gibt es dunkelroten Radicchio, und die gängigste Sorte, die auch bei uns gedeiht, kommt aus Chioggia bei Venedig. Zwischen Treviso und Castelfranco im Veneto ist das Herz der Radicchiokultur. Hier bekommt man die eßbaren Rosen auch gegrillt oder gedünstet als Beilage zum Fleisch oder als Geschmacksgeber für Grappa.

Wer gern bittere Salate ißt – sie sind übrigens eine wunderbare Verdauungshilfe –, schneidet einen Teil der Wurzel mit in den Salat. Oder mischt Radicchio mit der nussig-bitteren Rucola, einem Kohlgewächs, das auf deutsch Rauke heißt. Ihre Blätter haben Ähnlichkeit mit dem Löwenzahn, schmecken aber viel intensiver. Ich esse Rucola auch gerne pur, was nicht jedermanns Sache ist. Aber ihre feurige Bitterkeit ist eine Soforthilfe, wenn es einem wieder einmal zu gut geschmeckt hat.

Zu den bekömmlichen Bitterlingen gehört auch der Chicorée, ein lichtscheues Gewächs, das seine Entdeckung einem Zufall verdankt. Die Zichorienwurzel war eines der ersten und wichtigsten Surrogate für Kaffee. Belgische Bauern entdeckten vor rund hundert Jahren, daß die Zichorienwurzel im Winter im Keller zu sprießen beginnt. Das Produkt ist der weiße, längliche Chicorée mit den hellgelben Spitzen. Chicorée ist heute ein wichtiger Exportartikel Belgiens, wird aber auch in anderen Ländern gezogen. Dafür werden die Chicoréerüben im Herbst gerodet, die Blätter geschnitten. Die Rüben kommen dicht an dicht in Treibkisten mit sauerstoffangereichertem Wasser. In völliger Dunkelheit entwickeln sich ihre Sprossen, die vor Licht geschützt werden müssen, sonst werden sie grün und unangenehm bitter. Blaues Papier schützt sie auf dem Transport vor Licht.

Welche Fülle, welcher Überfluß an Salaten – der Gras essende Nebukadnezar hätte uns beneidet.

Ein Produkt, das unsere Märkte erst spät eroberte, ist feingekrauster Friséesalat. In kleinen Mengen wirkt er attraktiv. Viel davon mag ich nicht, weil er manchmal ziemlich drahtig schmeckt.

Salat kann man nicht nur aus Blättern, sondern aus Wurzeln, Früchten oder Sprossen machen. Garniert mit kleinen, feinen Stücken Meeresfrüchten, Fleisch oder Innereien wird er zur kompletten Vorspeise. Zum Drüberstreuen eignen sich Kürbiskerne, Sesam, Nüsse oder mit etwas Knoblauch in Butter geröstete Brotwürfel bestens.

Wie wertvoll Gemüsesorten sind, die wir auch gerne im Salat essen, hat eine wissenschaftliche Studie ergeben: Broccoli wirkt krebshemmend. Karotten stärken das Immunsystem. Paradeiser reduzieren krebserregende Nitrosamine, die sich zum Beispiel nach dem Genuß von Gegrilltem entwickeln. Rohes Gemüse senkt den Cholesterinspiegel, stabilisiert den Blutzucker, schützt vor Gallensteinen. Und wenn man den Salat auch noch mit Zitrone mariniert, tut man zusätzlich etwas gegen Krebs, vor allem gegen Speiseröhrenkrebs. Einmal am Tag Salat, aus den Gemüsesorten der Saison – das ist eine äußerst lustvolle Spielart des gesunden Lebens.

Wie man die herrlich gemischten Salate macht, die uns allen in Italien so gut schmecken, hat mir meine Freundin Letizia verraten.

Trick 1: Die geputzten, gewaschenen und gut abgetropften Zutaten zuerst mit Öl durchmischen.

Trick 2: Zitronensaft oder Essig (mit einem Spritzer Balsamico) mit der nötigen Menge Salz vermischen. Das Salz löst sich so besser. Diese Mischung knapp vor dem Servieren über den Salat geben, da die Säure die Blätter schnell unansehnlich macht.

Trick 3: In Salaten mit stark aromatischen Bestandteilen wie Paprika oder Paradeiser macht sich eine gehackte Sardelle gut in der Salatsauce.

Gemischter Salat à la Letizia

Für 4 Personen

1 kleine Fenchelknolle
2 Frühlingszwiebeln
2 mittlere Paradeiser
(oder 6 Cherryparadeiser)
$1/2$ gelber Paprika
gemischte Blattsalate wie
Rucola, Endivie,
Häuptelsalat oder Bummerl
(die Hälfte davon mild, die Hälfte bitter)
etwa 2 Hände voll
1 Artischocke (oder 2
Artischockenherzen aus dem Glas)
$1/2$ Eßlöffel Zitronensaft oder
Weinessig und ein Teelöffel Balsamico
2 Eßlöffel Olio Vergine
Salz
eventuell eine gehackte Sardelle

Die Fenchelknolle putzen, fein schneiden, kurz blanchieren und mit Küchenkrepp trocknen. Die Frühlingszwiebeln putzen und in Ringe schneiden. Den Paprika putzen, halbieren, in kleine Stücke schneiden und kurz braten, mit Küchenkrepp trocknen. Die Blattsalate putzen, waschen, trocknen, zerkleinern. Die Artischocke putzen, den Stiel abbrechen, die harten Außenblätter weggeben, die Innenblätter stutzen, das Heu herauskratzen. Die eßbaren Teile (Boden und weiche Innenblätter) kurz in Zitronenwasser blanchieren, trocknen, in Streifen schneiden. Die Paradeiser waschen, trocknen, schneiden. In einer großen Schüssel das Öl mit der gehackten Sardelle mischen, die festeren Bestandteile des Salats zuerst hineingeben, dann die Blattsalate, zuletzt die Paradeiser. Zitrone oder Essig mit Salz mischen und zuletzt darübergeben. Letizia gibt keine Kräuter dazu, ich schon: etwas Schnittlauch oder Basilikum.
Mit Knoblauchtoast zusammen ist dieser Salat ein herrliches Mittagessen an heißen Tagen.

Genießen im Grünen

Das Zauberwort wirkt nun schon in der vierten Generation. Es entfacht das Behagen an schöner Natur und gutem Essen, an gemeinsamer Gaumenlust und schürt den kollektiven Ärger über Gelsen und Ameisen. Das Zauberwort heißt bei uns »Picklnickl«. Aufgebracht hat dieses Wort meine Mutter, von der ich es aufgeschnappt und an Kinder und Enkel weitergegeben habe.

Picknick ist Sommerfrischevergnügen pur, und kein lästiges Insekt kann es uns vermiesen.

Die ersten Picknicks meiner Kindheit kamen aus dem Rucksack. Meine Eltern waren sportlich und wanderlustig, und ich marschierte von klein auf mit ihnen mit. Nicht immer sehr begeistert, die bewußte Freude an Bewegung und die Lust am Naturgenuß kamen erst später. Aber wenn mein Vater den graugrünen Rucksack abnahm und meine Mutter die perforierte Alu-Proviantdose und die filzüberzogene Teeflasche herausholte, dann war ich glücklich. Dann gab es kaltes Schnitzel oder Fleischlaberln, Radieschen oder Gurkerln und saftigen Kuchen. Ich erinnere mich heute noch an den Zitronenteegeschmack, der sich mit dem leisen Metallgeruch der Flasche mischte.

Ich glaube, meine Eltern haben mich - wie den Esel mit der Karotte vor der Nase - mit dem »Picklnickl« zum Wandern gebracht. Und gut war es - ich wandere immer noch gern. Und eine kulinarische Rast genieße ich heute wie damals. Mit meinen Kindern habe ich in den Ferien höchst vergnügliche Picknicks inszeniert. Mit einem kleinen, transportablen Grill, der im Auto nicht viel Platz einnahm, und einer Kühltasche voll Würstel oder Cevapcici, mit Folienerdäpfeln und Salat.

Der größte Erfolg dieser improvisierten Grillfeste am Ufer der Thaya oder der Agäis war es, wenn wir uns von den Früchten von Feld, Wald und Wasser ernähren konnten. Nicht vollständig, aber zusätzlich. Eine dalmatinische Bäuerin, die uns lachend dabei zuschaute, wie wir einen von ihrem Feld gestohlenen Kukuruz zu grillen versuchten, verriet uns, wie man das richtig macht: die Deckblätter dranlassen, den Kolben kochen, Öl oder Butter daraufgeben, die Blätter darüberlegen und 10-15 Minuten von allen Seiten grillen. Das nächste Mal haben wir den Kukuruz nach diesem Tip zubreitet.

Eine Riesenhetz für Kinder sind gegrillte Fleisch-Gemüsespieße, für die man weder Teller noch Besteck braucht, weil man sie gleich vom Spieß herunter ißt. Aber Vorsicht: die Spieße werden teuflisch heiß.

Picknicks sind völlig ortsunabhängig. Wir

haben schon am Parkplatz des Flughafens Schwechat eines veranstaltet, mit Sandwiches und Sekt aus dem Papierbecher, am Autodach, als mein Ältester aus England kam, nur die schmutzige Wäsche abgab, die Bergsachen übernahm und gleich weiterzog. Neugierige Parknachbarn feierten ein bißchen mit, und dann ging jeder seiner Wege - beschwingt, freundlich gestimmt und voll Tatendrang.

Besonders genußvoll sind unsere improvisierten Imbisse auf der Terrasse eines Waldviertler Schlosses, das seinen Gästen sympathischerweise einen Kühlschrank zur Verfügung stellt. Dort werden Säfte, Wasser und der Wein temperiert, den ich mir entweder von Weinviertler Bauern oder aus dem Ursin-Haus in Langenlois hole. Diese Vinothek hat mit ihrer Riesenauswahl viel zu unserer praktischen Kenntnis der Kamptaler Weine beigetragen.

Vom Bauernmarkt in Retz holen wir Hauswürstel und Landschinken, Bio-Paradeiser, Schafkäse und Dinkelbrot mit wunderbar rescher Kruste. Und der Wurzi aus Untermixnitz, jener aus nördlichen Gestaden angeschwemmte Seebär, der nahe Pulkau die herrlichsten Kräuter zieht, liefert uns mit seinen aromatischen Essenzen und Senfsorten das »Überdrüber« für Salate. Und wenn alles beisammen ist, tragen wir einen wackeligen Flechttisch und ein paar Biedermeiersessel auf die Terrasse, breiten das mitgebrachte Paisley-Tischtuch aus, und dann kann das Picknick beginnen. Kinder sind dabei die allerwichtigsten Teilnehmer, denn kein Erwachsener greift so begeistert und begeisternd zu, wie Knirpse und Halbwüchsige, die stundenlang im Wasser, auf Bäumen, auf Fußballplätzen oder auf Rädern und Skateboards unterwegs waren. Je mehr freundliche und hungrige Menschen mitmachen, desto besser. Stocherer haben dabei nichts verloren, die können wir nicht brauchen. Beim Picknick muß man zugreifen, ohne Fadesse und falsche Etikette.

Wir haben schon Boot-Picknicks am Weißensee gemacht und dabei übermütig die Weinflaschen hinter uns hergezogen. Leider hat sich eine, mit herrlichem Pinot Grigio aus dem Collio, selbständig gemacht. Vielleicht bereitet sie einem Taucher unerwartete Freude.

Den ersten Geburtstag eines meiner Enkel haben wir am Teich in Laxenburg gefeiert, mit Hendlpastete und Marillenkuchen. Wer edle Picknicks liebt, muß eben ein bißchen schleppen, will er nicht gleich neben dem Auto in die Wiese plumpsen. Wirklich lauschige Platzerln wollen erobert sein. Und falls nicht der Butler den silbernen Champagnerkühler, die Picknickkörbe mit Silberbesteck und edlem Porzellan und das Buffet heranschleppt, sollte man überlegen, was einem wirklich wichtig ist: die Hetz, die sich auch bei Plastikgeschirr entwickelt, oder die gewichtigen Finessen. Aber es gibt auch noch die dritte Möglichkeit: das Picknick vom Profi. Eine Reihe von Delikatessenfirmen rüsten wohlbestückte Picknickkörbe aus und geben auch noch Tips für gute Plätze. Die Villa Aurora am Wiener Wilhelminenberg schickt ihre Gäste mit Decken, Liegestühlen und Freßkörben in den idyllischen Garten. Auch Toni Mörwald, der vielseitige Gastronomieprofi, bereitet für seine Gäste im niederösterreichischen Schloß Grafenegg Proviant vom feinsten für ein individuelles Fest im Schloßpark vor.

Eigentlich schade, daß es gar nicht mehr üblich ist, mit dem eigenen Freßkorb zum Heurigen zu gehen. In größeren Runden konnte man sich da durch verschiedene Spezialitäten durchkosten. Ehrgeizige Köchinnen solcher Runden stachelten einander zu Höchstleistungen auf.

Ich kam einmal mit einer selbstgemachten Leberterrine mit Pestobrot. So viel, daß ich auch die netten Nachbarn vom Nebentisch mitfüttern konnte. Mir ist aber auch schon bei einem Spaziergang auf der Donauinsel von einer fröhlichen türkischen Runde ein Stück gegrilltes Lammfleisch mit Sesambrot und einem Glas Raki angeboten worden.

Damit ein Picknick ein Erfolg wird, sollte man ein paar praktische Dinge beachten: Wie groß ist die Motivation der Picknickgäste, schwere Kühltaschen, Getränke und Campingsessel zu tragen? Davon hängt die gute Stimmung ab. Lieber weniger und einfachere Dinge mitnehmen, als ein Fest mit Gemaule beginnen.

Ein Thermos mit Eiswürfeln hilft, die Getränke kühl zu halten.

Cremes mit Gelatine eignen sich für ein hochsommerliches Picknick nur, wenn es genug Kühlraum gibt; sonst wird alles weich und zerrinnt.

Reichlich Servietten mitnehmen, das ist für das improvisierte Essen wichtig und auch um schmutziges Geschirr provisorisch zu reinigen.

Unbedingt Plastiksäcke für Abfälle mitnehmen und entsprechend entsorgen.

Auf allzu süße Limonaden für Kinder verzichten: sie stillen den Durst nicht, und durstige Kinder werden leicht raunzig.

Größte Vorsicht mit Feuer. Im Hochsommer sind vor allem im mediterranen Raum, aber auch bei uns Wiesen und Wälder so ausgetrocknet, daß ein Funke genügt, um eine Katastrophe auszulösen.

Bälle, Spielzeug, Sportgeräte mitnehmen - Kinder und Erwachsene genießen ein Picknick viel mehr, wenn es auch Gelegenheit gibt, sich im Grünen auszutoben.

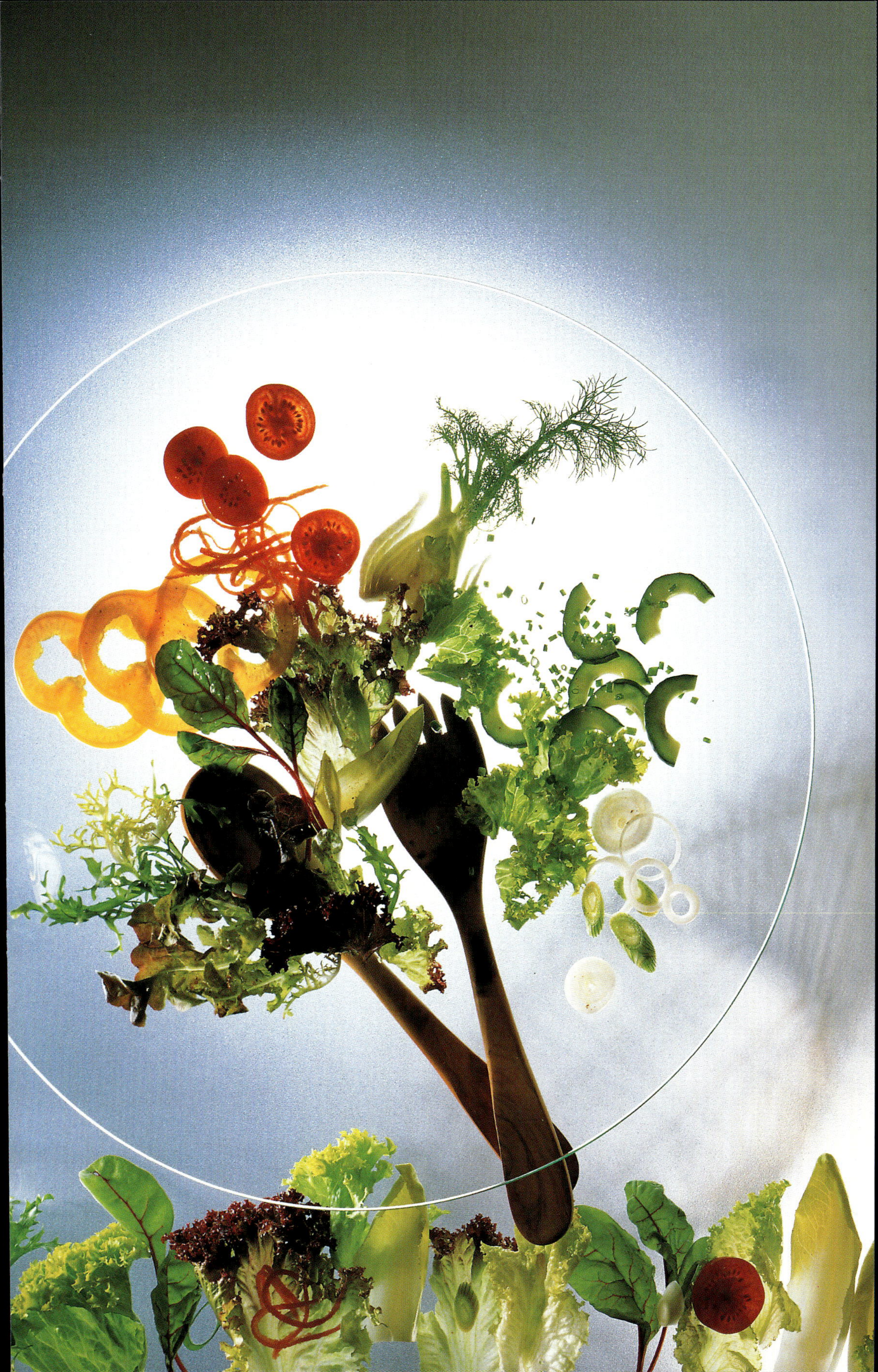

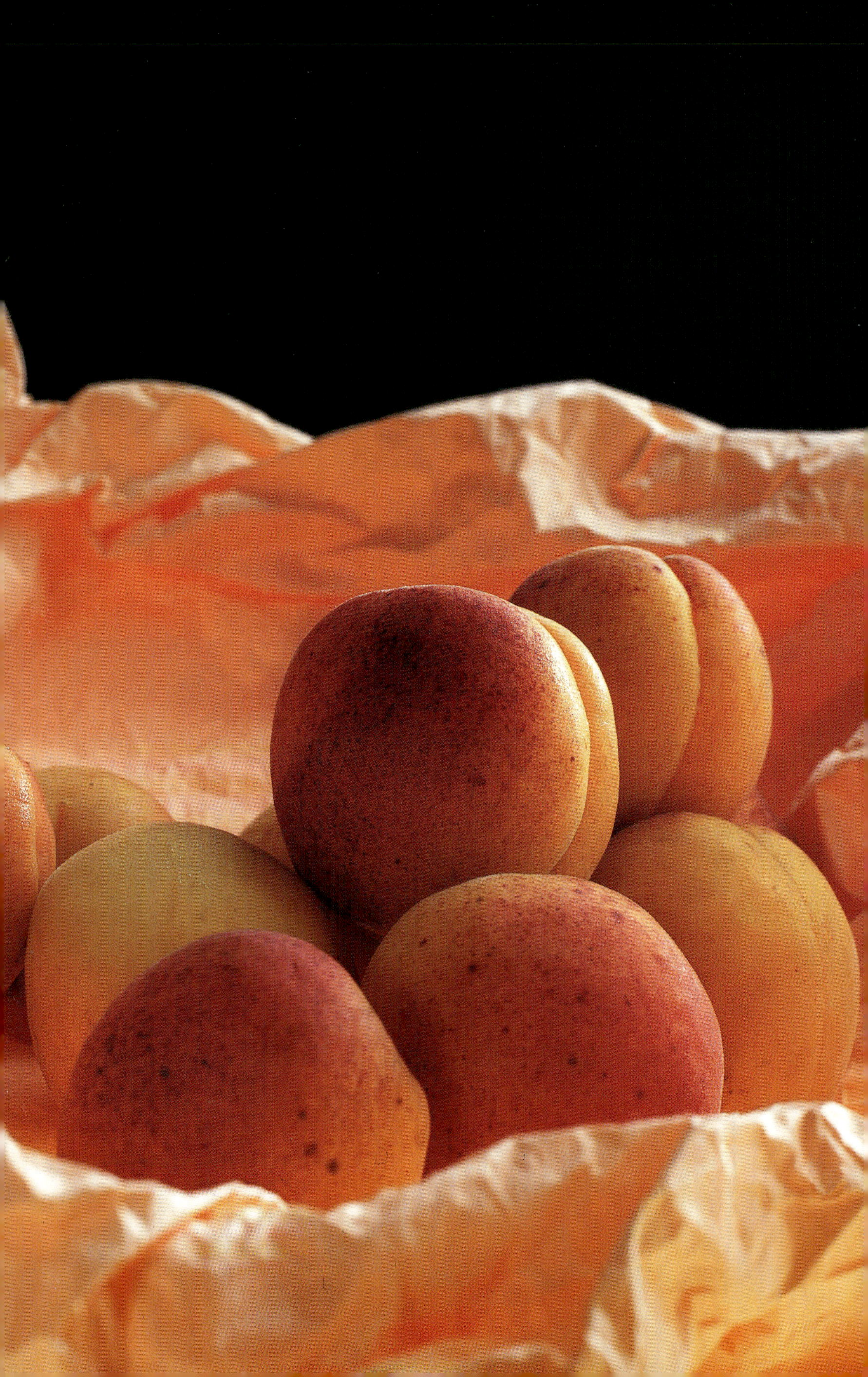

LEBERTERRINE MIT PESTOBROT

12 Portionen

Leberterrine:

1/2 kg Geflügelleber (feingehackt)
10 dag ganze Geflügelleber
1 mittlere Zwiebel
1 kleine Zehe Knoblauch
1/4 kg faschiertes Kalbfleisch
20 dag Speckstreifen
zum Auslegen der Form
15 dag durchzogener,
klein gehackter Speck
2 Stamperln Cognac
1 ungespritzte Orange
1 Ei
etwas Butter zum
Anrösten der Zwiebel
Salz, Pfeffer
Thymian

Die ganzen Geflügelleberstücke in Cognac einige Stunden marinieren. Zwiebel und Knoblauch fein hacken, in Butter anziehen lassen, Faschiertes, gehackte Leber, gehackten Speck und die Gewürze dazugeben. Die Orange abreiben, die Schale und den Cognac vom Marinieren daruntermischen. Die Terrinenform mit Speckstreifen auslegen, die halbe Fleischmasse einfüllen, die marinierte Leber darauflegen und mit der restlichen Masse bedecken. Im Wasserbad mit mittlerer Temperatur 90 Minuten zugedeckt garen. Eventuell mit Orangenscheiben garnieren.

PESTOBROT

Teig:

1/2 kg weißes Mehl
4 dag Germ
3 Dotter
10 dag Butter
1/4 Liter Milch
Prise Salz
Prise Zucker

Pesto:

2 Bund Basilikum
1 Bund Petersilie
2 Knoblauchzehen
6 dag gehackte Pinienkerne
1 Teelöffel Salz
1-2 Teelöffel Olivenöl
2 Teelöffel Parmesan (gerieben)

Die Germ mit etwas Milch verrühren, Salz, Zucker und etwas Mehl dazugeben und aufgehen lassen. Dann behutsam das restliche Mehl, die Dotter und die zerlassene Butter einrühren. Und soviel Milch, daß ein eher fester Teig entsteht. Aufgehen lassen. Zu einem Rechteck ausrollen. Den Pesto, für den alle Zutaten im Mixer püriert werden, so auf den Teig aufstreichen, daß ein 3 cm langer Rand freibleibt. Von der Längsseite aufrollen, etwas flachdrücken. Auf ein mit Backpapier ausgelegtes Blech legen. Kurz aufgehen lassen. Mit Milch bestreichen. Eine Schale Wasser dazustellen und bei 200 Grad 40-50 Minuten backen. Mit der Nadel prüfen, ob der Teig durch ist. Auskühlen lassen und aufschneiden.

Die Sonnen der Wachau: Marillen

Für mich ist die Wachau immer eine Landschaft voller Sonne – egal ob sie scheint oder nicht. Sonnen gehen in den schöngeschnitzten Toren auf, Strohsonnen schaukeln über den Heurigen, sonnengleiche Monstranzen strahlen auf den Türmen von Melk. Und im Juli hängen die Marillenbäume voller kleiner Sonnen und verstärken den südlichen Charme dieser Landschaft.

Vielleicht habe ich mir deshalb den goldenen Apfel der Hesperiden, mit dem die erste Schönheitskonkurrenz der Welt entschieden wurde, nie als harten Apfel, sondern als schmelzendsüße Marille vorgestellt. Mit ihrer sinnlich-sanften goldenen Haut würde sie gut in die Geschichte des schönen Hirten Paris passen, der die erlesene Frucht der Liebesgöttin Aphrodite gab und als Preis dafür die betörende Helena gewann. Leider hatte das verhängnisvolle Konsequenzen, denn Helena war verheiratet – Paris übrigens auch, aber darüber redete keiner. Die beiden flohen nach Troja, was zur Ursache eines schrecklichen Kriegs wurde. Vielleicht habe ich an die Marille gedacht, weil sie so gut zu den sinnlichen Figuren der griechischen Mythen paßt und weil der Apfel ohnehin schon als Frucht paradiesischer Verführung okkupiert ist.

Rein theoretisch hätte Paris an Aphrodite tatsächlich eine Marille übergeben können, denn die aus China stammende Frucht, die schließlich in Armenien heimisch wurde, kam mit den Phöniziern auch nach Griechenland. Und die Römer, die sie dort kennenlernten, pflanzten sie in ihrem Imperium, also auch an der Donau, an. Und dort gedeihen sie heute in solcher Perfektion, daß die Wachauer Marillen europaweit als Markenprodukt geschützt sind. Das Klima, das auch die besten Weißweine reifen läßt, gibt den Marillen pikante, ausgewogene Säure und zarte, nie aufdringliche Süße: die Temperaturschwankungen, die aus der Kühle des nahen Waldviertels und der flimmernden Hitze des pannonischen Klimas entstehen.

Die Primadonna unter den Früchten macht sich ziemlich rar. Heute werden von rund 500 Bauern etwa 1 Million Kilogramm Marillen geerntet. Früher waren es wesentlich mehr, die Gesamtfläche der Marillengärten ist um die Hälfte geschrumpft.

Zudem ist in jedem Frühling zu befürchten, daß die empfindlichen Blüten die letzten Nachtfröste nicht überstehen. Lange Zeit versuchte man, sie durch Räuchern zu schützen. Dafür wurde Öl in Fässern verbrannt, der fettige Ruß legte sich isolierend auf die Blüten. Heute berieselt man die Blüten bei Frostgefahr. Der Eismantel, der sich dann bildet, taut in der Sonne nur langsam auf, und das ist entscheidend, daß der Frost die Blüten nicht verbrennt.

Wenn die Wachauer Marillen reif sind, heißt es schnell zuzugreifen. Denn ein großer Teil der Ernte verschwindet in den Maischebehältern und später in den Brennkolben der Bauern – vergeistigt lassen sich die Marillen wesentlich ertragreicher vermarkten.

Aber zum Genuß gehört auch das Wissen um seine Vergänglichkeit. Frisch gibt es Wachauer Marillen eben nur von Mitte Juli bis Anfang August. Wer schon im Mai Marillen will, dem geschieht es recht, wenn die von ziemlich weit hergeholten Früchte grünlich und steinhart sind und den Biß und das Aroma ziemlich saurer Kohlrabi haben. Am besten schmecken sie natürlich frisch gepflückt – gibt es einen besseren Anlaß, als in der Marillenzeit in die Wachau zu fahren?

In Spitz an der Donau findet Ende Juli der traditionelle Marillenkirtag statt. 1951, als man damit anfing, sollte er den Umsatz der Wachauer Marillenbauern steigern. Heute muß man froh sein, wenn man eine Steige sonnenwarmer Marillen ergattert.

Beim Marillenkirtag rollen Hunderte Wachauerinnen stundenlang Marillenknödel. Auf die herrscht ein so gewaltiger Ansturm, daß ein eigener Knödelautomat für die Ausgabe geschaffen wurde. Man wirft eine Holzmünze ein und kriegt dafür zwei dampfende, goldbraun bebröselte Marillenknödel. In den drei Tagen werden zwischen 2000 und 3000 Stück verzehrt. Und auch Marillenkuchen, Marillenpalatschinken, Marillenstrudel, und dazu gibt es Marillenschaumwein, Marillenlikör, Marillenbrand. In den wunderschönen verwinkelten Gassen von Spitz, die sich den Kurven der Weinberge anpassen, vibriert die Festtagsstimmung. Sie wird auch von den großen Wachauwinzern angefacht. Deren Weine bekommt man oft nur mit großer Protektion. In Spitz werden die rarsten Smaragdweine glasweise ausgeschenkt. Unter dem Tausendeimerberg kann man verkosten, was diese Landschaft an Weinen hervorbringt.

Wird einem der Wirbel zuviel, kann man in stille, gastliche Heurige ausweichen und weitertesten, was sich alles aus Marillen zaubern läßt. Die Hauptorte des Marillenanbaus sind Krems, Mautern, Schwallenbach, Willendorf, Spitz, Arnsdorf und Rossatz. Die typische Sorte der Region wurde aus der Klosterneuburger Marille, der Schönen aus Mautern und der frühen Rosenmarille gekreuzt.

Zur Marmeladeherstellung sollten sie vollreif sein, dann brauchen sie nicht viel Zucker. Die Wirtin Helga Figl vom Förthof verriet mir, daß sie nur 30-40 dag Zucker auf ein Kilogramm reifer Marillen nimmt. Allerdings müssen die Gläser mit kochendem Wasser sterilisiert werden. Liesl Wagner-Bacher nimmt auf 3 Kilogramm Frucht 2 Kilogramm Zucker.

Bei den Marillenknödeln dominiert in der bäuerlichen Küche der Erdäpfelteig. Für feine Desserts bevorzugen viele Wachauer Köchinnen den zarteren Topfenteig. Liesl Wagner-Bacher rollt ihre Marillenknödel in karamelisierten Butterbröseln, in die sie Krokant mischt. Eine ihrer unwiderstehlichsten Mehlspeisen sind Marillentörtchen mit likörmarinierten Früchten (siehe Rezept S. 151).

In einem weiteren meiner Lieblingslokale in der Wachau, im Loibnerhof, gibt es das ganze Jahr über ein Marillenparfait, das lange Umwege wert ist. Aber auch an den vielen Heurigen geht die Marillenzeit nicht ungenützt vorbei. Da werden Marillenstrudel mit Topfenfülle oder Marillenkuchen angeboten. Und wer den Ehrgeiz der Wachauerinnen kennt, kulinarisch mit dem Weinstandard ihrer Männer mitzuhalten, kann sich auf fabelhafte Genüsse gefaßt machen. In Restaurants werden Marillen auch als pikante Zutat zu Fleisch und Geflügel gegeben.

Fast alle großen Winzer brennen Schnäpse, und das mit der gleichen Liebe und Sorgfalt, die sie ihren Weinen angedeihen lassen. Beim Jamek an der besonnten Hausmauer zu sitzen und nach einem Essen den Marillernen in den Solarplexus einsickern zu lassen oder unter den mediterranen Arkaden des Prandtauerhofs die opulente Wachauertorte mit einem Stamperl Marillenschnaps zu überhöhen - da werden auch hartgesottene Asketen weich und entwickeln so etwas wie kulinarischen Patriotismus. Und das Schöne dabei - es genügt ein kleiner Schluck, so betörend ist das Aroma des Wachauer Marillenbrands. Zum Nachschmecken kann man dann ja ein Flascherl mit nach Hause nehmen. Es steht dafür, Entdeckungsreisen auf den Spuren des Marillengeists zu unternehmen.

Ganz besonderen Schnaps brennt auch Gerhard Salomon aus Schwallenbach oder am rechten Donauufer Rudolf Hick in Oberarnsdorf. Im Geyerhof in Furth kann man fündig werden; und bei vielen weniger bekannten Winzern. Einfallsreiche Brenner kombinieren Marille und Promille und legen die goldenen Früchte in Schnaps ein. Auch Marillenmarmelade mit einem Schuß Marillenbrand hat ihre Meriten.

Eigentlich wunderbar, daß wir ein solches Schlaraffenland wie die Wachau besitzen.

Für mich ist das Einkochen von Marillenmarmelade mit einem reizvollen Kindheitserlebnis verbunden. Meine Mutter schöpfte mit einem kleinen Häferl den goldenen Schaum ab und gab ihn mir zum Kosten. Ich glaube, daß solche freundliche Küchenerlebnisse für Kinder sehr prägend sind und dazu beitragen, daß sie später gern kochen und ihre Freude wiederum mit ihren Kindern teilen.

MARILLENTÖRTCHEN
(REZEPT NACH LIESL WAGNER-BACHER)

Für 8 Personen

Mürbteig:

37,5 dag Mehl
22,5 dag Butter
3 Eßlöffel Staubzucker
1 Teelöffel Salz
etwas Milch

Topfenmasse:

25 dag Topfen
8 dag Butter
5 dag Staubzucker
5 dag Kristallzucker
3 Dotter, 3 Eiklar
Salz, Vanillezucker
geriebene Zitronenschale

Fülle:

8 reife Marillen
4 cl Marillenlikör
Staubzucker

Royal:

1/8 Liter Milch
1/8 Liter Obers
1/4 Liter Sauerrahm
4 Dotter
5 dag Zucker
Vanillezucker

Das Mehl auf die Arbeitsfläche sieben, eine Mulde machen, in die man die weiche Butter und die anderen Zutaten gibt, alles rasch zu einem Teig verarbeiten, zuletzt, je nach Festigkeit, die Milch dazugeben. Den fertigen Teig etwa 2 mm dünn ausrollen, flache Porzellanförmchen damit auslegen, bei etwa 170-180 Grad ca. 20 Minuten vorbacken. Aus der Form nehmen und auskühlen lassen.

Die Marillen halbieren, entkernen, mit Likör und Staubzucker marinieren. Für die Topfenmasse Butter mit Staubzucker gut abtreiben, die drei Dotter einrühren, Salz, Vanillezucker und abgeriebene Zitronenschalen beigeben und den Topfen vorsichtig unterheben. Eiklar und Kristallzucker zu Schnee schlagen und unter die Topfenmasse heben.

Für die Royal alle Zutaten gut verrühren.

In jede Mürbteigform legt man zwei Marillenhälften, überzieht die Früchte mit der Topfenmasse, bäckt sie ca. 10 Minuten halb an, gießt die Royal kreisförmig ein und bäckt die Törtchen bei 180-190 Grad fertig. Als Beilage kann man Haselnuß- und Mandeleis reichen.

Tip: Man kann auch eine größere Form (wie für Quiche Lorraine) nehmen und anstatt der Törtchen eine Torte machen.

Erfrischung in der Sauregurkenzeit

Das schönste von vielen schönen Picknicks erlebte ich vor Jahren in der römischen Campagna. Freunde hatten mich zu einem Glas Wein eingeladen – kredenzt wurde es vor einem Keller am Rande eines herrlich gelegenen Weingartens. In der Nähe gediehen auch pralle Melonen. Langsam wich die brütende Augusthitze der Kühle der beginnenden Dämmerung. Aus einem nahen Bauernhaus kam ein Mädchen mit Körben voll Brot, Schinken und Käse sowie Gläsern. Aus dem Keller wurden Flaschen mit kühlem Wein der Albanerberge geholt.

Einer meiner Freunde nahm ein Messer und schnitt aus einer der noch am Stengel hängenden Zuckermelonen ein Segment, schälte es, putzte die Kerne weg und reichte es mir mit Schinken, Brot und Pfeffer.

Bisher hatte ich Zuckermelonen nur als Dessert gekannt. Zögernd probierte ich die Aromen der süßen, saftigen Frucht und des rauchigen Rohschinkens zusammen. Seitdem gibt es für mich kein köstlicheres Hochsommeressen. Zu meiner Überraschung blieb die Melone bis zur letzten Schnitte herrlich kühl. Meine Freunde behaupteten, man dürfe den Stengel nicht abschneiden, dann behielte die Melone ihre angenehme Temperatur. Ob es wahr ist, weiß ich nicht. Leider waren die Melonen, die ich seitdem esse, immer schon abgeschnitten und mußten gekühlt werden.

Melonen gehören zu den vielen wasserhaltigen Früchten, die die Hochsommerhitze erträglich machen. Ob pur, gemeinsam mit anderen Früchten, vielleicht mit Sherry oder Ingwer gewürzt – immer suggerieren sie Kühle, angenehme Erfrischung. Im Süden werden die Wassermelonen, zu Bergen gehäuft, am Straßenrand angeboten. Außer Frische haben sie nicht viel an Geschmack anzubieten, aber der starke Grün-Rot-Kontrast ist ein Fest für die Augen. Zuckermelonen sind aromatischer und differenzierter. Die bekannteste ist die gerippte Cantaloupe-Melone. Sie hat ihren Namen vom päpstlichen Schloß Cantalupo bei Ancona, wo sie besonders üppig gediehen. Später, als die Päpste in Avignon residierten, brachten sie auch ihre Lieblingsmelone mit, und diese erhielt ihren französischen Namen, unter dem sie heute bekannt ist: Cantaloupe. Wie von einem feinen beigen Netz überzogen sind die grünen Netzmelonen, die besonders zuckerreich sind. Ihr zartes Aroma hält allzulanger Kühlung nicht stand. Die ovale Honigmelone ist außen gelb, zart gerippt und innen grün. Die aus Israel stammende Ogenmelone – ihren Namen hat sie von einem Kibbutz – ist rund, grün gesprenkelt, mit grünem, sehr saftigem und süßem Fruchtfleisch.

Entfernte Verwandte der Melone sind Gurken, Zucchini, Kürbisse. Auch sie bestehen fast zu 90 Prozent aus Wasser, was sie für die Hundstage sehr empfehlenswert macht. Daß diese Zeit auch Sauregurkenzeit heißt, hat mit der Gurkenreife im August zu tun. Daß sich im Hochsommer politisch nichts abspielt, was von der Gurkenernte ablenken könnte, ist leider Vergangenheit. Die mediale Vernetzung sorgt schon dafür, daß keine politische Krise verborgen bleibt.

In meiner Kindheit wurde die Sauregurkenzeit genützt, um herrlich pikante Senfgurken einzulegen, die faderen Gerichten, wie dem Restelessen Grenadiermarsch (aus Erdäpfeln, Knödeln, Nudeln, Fleischresten), Würze geben. Seit meiner Kindheit habe ich auch süß-saures Kürbiskompott nicht mehr gegessen; es war mit Nelken und Zimt aromatisiert. Wer weiß, ob es mir heute noch schmecken würde – manche Gerichte überleben am besten in der Erinnerung.

Bei meinen Kindern heißt Tsatsiki (geraspelte, ausgedrückte Gurken mit Yoghurt und Knoblauch) »Gurkenkompott«. Es ist eine herrliche Erfrischung an heißen Tagen – als Vorspeise oder zu Fisch bzw. Fleisch. Dank der Küchenmaschine ist Tsatsiki denkbar einfach herzustellen. Ich streue gerne Kräuter darüber – Schnittlauch oder Dille, auch Basilikum paßt. »Saure Gurken sind auch ein Kompott«, ist ein altes wienerisches Sprichwort. Bei uns ist das »Gurkenkompott« allerdings aus rohen Gurken.

Eigentlich sind sie Exoten – Gurken kamen vor 3000 Jahren aus Ostindien nach Kleinasien, von dort nach Griechenland und Rom. Besondere Beliebtheit gewannen sie im slawischen Siedlungsbereich. Die berühmten Znaimer Gurken waren eine Spezialität der Monarchie. Österreich hat die slawische Gurkenkultur übernommen. Dafür sind Zucchini relativ spät in unsere Breiten vorgedrungen.

In Italien und Frankreich waren sie längst Bestandteil der Alltagsküche. Das schlanke, gurkenähnliche Gemüse gehört in den südfranzösischen Gemüsetopf Ratatouille. In Italien füllt man Zucchini gern mit Fleischfarce oder einer Mischung aus Mozzarella und Sardellen. Auch die Zucchiniblüten werden gegessen – in Weinteig herausgebacken. Eine italienische Freundin füllt das zarte Gebilde noch zusätzlich mit Fleischfarce. Ungefüllt kommt allerdings das zarte Aroma besser zur Geltung. Italienische Köchinnen verstehen es meisterhaft, mit Gemüse umzugehen. Dabei kokettieren sie gerne mit fingierter Opulenz. So nennen sie ein Gericht zum Beispiel Zucchini trifolati – getrüffelte Zucchini. Trüffel gibt es dabei allerdings nicht, nur Petersilie und Knoblauch, die ihr Aroma andeuten.

Mich erinnert das an die ironischen Bezeichnungen der Altwiener Küche: Ein »Ungarisches Rebhendl« war zum Beispiel Sulz in Essig und Öl.

Am Ende des Sommers brütet die Sonne gewaltige Früchte aus: Kürbisse sind die imposantesten Mitglieder der Gurkenfamilie. Im Burgenland heißen sie Plutzer. Ihre Form inspirierte die Töpfer zu bauchigen Krügen. Beim Kürbis scheiden sich die Geister. Ich kenne einige, die sich weigern, ihn zu essen. »Saufutter« ist er für sie. Mir schmeckt er. Gut papriziertes Kürbiskraut mit einem Löffel Rahm zum Tafelspitz – da greife ich gerne zu. In der Emilia-Romagna habe ich Kürbis, pikant abgeschmeckt, als Fülle von Ravioli gegessen.

Daß es auch Kürbisspaghetti gibt, verdanken wir amerikanischen Züchtern. Sie haben einen Kürbis entwickelt, den man mit der Schale kocht. Wenn man ihn öffnet, löst sich das Fleisch in spaghettiartigen Fäden und kann mit Tomatensugo serviert werden.

Kürbisse haben viele verschiedene Formen. Aus Südostasien stammt der eigenartig zusammengeringelte Schlangenkürbis. Er wird noch unreif geerntet, solange seine Schale dünn ist, in Scheiben geschnitten, gedünstet und zum Fleisch serviert. Den taillierten Butternußkürbis kann man auch unreif ernten und verkochen. Im Spätherbst wird seine Schale rissig, aus dem reifen Inhalt macht man Suppen, Kompott, süß-saure Pickles. In flammendem Orange trumpft der Gelbe Zentner auf, ein Sommerkürbis, dessen attraktive Schale auch dazu dienen kann, die aus dem Fruchtfleisch zubereitete Suppe zu servieren.

Im Herbst leuchten in der Südsteiermark und nun auch im Weinviertel die malerischen Ölkürbisse auf den Feldern auf. Man verwendet nur ihre Kerne für das Kürbiskernöl. Man löst die Kerne noch auf den Feldern aus, die leeren Früchte verrotten im Winter auf dem Acker. Das Besondere des steirischen Ölkürbisses ist seine weiche Samenschale. Die Kerne werden getrocknet, fein gemahlen und geröstet, und aus ihnen wird das grünliche aromatische Kernöl gepreßt. Etwa $2^1/_2$ Kilogramm Kerne ergeben einen Liter Öl. Früher hieß es »Arme-Leut-Fett«, heute ist es Bestandteil der anspruchsvollen Küche. Kürbiskernöl mit seinem nussigen Geschmack veredelt Gemüse- und Fleischsalate oder Eierspeise.

ZUCCHINI MIT THUNFISCHFÜLLE

Für 4 Personen (als Hauptspeise)

4 frische, mittelgroße,
nicht zu dünne Zucchini
2 Dosen Thunfisch (je 20 dag)
2 Eier
2 Eßlöffel geriebener Parmesan
Salz, Pfeffer, Muskatnuß
Butter für die Form

Die Zucchini im ganzen fünf Minuten in Salzwasser kochen. Herausnehmen, trockentupfen, die Kappen wegschneiden und längs halbieren. Das Innere mit einem Löffel herauskratzen, die Zucchini salzen und umgedreht auf Küchenkrepp abtropfen lassen. Den Thunfisch (ohne Öl) zerkleinern, mit den Eiern, Parmesan und den Gewürzen vermischen. So viel feingehacktes Zucchinifleisch dazugeben, daß eine gut streichfähige Masse entsteht. Diese in die Zucchinihälften füllen und in einer gefetteten Form im Backrohr ca. 20 Minuten überbacken. Dazu passen Petersilerdäpfel und:

ITALIENISCHE PARADEISSAUCE

Für 4 Personen

1 kg reife Paradeiser oder zwei Dosen Pelati
1-2 Knoblauchzehen
1 mittlere Zwiebel
Olivenöl
Thymian und frisches Basilikum
Salz, Pfeffer

Zwiebel und Knoblauch in Öl anlaufen lassen, die gehäuteten und geschnittenen Paradeiser (oder Pelati) dazugeben, würzen (ohne frisches Basilikum), 20 Minuten kochen, Basilikum dazugeben. Eventuell noch glattmixen.

Auch darum in die Ferne schweifen ...

Wenn ein kleines grünes Marsmännchen aus seinem UFO klettern würde, um in Toronto oder Las Palmas, in Lissabon oder New York seinen Hunger zu stillen, würde es kaum um die Erkenntnis herumkommen, daß sich die Erdlinge hauptsächlich von einem Fladen mit buntem Belag ernähren, den man leicht mit seiner Pappendeckelunterlage verwechseln kann. Pizza, Pizza, Pizza – wohin das Auge schweift. Auch irdischen Urlaubern wird das nach Reisen bewußt.

Manchmal male ich mir aus, was passiert wäre, hätte sich ein cleverer Neapolitaner vor dreißig Jahren die Markenrechte für die süditalienische Arme-Leute-Kost sichern lassen. Nicht nur Neapel, ganz Italien, wenn nicht sogar Europa hätte er mit seinem Gewinn wahrscheinlich spielend sanieren und renovieren können.

Das Phänomen ist erstaunlich: Immer mehr Menschen reisen immer weiter, um andere Landschaften, andere Menschen, andere Lebensgewohnheiten kennenzulernen. Und gegessen wird wie in der Pizzeria ums Eck. Warum meiden Menschen, die den Mut haben, im Auto oder Flugzeug fremde Länder mit fremden Risiken anzusteuern, fremde Kost? Und warum haben sie keine Scheu vor Pizza, die schließlich auch einmal ein Fremdling auf heimischen Tischen war?

Wir werden dieses Rätsel auch nicht lösen und können nur bedauernd feststellen, wieviel allen entgeht, die vor fremden Düften und Aromen zurückschrecken. Neugierigen Schleckermäulern erschließt sich ein unbekanntes Land über seine regionale Küche viel schneller als über Speisen, die man ohnehin überall bekommt.

In Korsika habe ich einen wunderbaren Rohschinken kennengelernt – und bei einer Wanderung durch dichte Eichenwälder auch seine Lieferanten: rosa-graugetupfte Schweine, die den ganzen Sommer als Selbstversorger leben. Von Zeit zu Zeit bekommen sie Besuch von ihren Besitzern, werden nur gezählt und dann wieder ihrem freien Leben und ihren Amouren mit Wildschweinen überlassen, denen die Ferkel ihre Mischfarbe verdanken. Der Schinken dieser halbwilden Schweine ist zart und kernig, fast jede Hors-d'œuvres-Platte ist damit bestückt.

Handfest und phantasievoll sind auch die korsischen Gemüsegerichte, die ihr Aroma den würzigen Wildkräutern der Macchia verdanken. All ihre starken Düfte geben sie den molligen Gemüsesuppen weiter, denen ein mitgekochtes Schinkenbein zusätzlich geschmackliches Rückgrat gibt.

In dieser herben, vielfältigen Landschaft gedeiht ein kraftvoller Rotwein, der auch als Aperitif gereicht wird. Man ißt knusprige Zwiebelbeignets (siehe Rezept S. 159) dazu, bis der erste Appetit gestillt ist. Dann kommt das Lamm, dessen zartes Fleisch noch die Wonnen der bergnahen Kräuterweiden ahnen läßt. Der Rotwein begleitet auch den betäubend duftenden korsischen Käse, von dem man sich durchaus vorstellen kann, er könne, wie von Asterix berichtet, Häuser in die Luft sprengen.

Kein Foto, kein Video ist imstande, Erinnerungen so lebendig zu halten wie das unverwechselbare Aroma einer fremden Landschaft. Der bittere Honig sardischer Erdbeerbäume zaubert mir beim Frühstück die Fata Morgana von Felsbuchten mit Tropfsteingrotten an einem blaugrünen Meer von unbeschreiblicher Klarheit. Dahinter blüht, einen Flußlauf entlang, ein ganzer Hain von Oleander. Darüber, in den Felsen, wurzeln die Erdbeerbäume.

In einer der Grotten im Meer lebten bis vor dreißig Jahren noch die letzten Seehunde des Mittelmeers. Die sanften, eleganten Schwimmer und ihre Jungen mit dem unwiderstehlichen Babycharme wurden von Fischern und Touristen - wie uns - vertrieben. Die Grotta del bue marino, die kilometerlange Seehundgrotte bei Cala Gonone mit ihren bizarren Felssäulen, ist zur überlaufenen Fremdenverkehrsattraktion geworden.

Im kargen Fels Sardiniens blüht im Frühsommer die Myrte, aus deren Früchten ein bittersüßer Likör gemacht wird: Mirto. Sein Geschmack erinnert mich an einen halsbrecherischen Felspfad, der in einer paradiesischen Bucht mündete. Rechts und links blühten die Myrten. Auf die Strapazen dieses Tages folgte ein festliches Fischessen auf einer Terrasse, danach ein Schluck Mirto sowie Sospiri, das orientalisch-üppige Marzipankonfekt, Erbe der Sarazenen, das nicht umsonst »Seufzer« benannt wurde.

Was Geschmäcker und Gerüche alles bewirken! Bei einem bestimmten Geruch von gekochtem Fisch und Gemüse denke ich an Brügge, an seine von Renaissancehäusern gesäumten Kanäle, an die zarten Glockenspieltöne vom Belfrit. Was der Fischgeruch damit zu tun hat? In Brügge habe ich zum erstenmal Waterzooi aus Fischen gegessen, einen Eintopf, dem vielerlei Gemüse, Muscheln, Weißwein und Petersilie den unverwechselbaren Geschmack geben. Waterzooi gibt es auch mit Hendln, aber da funktioniert die Beschwörung von Brügge nicht, diese Variante hat zuviel Ähnlichkeit mit heimischen Hühnersuppen.

In einem kleinen Restaurant, wie hingeklebt an den Berg, in Baux in der Provence habe ich einen köstlichen Vorspeisenteller mit Brandade, dem aromatischen Stockfischpüree, Tapenade aus schwarzen Oliven, dazu Anchovis, Sellerie und Artischocken gegessen - der richtige Imbiß für einen heißen, strapaziösen Tag und eine gute Unterlage für einen kühlen, leichten Weißwein. Der Blick auf die bizarre Felslandschaft mitten im Hügelland blieb ungetrübt, und was ich mir durch das nicht konsumierte Schlemmermahl im nahen Gourmetlokal ersparte, investierte ich in eine bildschöne provenzalische Tischdecke in Rot, Gelb und Schwarz, die diese Erinnerung immer wieder auffrischt.

Je bunter gemischt eine Kultur, desto lohnender ist eine Annäherung an sie über die Küche. In der Karibik läßt sich die ganze Geschichte Westindiens mit ihren indianischen, afrikanischen, französischen und englischen Einflüssen nachvollziehen. Außerdem sind die Inseln überreich mit wunderbaren Früchten, Gemüsen und Fischen gesegnet. Die Gewürze sind so temperamentvoll wie die Musik und die Tänze, die bezeichnenderweise kulinarische Namen haben: Salsa, Merengue. Rum aus Zuckerrohr gibt nicht nur den Mischgetränken explosive Kraft, er verfeinert auch die Speisen.

Rum kommt in das Dressing eines Salats aus Yamsbohnen und gegrillten Zwiebeln. Calalou, die grüne Suppe mit feurigem Chili, oder Garnelen mit Tamarindensaft, Huhn mit Jerk - einer Gewürzmischung aus braunem Zucker und Chili -: das alles ist so unverwechselbar und eindrucksvoll, daß nur totale Angsthasen in die fade internationale Küche ausweichen.

Kulinarische Mitbringsel sind bewährte Verstärker der Erinnerung: Gewürzmischungen aus orientalischen Basaren, exotische Schnäpse, aromatisches Öl, edler Wein ... Vor Enttäuschungen ist man jedoch nicht gefeit. War es nur die Schönheit der Cinque Terre, die mir einmal ihren Wein so ungewöhnlich gut schmecken ließ? Oder hat er einfach die Reise schlecht überstanden? In Wien war nichts mehr von seinem besonderen Aroma vorhanden.

Auch typische Küchengeräte und Geschirr fremder Regionen scheinen oft im Moment unverzichtbar zu sein, verstauben aber dann oft im Winkel irgendeines Küchenkastels.

Was für ein hübsches Erlebnis, im Piemont aus einem Keramikgefäß mit einem Dutzend Auslässen Kaffee mit Grappa zu trinken. Es wurde im Kreis weitergereicht, und jeder freute sich, fühlte sich in der Gruppe wohl. In Wien probiert man das gleiche mit einem mitgebrachten Gefäß, erntet freundliches Interesse oder auch reservierte Distanz zum ungewöhnlichen Genuß. Und kehrt zum gewohnten Kaffeegeschirr und den Schnapsgläsern zurück. Häufig werden solche Mitbringsel als Pingpong-Geschenk weitergegeben, bis sie dann vielleicht peinlicherweise an den Ausgangspunkt zurückkehren.

Ich bringe lieber besonders schöne Tischtücher mit - strenge, bäuerliche aus Skandinavien, elegante, phantasievolle aus Frankreich oder Italien. Die kann man immer brauchen, und sie sind die ideale Folie für kulinarische Urlaubserinnerungen.

Korsische Zwiebelbeignets

Ca. 20 Stück

25 dag Mehl
4 Eier
0,2 Liter kalte Milch
1 Zwiebel
4 Eßlöffel Öl
Salz, Pfeffer
Öl zum Frittieren

Die Eier aufschlagen, mit dem Schneebesen kurz vermischen, eine Prise Mehl dazugeben und gemeinsam mit etwas Milch gut durchrühren. Restliches Mehl und die übrige Milch zugeben und zu einem dickflüssigen Teig rühren (je nach Mehlqualität etwas Milch oder Mehl zugeben). Den Teig 1/2 Stunde kühl stellen. Die Zwiebel klein schneiden, in Öl goldgelb rösten, leicht salzen und pfeffern und mit dem Teig vermischen. Öl erhitzen, den Teig löffelweise hineingeben und auf beiden Seiten herausbacken. Auf Küchenkrepp abtropfen lassen und warm zum Wein servieren.

Gemüse – nicht nur für Vegetarier

Angefangen hat es mit dem Aufschrei meiner damals halbwüchsigen Söhne: »Tote Tiere essen wir nicht!« Und damit waren von heute auf morgen alle Bestseller meiner Küche vom Tisch: Lammkeule mit Kräuterkruste, Paprikahendl, faschierter Braten mit Spinatfülle, Schinkenfleckerln und vieles mehr. Auch Fische waren tote Tiere, also gab es keine Bouillabaisse, keine Hechtnockerln, keine Forelle mit Mandelsplittern. Zumindest nicht, wenn meine Söhne bei mir aßen.

Gemüse war uns zwar immer schon wichtig gewesen – als Zuspeise oder als kräuterduftende Antipasti. Aber als es zur Hauptspeise avancierte, wurde es schwierig. Die beiden hatten damals ihre verfressenste Phase, und Ratatouille oder mit Parmesan überbackener Fenchel schmeckten ihnen zwar, aber die unvermeidliche Frage folgte: »Was gibt es denn wirklich zu essen?«

Der Bäcker freute sich, wir brauchten doppelt soviel Brot, Semmelwürfel und Brösel, um Gemüsegerichte sättigender zu machen. Langsam »erkochte« ich mir ein Repertoire kräftiger Gemüsegerichte: Spinatknödel mit Parmesan, Gemüsereis, Ofengemüse (siehe Rezept S. 165) und – was meinen Söhnen besonders gut schmeckte – überbackene Melanzani mit Mozzarella, Champignons und Paradeisersauce. Aber mir standen die Haare zu Berge, wieviel Öl die bemehlten Melanzanischeiben aufsaugten und wie wenig sie dem Küchenkrepp abgaben, auf dem ich sie zwischenlagerte.

Der Versuch, Fleischersatz zu finden, scheiterte. Soja schmeckte uns so wenig wie Tofu in Sojasauce, Ingwer und Knoblauch mariniert. Tofu überzeugt mich auch heute lediglich als Mayonnaise-Ersatz. Man bekommt »Tofunaise« fertig oder kann sie aus 15 dag Tofu, zwei Eßlöffeln Öl, Senf, Zitronensaft, Salz und Pfeffer selber mixen. Die sättigenden Hülsenfrüchte schmeckten zwar meinen Söhnen – vor allem als dicke, pikante Bohnensuppe. Aber mir widerstrebten sie in Erinnerung an die Nachkriegszeit, da man sie (mit Käferzuwaage!) auf Lebensmittelkarten bekam. Etwas, das uns allen schmeckte, waren Mungobohnensprossen, die wir als Salat mit jungen Zwiebeln und Kirschparadeisern aßen.

Irgendwann einmal war Fleisch in kleineren Dosen wieder zugelassen, aber inzwischen hatte Gemüse für mich einen anderen Stellenwert bekommen. Es ist von der Beilage zur beliebten Hauptspeise geworden. Und zum weiten Experimentierfeld der Multikulti-Küche. Mit Hilfe eines Woks entstehen bei mir jene blitzschnell zubereiteten Gemüsegerichte, die mit exotischen

Gewürzen wie Chili, Ingwer, Koriander oder Sojasauce sehr verführerische Aromen gewinnen. Die chinesische Gemüseküche ist ideal für Leute, die gerne schnell, gut und gesund kochen. Und sie ist außerdem eine Erziehung zur Kochdisziplin: alle Gemüse müssen geputzt und geschnitten sein, ehe der schnelle Garvorgang im heißen Öl beginnt. Der Wok, die Metallpfanne mit der kleinen Grundfläche und den schrägen Wänden, ist hervorragend geeignet, Gemüse schnell und vitaminschonend zu garen. »Siedendes Öl ist ein Heiratsvermittler«, heißt es im Chinesischen, wenn sich im Wok die Geschmacksstoffe der Gemüse vereinen. Fleisch oder Fisch ist in diesen chinesischen Gemüsetöpfen kaum mehr als ein Gewürz. Die kurzen Garzeiten waren ursprünglich Folge der Brennstoffknappheit.

Wok – das heißt im kantonesischen Chinesisch: Kochtopf. Er ist universell verwendbar. An den Seitenwänden kann man auch Spiegeleier braten oder Palatschinken zubereiten. Ehe man den eisernen Wok in Betrieb nimmt, muß man ihn gründlich waschen, abtrocknen, kurz erhitzen und mit Fett bepinseln, damit er nicht rostig wird. Es gibt bei uns aber auch Woks aus nichtrostendem Metall.

Ebenso vielseitig wie der Wok ist ein anderes Grundgerät der japanischen Küche: das Küchenbeil, mit dem auch ganz feine Schnitte, wie sie beim Zerkleinern des Gemüses nötig sind, gelingen.

Das schnelle Gemüsegaren in heißem Öl ist die völlige Abkehr von der traditionellen österreichischen Zubereitungsart. Gegen sie wetterte schon der berühmte Architekt Adolf Loos: »Einbrenn darf nicht verwendet werden.« Was mich angeht, ich habe nichts gegen eine kleine, feine Einbrenn in Dillfisolen oder in der Karfiolsuppe. Sie ist sicher nicht ungesünder als Rahm oder Crème fraîche. Alles nach seiner Art – zum Tafelspitz mag ich kein Gemüse aus dem Wok.

Melanzani, Zucchini, Paprika und Paradeiser verkörpern ein Stück Kulturgeschichte. Paprika und Paradeiser waren unter den vielbestaunten Mitbringseln aus der neuen Welt, ebenso wie Erdäpfel und Kukuruz, die zunächst botanische Gärten, dann fürstliche Tafeln schmückten, ehe sie in unseren Küchen Einlaß fanden. Melanzani und Zucchini kamen hingegen mit den Arabern über Afrika nach Sizilien und wanderten von dort nordwärts. All diese Gemüsesorten gemeinsam in einem Topf ergeben ein wunderbares Sommergericht.

Wenn ich in der heißesten Zeit schlecht gelaunt bin, mache ich ein provenzalisches Gericht aus in Scheiben geschnittenen Melanzani, Gemüsezwiebeln, Paradeisern und Paprikastücken, die ich dicht an dicht so in eine Gratinierform einschlichte, daß die Scheiben aufrecht stehen. Darüber kommt Salz, Pfeffer, Basilikum und mit gehackten Anchovis versetztes Olivenöl. Eine halbe Stunde gratinieren, dann mit Parmesan bestreuen, kurz im Rohr überbacken. Dazu ein Glas Merlot, ein Stück Brot und möglichst viele freundliche Mitgenießer, und der Tag ist gerettet.

Ernährungswissenschafter meinen, daß kohlehydratreiches Essen Serotonin produziert, also jenen Stoff, der für die gute Laune zuständig ist. Vegetarier haben also alle Chancen, *happy forever* durchs Leben zu schweben, was ihnen schon aufgrund ihres geringeren Gewichts leichter fallen müßte als chronischen Fleischtigern, die sich mit zuviel Eiweiß belasten.

Ich glaube, daß die Seele nicht nur durch Serotonin gut genährt wird. Die typischen Gemüsesorten des Mittelmeerraums stehen für Sonne, herrliche Landschaft, freundliche Menschen und Ferienfreiheit. Und das alles ist mit dabei, wenn wir ein kräuterduftendes Zucchini-Gratin mit viel Knoblauch essen. Apropos Knoblauch: Ich habe einmal einer provenzalischen Köchin über die Schulter geschaut, die Unmengen Knoblauch verwendete, ohne daß das Gericht penetrant schmeckte. Allerdings blanchierte sie ihn vorher in Suppe, das nahm ihm die Schärfe.

Zu den südlichen Gemüsesorten, die ich besonders liebe, gehören Artischocken. Ich esse sie auch roh, wenn sie ganz jung und zart sind, nur mit etwas Zitronensaft, Öl und Salz mariniert. Wenn sie älter und größer sind, werden sie, nachdem das Heu entfernt wurde, mit Petersilie und Knoblauch gefüllt und in gewässertem Wein mit Öl im Rohr gegart.

Mit Knoblauch-Mayonnaise (oder Tofunaise) wird ganz junges, rohes Gemüse zur delikaten Vorspeise. Ein paar Sardellen in der Sauce ergeben ein würziges Aroma. Dieses Essen ist auch ein großer Erfolg bei Kindern. Für sie wird die Sauce milder gewürzt, sie kann auch aus Kräutertopfen bestehen, der mit Yoghurt cremig gerührt wird. In die Mitte des Tisches kommt eine Riesenschüssel mit schön arrangierten, handlich geschnittenen Gemüsesorten, jeder greift zu und tunkt sein Gemüse in die Saucenschüssel – manchmal gibt es auch zwei, drei Saucen zur Auswahl. Dazu gibt es einen Partystern, wie ihn viele Bäcker aus Salzstangerln, Weckerln und Minisemmeln backen. Jeder bricht sich ein Stück herunter, und das Vergnügen ist perfekt. Auch Kinder, die sonst murren, wenn es wieder scheußlich gesundes Gemüse anstatt Pommes mit Ketchup gibt, essen mit Wonne mit.

Wenn ich Gemüseeintöpfe mache, die ruhig ein bißchen mollig sein dürfen, gebe ich einige Schoten Okra dazu. Dieses afrikanische Gemüse, das wie grüne, kantige Pfefferoni ausschaut, hat wenig Eigengeschmack, gibt aber einen milchigen Saft ab, der gut bindet.

Ich finde es spannend, mit den Versatzstücken fremder Kulturen zu spielen und manchmal gewohnte Gerichte mit exotischen Gewürzen aufzupeppen. Die kreolische Küche, die schon von vornherein indianische, spanische und afrikanische Gerichte kombiniert, fasziniert mich besonders. Sie gibt es in ganz Südamerika, besonders reizvoll ausgeprägt ist sie in der Karibik. Hier wird üppig und eindrucksvoll gewürzt, indischer Curry, den englische Seefahrer mitbrachten, hat sich in der Karibik neues Heimatrecht erworben. Es gibt aber auch Reminiszenzen an die französische Küche. Kürbisse sind wichtiger Bestandteil vieler Speisen; es gibt Sorten, die wir kaum kennen, wie zum Beispiel die süßlichen Kalabassen oder die fettigen But-

Korsische Zwiebelbeignets (Rezept Seite 159)

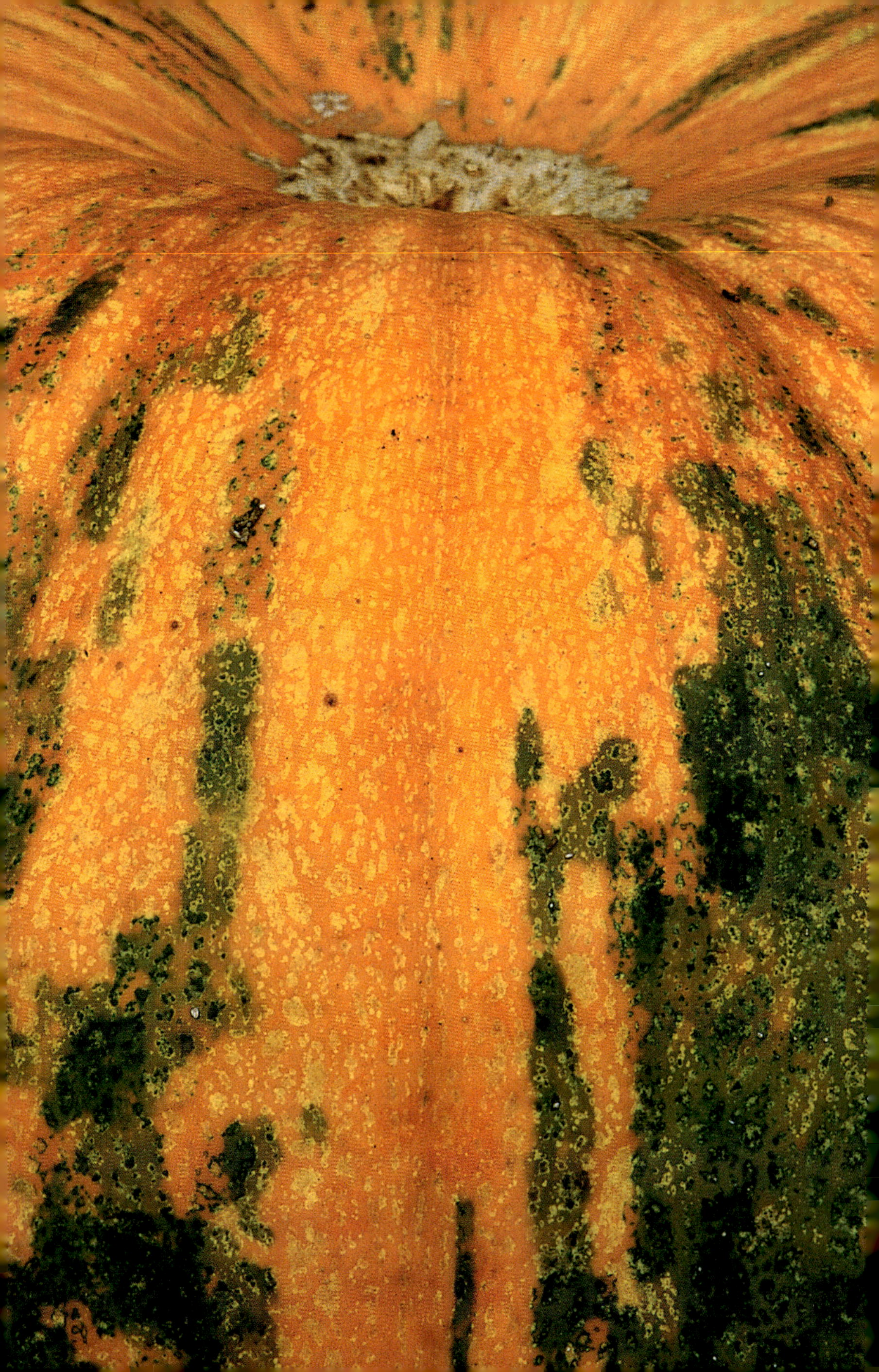

ternußkürbisse, die mit Paprika, Mais oder Paradeisern in Eintöpfen zubereitet werden.

Kürbis hat aber auch bei uns neuen Wert gefunden, seitdem sogar Haubenköche damit experimentieren. Ich mag ihn am liebsten auf die ungarische Art, fein geraffelt, mit Zwiebeln und Paprika gedünstet und einem feinen Rahmgupf darauf.

Wie groß die Sortenvielfalt von Kürbissen auch bei uns ist, kann man im Zaubergarten der »Arche Noah« erfahren. Der einstige Barockgarten des Schlosses Schiltern bei Langenlois ist in der warmen Jahreszeit einen Ausflug wert. Man entdeckt hier die ungewöhnlichsten, meist schon vergessenen Gemüsesorten und Kräuter und kann Samen für den eigenen Garten mitnehmen.

SÜDLICHES OFENGEMÜSE

Für 6 Personen als Vorspeise

1 Melanzana
1 Stangensellerie
1 roter Paprika
2 große, reife Paradeiser
3 junge Zwiebeln
2 Zehen Knoblauch
Salz, Pfeffer
3 Eßlöffel Olivenöl
1 Eßlöffel Weinessig
1 Teelöffel Kapern

Die Stangensellerie putzen und in dünne Scheiben schneiden. Paprika und Melanzana putzen und in Streifen schneiden. Paradeiser blanchieren, häuten und schneiden. Die Zwiebeln klein schneiden, den Knoblauch zerdrücken. In eine feuerfeste, leicht geölte Form schichtweise das Gemüse schlichten, dazwischen immer wieder Kapern streuen (wenn sie stark gesalzen sind, vorher wässern), vorsichtig salzen und pfeffern. Mit Öl übergießen und im Backrohr etwa $1/2$ Stunde garen. Man kann dieses Gemüse mit Weißbrot warm servieren oder mit Essig vermischt als kalte Vorspeise.

Früchte des Meeres

Bei wenigen eßbaren Dingen scheiden sich die Geister so radikal wie bei Meeresfrüchten: man mag sie entweder sehr oder gar nicht! Wer am Meer aufwächst, ist im Vorteil, da gibt es keine Berührungsangst vor ungewöhnlichen Formen und Strukturen. Und auch nicht den Hauch von Luxus, den Muscheln, Krebse, Schnecken für Bewohner von Binnenländern bedeuten. Für Küstenbewohner waren Meeresfrüchte Alltagskost und häufig der einzig zugängliche Eiweißlieferant, auch wenn sich das längst geändert hat.

Bei den meisten von uns, die fern des Meeres aufwuchsen, fängt die Begegnung mit Meeresfrüchten mit den unsäglich zähen Gummiringen im Hotel an der Adria an: erstaunt erfährt man, daß sie einmal Bestandteil eines Tintenfisches waren. Dabei ist es überhaupt kein Problem, sie weich zu bekommen. In Ringe geschnittener Tintenfisch muß entweder ganz kurz bei starker Hitze gebraten oder bei schwacher Hitze 45 Minuten lang gekocht werden.

Mit der Liebe zu Italien wächst meist auch die Bereitschaft, sich mit italienischen Spezialitäten anzufreunden. Wer oft nach Venedig fährt, kennt die Vorliebe der Venezianer zum leider immer gefährdeteren Getier der Lagune. Es ist für sie Teil jenes so lange gehüteten Wassers, das Schutzgürtel und Lebensraum in einem war. In Venedig war die Wasserbehörde einmal die mächtigste Institution – ihr oblag es, ganze Flüsse, wie die Brenta oder einen Arm des Po, umzuleiten, um zu verhindern, daß die Lagune verlandete. Fisch und Meeresfrüchte waren die wichtigsten Eiweißlieferanten der Venezianer, ehe sie Festlandbesitz eroberten. Seit der Frühzeit der Stadt gibt es die »valli« in der Lagune – abgegrenzte Gebiete, in denen, in seit Römerzeiten überlieferter Technik, Muscheln und Krabben gezüchtet werden. Auch heute noch gibt es Muschelbänke, die meisten vor Pellestrina, wo man auch die billigsten und besten Gerichte mit Meeresfrüchten bekommt. Aber auch auf der Gemüseinsel Le Vignole (mit dem Vaporetto ab Fondamente Nuove in Richtung San Erasmo zu erreichen) gibt es Geheimtips – Restaurants mit herrlicher Fischküche, die fast nur von Venezianern frequentiert werden. Wesentlich raffinierter sind die Restaurants der romantischen Fischerinsel Burano – allerdings sind sie keine Geheimtips mehr.

Ich bin nicht sicher, ob wirklich noch all die vielen Muschelsorten, die gedrehten Schnecken und die Königskrabben, die man in Venedig offeriert, aus der Lagune kommen. Und wenn man die erschreckenden Berichte über die Schadstoffintensität dieser Gewässer liest, sollte man es sich wahrscheinlich auch nicht wünschen.

Wer im Winter nach Venedig kommt, wird nicht nur mit viel Platz und aufmerksamem Service verwöhnt, sondern auch mit einer besonderen Spezialität: *moleche*. Das sind Krabben, die im Winter ihren Panzer sprengen, um zu wachsen, und die in diesem Zustand mit viel Knoblauch und Kräutern verarbeitet werden.

Tintenfisch wird in Venedig gern mit seiner Tinte in *riso nero* serviert – der schwarzblaue Reis ist ein gewöhnungsbedürftiger Anblick, aber ein Genuß, der nach Meer schmeckt. Eine venezianische Freundin hat mir verraten, wie man nicht mehr ganz junge Tiere verarbeitet. Nur junge, zarte können direkt frittiert werden, ältere müssen vorgekocht werden. Kleine Tintenfische, die man als Vorspeise serviert, läßt meine Freundin ganz langsam, die Fangarme voraus, in den Gemüsesud gleiten, dabei ringeln sie sich dekorativ ein. In einer Marinade aus Olio vergine, Balsamico, etwas Knoblauch und viel Petersilie ergeben sie einen guten Salat. Man kann sie auch mit ein paar Muscheln und Krebsen kombinieren.

In Venedig aß ich erstmals die schmalen Stabmuscheln (Cape lunghe) und Meeresheuschrecken (Cicale). Cicale sind durchsichtige Krebse mit dünnem Panzer. Was für ein Erlebnis Meeresfrüchte sein können, kriegt man dort mit, wo sie gefangen werden. Im versteckten Fischerhafen Marano Lagunare südlich von Grado etwa. Vom Restaurant der Vedova Raddi hat man den Blick auf die Fischerboote, aus denen die Jakobs- und Venusmuscheln entladen werden, die man dann gratiniert oder als Beigabe von Spaghetti genießen kann. Jeden Umweg wert sind die Plateaux de fruit de mer, die an französischen Küstenorten serviert werden. Auf dekorativen Tellern werden Schnecken in verschiedenen Größen, Samtmuscheln, Jakobsmuscheln, Miesmuscheln, Krebse und vielleicht sogar Austern serviert. Letztere gedeihen an Flußmündungen, wo sich Salz- und Süßwasser mischen, besonders gut. Man züchtet Austern noch nicht lange. Zwar beherrschten schon die Griechen des Altertums diese Methode, aber wie so vieles ging auch dieses Wissen verloren. Erst im 19. Jahrhundert lebte es wieder auf.

Bis dahin waren in Frankreich nur flache Austern bekannt. 1868 verzögerte sich die Reise eines portugiesischen Schiffs in französischen Gewässern, eine Ladung Austern ging kaputt und wurde über Bord geworfen. Aber ein paar davon hatten überlebt und vermehrten sich. Die »Portugaise« oder die »Creuse« – Austern mit gewölbten Schalen – werden jetzt gezüchtet. Besonders berühmt sind die Muschelgärten der Vendée. Muscheln gedeihen um so besser, je mehr Platz sie haben. Am teuersten sind die »Spéciales des claire«, die sich zu fünft einen Quadratmeter Lebensraum teilen. Zwanzig der auch sehr guten »Fines des claire« teilen sich die gleiche Fläche.

Austern gibt es auch an der Ostküste Tasmaniens, wo sie an der Mündung des Swan River gezüchtet werden. Die Japaner haben eine besonders schnellwachsende Sorte entwickelt – Japonaise heißen sie in Frankreich. Auch Irland liefert erstklassige Austernsorten. Die besten kommen aus Galway, wo sie beim jährlichen Austernfest mit dunklem Guinness-Bier begossen werden. Bei diesem Fest finden auch Konkurrenzen im Austernöffnen statt. Der Rekord lag bei 30 Stück in 91 Sekunden. Wer sich jemals mit einer hermetisch verschlossenen Auster herumgeärgert hat, wird das zu würdigen wissen. Der Kniff dabei: die Auster mit der Schmalseite nach vorn und dem gewölbten Teil nach oben auf ein Tuch legen, seitlich mit dem Spitz des kurzen Austernmessers in die Gelenksöffnung stechen, mit einer Drehbewegung aufbrechen und den Muskel durchtrennen. Vorsicht, daß die Austernflüssigkeit nicht ausrinnt! Splitter mit einem Pinsel entfernen. Arbeitshandschuhe sind für Anfänger kein Luxus.

In Europa ißt man Austern roh mit etwas Pfeffer. Feingehackte Schalotten dazu sind Geschmackssache. Zitrone zeigt zwar, ob die Auster noch lebt (bei jedem Tropfen Zitronensaft kräuselt sich ihr Rand), aber Puristen lehnen diesen allzu intensiven Geschmack ab. In Amerika wickelt man Austern in Speck und grillt sie: *angels on horseback* - Engel am Pferderücken - heißt dieses Gericht.

Was die Auster unter den Muscheln darstellt, sind Hummer und Languste unter den Krebsen. Man kann diese beiden Giganten leicht unterscheiden: Hummer haben Scheren, Langusten lange Fühler. Beide Krebsarten sind rar und teuer; die Zeiten, da man auf der dalmatinischen Insel Brac eine Languste zum Preis einer Knackwurst bekam, sind lang vorbei.

In Frankreich, wo auf dem Felsgrund des Atlantik und des Ärmelkanals wunderbare Hummer und Langusten gediehen, gibt es kaum noch wildlebende. Daran sind die Feinschmecker schuld, die sich kurzsichtig an den Weibchen und ihren Eiern gütlich taten.

In Kanada, woher heute die meisten Hummer kommen, gibt es strikte Vorschriften: Weibchen müssen unbedingt geschont werden. Die besten Hummer kommen heute vom Prince Edward Island vor Nova Scotia in Kanada. Sie werden mit Ködern in Körbe gelockt - sie finden hinein, aber nicht mehr heraus. Nach dem Fang werden ihre Scheren mit Gummiringen gesichert, damit nicht ein großer einen kleinen Hummer frißt.

Hummer teilen ihre Felshöhlen häufig mit Seeaalen. Eine riskante Symbiose, da entweder der Hummer die jungen Aale oder der Aal den während der Häutung wehrlosen Hummer frißt - offenbar ein Ausleseverfahren der Lebenstüchtigsten. Hummer werden vor allem im Sommer gefangen, im Winter, bei hoher See, ist das ein gefährliches Unterfangen. Wenn bei uns gerade zu Silvester besonders viele Hummer auftauchen, dann sind das meist die im Sommer gefangenen, die in künstlichem Winterschlaf gehalten werden, bei dem sie kein Gewicht verlieren. Hummer wird entweder mit Mayonnaise oder all'armoricaine gegessen. Das ist keine amerikanische, sondern eine bretonische Rezeptur, bei der der Hummer flambiert auf einer würzigen Paradeissauce serviert wird.

An der Westküste Amerikas entwickelte sich eine Küche, in der sich pazifische, amerikanische und europäische Einflüsse vermischten. Gerichte mit Meeresfrüchten werden mit tropischen Früchten kombiniert. Der chinesische Wok bietet seine schnelle Garmethode dafür an. Ein Erbe kreolischer Küchentradition sind Seafood Gumbos - Muschelsuppen mit Gemüse, Krebsen und Knoblauchwurst.

Langusten, die in 20-150 Metern Tiefe auf Felsengrund gedeihen, gibt es in den verschiedensten Regionen der Erde. Die afrikanischen sind grünlich, die portugiesischen rosa. Manche sind schon rot, noch ehe man sie kocht.

Krebse gibt es in den verschiedensten Größen und Formen, und an jeder Küste werden sie anders verarbeitet. Meist mit sättigenden Grundnahrungsmitteln: Reis, Nudeln, Gemüse. In Europa sind Süßwasserkrebse fast ausgestorben, vereinzelt werden sie wieder gezüchtet. Die meisten kommen heute aus der Türkei und machen die weite Reise nach Skandinavien, wo das Krebsessen Ende Juli zu den Höhepunkten des Sommers gehört. Nur gibt es dort längst nicht mehr so viele Krebse, wie gegessen werden.

In Skandinavien kocht man Krebse mit viel Dille. Dillkränze und -sträuße schmücken den Tisch. Die Krebse werden mit einem Messer mit Loch zum Aufknacken der Schale geöffnet und mit den Fingern verspeist. Nach altem Brauch sollte auf jeden Krebs ein Schnaps getrunken werden, nach noch älterem: auf jede Krebsschere ein Schnaps. Aber inzwischen haben viele Skandinavier den Wein als idealen und bekömmlicheren Begleiter des Krebsessens entdeckt. Rund ums Mittelmeer wußte man schon immer, wie gut das zusammenpaßt.

Pazifische Garnelen

Für 4 Personen

8 Riesengarnelen
1 Eßlöffel Öl
2 Jungzwiebeln
15 dag frische, geschälte Ananas
1 Eßlöffel geriebener, frischer Ingwer
1 Eßlöffel Mango-Chutney
1 Eßlöffel Curry
1 Becher Schlagobers
1 halber roter Paprika in schmalen Streifen
2 Eßlöffel Kokosraspel oder geröstete Mandelsplitter
Salz, Pfeffer
1 Schuß Cognac, Zitronensaft

Die Garnelen schälen, den Darm entfernen, reinigen, trockentupfen, salzen, mit Zitronensaft marinieren und $1/2$ Stunde kaltstellen. In einer Pfanne die geschnittenen Jungzwiebeln in Öl anlaufen lassen, die Garnelen dazugeben und auf kleiner Flamme kurz anbraten. Die Garnelen herausnehmen, die geschnittenen Paprika einlegen und halbweich braten. Die Ananas in Stücke schneiden und dazugeben, mit Cognac ablöschen. Kurz dünsten, Curry dazugeben und mit Obers aufgießen. Die Sauce ziehen lassen, mit Mango-Chutney und Ingwer würzen und mit Salz und Pfeffer abschmecken. Die Garnelen in die mollige Sauce einlegen und nur aufwärmen. Mit Kokosraspeln oder gerösteten Mandelsplittern bestreuen und mit Reis servieren.

Äpfel aus einem verlorenen Paradies: Paradeiser

Ich rieche und schmecke sie noch heute: die Paradeiser aus einem dalmatinischen Garten. Ich fühle noch die tiefeingeschnittenen Wülste der prallen Haut unter meinen Fingern, sehe das helle Rot, das zum Stiel hin ins Grünliche spielt. Als das Messer den leichten Widerstand der festen Frucht durchbricht und durchs Fleisch gleitet, steigt ein würziger, fast scharfer Duft auf. Noch in Gedanken daran muß ich schlucken ...

Wir aßen den Salat aus diesen Paradeisern mit viel jungem Zwiebel, frischem Brot und einem Glas herbem Rotwein auf einer natürlichen Terrasse über der Adria. Die Zikaden machten Mittagsmusik zum sanften Flüstern der Ölbäume.

Wer weiß, wie es jetzt dort ausschaut, ob die Terrasse über dem Meer und der paradiesische Paradeisergarten nicht längst unter touristischem Beton verschwunden sind, so wie die prallen, wulstigen Paradeiser mit ihren lustigen spitzen Warzen der glatten, runden Perfektion weichen mußten ...

Paradeiser gehören zu den vielen wunderbaren Naturprodukten, denen wir die Unschuld geraubt haben. Wir, die wir alles und das sofort haben müssen, brauchen uns nicht über jene wäßrigen, geschmacklosen Früchte zu wundern, denen zu Recht ihr paradiesischer Name abhanden gekommen ist. Auf aztekisch heißt »Tomatl« runde Frucht. Und rund sind sie ja, diese tomatenroten Glashausgewächse, die meist nicht mehr in Erde gepflanzt werden, sondern auf Steinwolle, mit Nährflüssigkeit getränkt, gedeihen.

Sie verdanken ihre Existenz unserem Wunsch nach saisonunabhängigem Genuß (dem wir auch Erdbeeren im Dezember verdanken, die wie rohe Erdäpfel schmecken; aber wer denkt daran, solange sie schön rot sind, zumindest auf der Schauseite). Rot, rund, ebenmäßig und ohne Falten sind die Tomaten, die das ganze Jahr über wachsen. Ihre Haut ist glatt und dick, das macht sie gut transportfähig, bringt den Köchen allerdings mehr Arbeit. Dickhäutigkeit ist kein kulinarischer Vorzug. In der gehobenen Gastronomie kommen Glashaustomaten fast nur geschält auf den Tisch. (Ein Profitip dafür: die Früchte auf der Unterseite kreuzförmig einschneiden, kurz in kochendes, danach in kaltes Wasser tauchen, so löst sich die Haut am leichtesten.)

So viele Eigenschaften, die sie bisher nicht hatte, konnte man der Tomate anzüchten, nur das natürliche Aroma widersetzte sich lange den Züchtungsversuchen. Am ehesten ließ es sich noch in den Cherry-Tomaten einfangen, im Kleinformat intensivierte sich auch der Geschmack. Rund vierhundert Geschmackskomponenten weckt die südliche Sonne auf die einfachste Weise in den wahren Paradeisern. Geheim ist ihr Rezept nicht: auch im Treibhaus ließe sich mit viel Licht, niedrigen Nachttemperaturen und viel Kohlendioxyd ein höherer Zuckergehalt erreichen. Allerdings um den Preis niedrigerer Erträge.

Paradeiser - was für ein köstlicher Name: Paradiesapfel, Liebesapfel, *pomo d'oro* - goldener Apfel. All diese verschollenen Namen stammen aus einer Zeit, in der die natürliche Reife unsere Genüsse regulierte. Und wo man auch noch das unreife Produkt zu nutzen wußte.

Neulich habe ich in einer kleinen mährischen Stadt etwas entdeckt, das ich fast vergessen hatte: grüne Paradeiser in Essig, mit Zwiebeln und Gewürzen eingelegt. Auf den Märkten meiner Kindheit bekam man sie noch im späten Herbst zum Konservieren. Diese grünen Paradeiser, die noch die letzten Sonnenstrahlen, aber auch schon nächtliche Kälte, Nebel und Regen in sich aufgenommen hatten, schmecken besonders würzig. Meine Großmutter, die sie immer einlegte, servierte sie zu einem Resteessen namens Grenadiermarsch. Dafür wurde übriggebliebenes Fleisch mit Zwiebeln, Erdäpfeln, Knödeln und Nudeln abgeröstet.

Grüne Paradeiser habe ich seit langem nur noch in Gärten gesehen, nie mehr auf Märkten. Dabei werden die Glashaustomaten unreif gepflückt, rot werden sie erst während des Transports und der Lagerung. Die Falten hat man ihnen ebenso ausgetrieben wie den Gurken die Krümmung. Nicht nur in Holland, woher der größte Teil der Glashaustomaten kommt, auch in südlichen Ländern, wo sie unter einer gnädigen Sonne aufs schönste reifen könnten, werden sie in Plastikzelten gezüchtet.

Bekommt man in französischen oder italienischen Restaurants noch Saisonparadeiser, dann stammen sie mit großer Wahrscheinlichkeit aus einem liebevoll gepflegten Garten hinter dem Haus oder aus einer kleinen Gärtnerei in der Nachbarschaft. Dort tanken sie jene Sonnenenergie, die ihnen auch in ihrer Heimat Peru und Mexiko die Würze gab.

Ursprünglich hatte das einjährige Nachtschattengewächs knapp kirschgroße Früchte. Aber Kulturformen mit großen Früchten wurden schon vor der Ankunft spanischer oder portugiesischer Eroberer in Südamerika gezüchtet. Auf Handelsschiffen kamen Paradeiser, aber auch Paprika, Mais, Erdäpfel und Tabak im 16. Jahrhundert nach Europa. Aber erst um 1820 begann man sie in größerem Umfang anzubauen. Zunächst wurzelten die Pflanzen aus der Neuen Welt als Kuriosum in höfischen Ziergärten. In den Mittelmeerländern, wo sie so ideale Bedingungen vorfinden, wurden sie sehr schnell Bestandteil der regionalen Küchen. Gerade dort, wo die »cucina povera«, die arme, aber einfallsreiche Küche des Südens, gedieh, wurden sie zu einer schnell akzeptierten kulinarischen Bereicherung.

Wie Spaghetti mit Paradeisersauce schmecken können, habe ich einmal in Neapel erlebt. Da wurde mir ein Sugo aus sehr reifen, gehackten Paradeisern, gewürzt mit zerkleinerten Oliven und

Kapern, mit Knoblauch, Sardellenfilets, Pfefferoni, Salz und kaltgepreßtem Olivenöl serviert. In Apulien entdeckte ich Strauchparadeiser, die, halbiert und in der Sonne getrocknet, in würziges Öl eingelegt werden. Sie geben einer Paradeissauce gemeinsam mit geschälten Dosenparadeisern Würze, wenn es an frischen Paradeisern fehlt.

Pomo d'oro, der goldene Paradiesapfel, gibt auch der toskanischen Bruschetta Aroma. Dafür wird Weißbrot geröstet, mit kaltgepreßtem Olivenöl beträufelt und mit Knoblauch und vollreifen Paradeisern eingerieben. Ein denkbar einfaches Gericht, aber wie kostbar ist diese Einfachheit geworden! Welche Wonne, in der Provence Ratatouille zu essen, aus sonnengesättigten Paradeisern, Melanzani, Zucchini, Paprika, Knoblauch, Zwiebeln, duftenden Kräutern und Olivenöl. Es ist fast eine Verschwendung, noch Fleisch dazu zu essen - eine unnötige Ablenkung von der Köstlichkeit der Gemüsemischung.

In Mitteleuropa muß man sich bescheiden. Und die Freundschaft mit guten Gärtnern pflegen.

Dem Trick mit den getrockneten Paradeisern, die es inzwischen auch bei uns gibt, verdanke ich, daß ich wieder gerne Paradeissuppe esse. So köstlich nämlich die pikant eingelegten grünen Paradeiser meiner Großmutter waren, ihre süße, mit viel Einbrenn eingedickte Suppe war überhaupt nicht mein Fall. Ich habe sie auch in anderen traditionellen österreichischen Haushalten immer wieder gekostet. Mich schüttelt es, wenn ich nur an den marmeladeartigen Geschmack, ihr ausgezehrtes Rosa denke. Dabei ist es ganz einfach, mit Hilfe von getrockneten und konservierten Paradeisern, mit Zwiebeln, Knoblauch, frischem Basilikum und einem Hauch Pfefferoni eine sehr gute Suppe zu machen.

Basilikum ist überhaupt der ideale Begleiter zu Paradeisern; im Kontrast zu ihrem sanft-säuerlichen Geschmack entfaltet sich das edle Würzkraut besonders gut, nicht nur in der beliebten Kombination mit Mozzarella. Sehr gut schmecken auch:

GEFÜLLTE PARADEISER

Pro Person ein großer Paradeiser

Fülle pro Paradeiser:
3 dag Brösel
2 dag Parmesan
½ Dotter
1 Teelöffel gehackte Zwiebeln
1 Teelöffel gehacktes Basilikum
1 Teelöffel feingeraffelte Sellerie
Salz, Pfeffer, Olivenöl

Zwiebel in Öl anlaufen lassen, Brösel dazugeben und durchrösten. Von der Flamme nehmen, überkühlen und mit dem Dotter mischen, sodaß eine streichförmige Masse entsteht. Falls nötig, ganz wenig Milch beigeben. Mit Parmesan, Basilikum und Sellerie vermischen, salzen und pfeffern. Die Paradeiser quer halbieren, auskratzen und auf Küchenkrepp abtropfen lassen. Salzen, mit der Bröselmasse füllen und mit Öl beträufeln. In einer geölten Form im Rohr bei mittlerer Hitze 10-15 Minuten backen. Gegen Ende die Hitze steigern, damit die Fülle Farbe bekommt.

Mohnsüchtig

Wahrscheinlich hängt es mit einem langvergessenen Verbot zusammen, daß ich heute fast süchtig nach Mohngerichten bin. Im Krieg durfte er nämlich offiziell nicht gehandelt werden – angeblich wurde der milchige Saft der nichtausgereiften Kapsel für opiumhaltige Medikamente verarbeitet. Natürlich hielten sich nicht alle Bauern an dieses Verbot, gelegentlich gab es also doch Mohn-Mehlspeisen.

Und wie alles Verbotene schmeckten sie besonders gut. Ein bißchen Gänsehaut war auch dabei, denn wegen des Verbots hieß der Mohnstrudel damals »Galgenstrudel«. Auch auf Mehlspeisen kann man »mohnsüchtig« werden.

Opiumsucht erzeugt hingegen der Mohnsaft oder der Absud von Mohnköpfen. Die alte Geschichte vom Mohnzuzel für unruhige Bauernkinder wird ungenau erzählt: schläfrig wurden die armen Würmer nicht vom Mohn, sondern vom Mohntee, in den man den Zuzel tunkte.

Der Mohn schmeckt mir nicht nur, mir gefällt auch seine interessante Geschichte. Die schöne, dekorative Pflanze, die Wappenblume der Türkei ist, kommt von den Mittelmeerküsten und wanderte bald nach allen Richtungen weiter. Mohnsamen wurden in Schweizer Pfahlbauten gefunden, durch arabische Händler kam der Mohn im 8. Jahrhundert bis nach China.

Am Beginn seiner Karriere stand nicht der kulinarische, sondern der medizinische Effekt. Bereits die Ägypter setzten Mohnsaft als Arznei ein. Die Griechen stellten Hypnos, den Gott des Schlafs, mit einer Mohnkapsel dar.

In den alten Kulturen war der Gebrauch von Opium streng reguliert. Aber diese Selbstbeschränkung wurde durch brutale Wirtschaftsmaßnahmen der Engländer zerstört. Mitte des 19. Jahrhunderts erzwangen sie die Einfuhr von Opium, das von der Ostindischen Kompagnie erzeugt wurde, nach China. Die drei Opiumkriege, die daraus resultierten, gehören zu den finstersten Gewalttaten des Kolonialismus. Seine Opferbilanz: zwei Millionen opiumsüchtige Chinesen.

In Österreich, wo man eher auf die kalmierende Wirkung des Veltliners setzt, wurde der Mohn nie zur dämonischen Droge, sondern konnte sich wegen seiner kulinarischen Qualitäten etablieren. Mohn hat in den letzten Jahren wieder Farbe ins Waldviertel gebracht. Im Frühsommer wiegen sich die rosa, weißen und purpurfarbenen Mohnblüten im Wind. Damit wurde eine alte Tradition neu belebt. Schon im 13. Jahrhundert wurde vom Stift Zwettl Mohn als Ölpflanze für das Ewige Licht gezüchtet.

Arzneikundige Mönche experimentierten auch mit dem Mohnsaft.

Aber bald hatten die Hausfrauen, die entdeckten, wie gut und nahrhaft die Mohnsamen waren, das Sagen. Zwettler Mohn ist von so hoher Qualität, daß er in den dreißiger Jahren sogar an der Londoner Börse notierte. Nach dem Krieg war die aufwendige Arbeit im Mohnfeld nicht mehr rentabel, und so kam billiger Mohn aus den Nachbarländern zu uns.

In einem Projekt für Sonderkulturen wurde der Mohn im Waldviertel aber wiederentdeckt. Er entwickelte sich zum intelligenten Produkt, für das Konsumenten auch einen höheren Preis zahlten. Für seine Gewinnung wurden eigene Maschinen konstruiert, weil die händische Ernte zu mühsam wäre. Herkömmliche Dreschmaschinen verletzen die Körner – ein einziges davon, das ranzig wird, kann die Ernte eines Jahres verderben.

Die mit der Landwirtschaftsschule Edelhof verbundenen Waldlandläden in Oberwaltenreith bei Zwettl und am Wiener Petersplatz 11 verkaufen Grau-, Blau- und den seltenen, nussig schmeckenden Weißmohn von höchster Qualität. Man bekommt ihn dort auch richtig vorbehandelt: Mohn soll ja nicht gemahlen, sondern zerquetscht werden, damit er saftig bleibt. Er hält sich im Kühlschrank 14 Tage und im Tiefkühlfach bis zu einem halben Jahr.

Besonders köstlich ist Mohnöl, das man für Salat, aber auch zum Backen verwenden kann. Die Familie Greßl in Ottenschlag produziert mildes, kaltgepreßtes Mohnöl. Die Ortschaft Armschlag südlich von Zwettl ist das bekannteste Mohndorf Österreichs. Hier blühen im Frühsommer die Mohnfelder, ein Mohnwanderweg vermittelt wichtige Informationen über Anbau und Verwendung des Mohns. Im Gasthof Neuwiesinger werden Waldviertler Mohnmehlspeisen serviert. Und die Bäuerinnen im Ort machen aus Mohnkapseln phantasievolle Gestecke. Berauschenden Mohntee kann man aus diesen Kapseln nicht machen, sie werden vor dem Basteln präpariert.

Mohnanbau war immer Frauensache. Vielleicht, weil die zarten Mohnsamen mit viel Fingerspitzengefühl in die Furchen gesät werden müssen. Mohn ist sehr fruchtbar. 350 g Samen bringen rund 100 Kilogramm Ernte. Früher durften nur verheiratete Bäuerinnen Mohn aussäen – am 17. März, dem Tag der heiligen Gertrud. »St. Gertrud mit dem frommen Sinn ist die beste Gärtnerin.« Heute ist das nicht mehr Handarbeit, sondern wird von einer Sämaschine gemacht. Mohn ist ein Bio-Produkt, er braucht keine chemischen Zusätze für seine Entwicklung – nur das Unkraut, das ihm die Nährstoffe nimmt, muß gejätet und der Boden gelockert und entlüftet werden.

Nur zwei Tage bleiben die herrlichen Blüten offen, sie sind reich an Pollen. Dann fallen sie ab, und die Kapsel entwickelt sich. Schneidet man die grüne Kapsel auf, sind die noch unreifen Samen zwischen den Seitenwänden verteilt. Wenn sie reif sind, fallen sie nach unten und können beim sogenannten »sehenden« Mohn, der unter der Krause kleine, natürliche Löcher hat, herausgeschüttelt werden. Der »blinde« Mohn oder Schließmohn muß vorsichtig geöffnet werden, damit die Samen herausfallen. Die Bäuerinnen gaben ihn vor der Verwendung ins »Mohnnarbl«, einen Mörser, wo er dann zerstoßen wurde.

Aus Mohn lassen sich die köstlichsten, nicht nur süßen Gerichte herstellen, zum Beispiel der saftige Mohn-Apfelstrudel, der im Waldviertel im Reindl gebacken wird, oder die klassischen Mohnnudeln aus Erdäpfelteig, die im Waldviertel zwar gezuckert, aber zum Sauerkraut gegessen werden. Es gibt auch ein Mohnpfandel, eine Art Pizza aus Germteig, mit einer Mohnschicht, die mit Bauchfleisch, Grammeln, Schafskäse und Erdäpfeln belegt wird. Hannelore Zinner, Lehrerin an der Landwirtschaftsschule Edelhof, hat die besten Rezepte von Waldviertler Bäuerinnen in einem informativen Mohnkochbuch gesammelt.

Man kann in dieser geheimnisvollen Landschaft noch immer neue kulinarische Entdeckungen machen. Baudexen zum Beispiel, wie sie die Wirtin der Waldviertler Stuben in Friedersbach bäckt. Sie schauen aus wie mohngefüllte Buchteln und schmecken auch genauso. Woher kommt dieser Name? Ganz einfach, sagen die Waldviertler: ein »Baudaxl« ist ein kleiner, runder Mensch, und die Baudexen sind auch klein und rund.

Ob Asterix und Obelix, die mit ihren keltischen Kumpanen in den Nordwald vorstießen, uns die Baudexen hinterließen? Auf jeden Fall kann man sie sich auch heute schmecken lassen.

Baudexen

12 Portionen

Teig:

4 dag Germ
1/4 Liter Milch
1 kg Weizenmehl
15 dag zerlassene Butter
15 dag Zucker
Saft und abgeriebene Schale einer
ungespritzten Zitrone
3 Dotter
1 Prise Salz

Fülle:

20 dag gestoßener Waldviertler Mohn
1/4 Liter Milch
7 dag Zucker
1 Pkg. Vanillezucker
abgeriebene Schale von einer halben Zitrone
Zimt, ein Stamperl Rum
5 dag Rosinen
1-2 Eßlöffel Powidl (Zwetschkenmus)
Butter zum Bestreichen

Aus der Germ und 1/8 Liter lauwarmer Milch ein Dampfl anrühren, mit Mehl bestreuen und gehen lassen, bis die Oberfläche Sprünge zeigt. (Wenn die Germ sehr frisch ist, kann man sie in Milch auflösen und direkt mit den Teigzutaten vermischen.) Alle anderen Zutaten mit dem Dampfl (oder der Germ) verrühren, bis der Teig Blasen wirft. Zudecken und eine halbe Stunde gehen lassen.

Die Zutaten für die Fülle aufkochen, zuletzt Powidl und Rosinen beigeben. Den Teig ausrollen, mit der lauwarmen Fülle bestreichen, wie einen Strudel zusammenrollen, in 10-15 cm lange Stücke schneiden. Die Enden gut verschließen, damit die Fülle nicht austritt. Die Baudexen einzeln mit zerlassener Butter bestreichen, in eine gefettete Pfanne einschlichten. Das Rohr vorheizen, die Pfanne zudecken und die Baudexen bei mittlerer Hitze etwa 40 Minuten goldbraun backen. Nach dem Auskühlen stürzen und anzuckern.

Die verborgenen Schätze

Was kann ein Kind mitten in den Ferien dazu bringen, um fünf Uhr früh aufzustehen und in den Wald zu gehen? Wir Jäger des verborgenen Schatzes wissen es natürlich: Schwammerln.

Meist packt einen das Jagdfieber schon in der Kindheit. Bei mir hat es in der Volksschulzeit begonnen, in jenen endlosen Sommern voller Abenteuer im Kamptal. Ohne Frühstück ging es los, mit Korb und Messer ausgerüstet, gebückt durchs Unterholz, über die steilen Hänge hinauf in den Wald zu den ganz geheimen Plätzen, die man auch der besten Freundin nicht verriet. Was für eine Enttäuschung, wenn gerade dort andere Schwammerlsucher auftauchten, welche Verzweiflung, wenn ihr Korb bereits voll und der geheime Platz vom Vorjahr leer war.

Das sind Gefühle, die sich auch später nicht verändern. Man ist geprägt von seinen Schwammerljagden – und von der Wahl der Beute. Lange Zeit habe ich mich nur an die sicheren Pilze herangewagt, die ich gemeinsam mit meiner Mutter entdeckte. Bis ich mich, geführt von kompetenten

Schwammerlsuchern, auch an ungewöhnlichere Sorten heranwagte. Allerdings nicht so weit, daß ich mich an Exoten mit Namen, als hätte Nestroy sie ihnen gegeben (wie Muschelkrempling oder Wolkenohr, Samtfußrübling oder Semmelporling), heranwagte.

So groß die Lust am Schwammerlpflücken ist – das Essen danach ist auch nicht zu verachten. Ich lasse mich beim Kochen gern von den Italienern inspirieren, die fabelhafte Pilzrezepte kennen.

In Tolmezzo in der karnischen Region, wo so viele gute Pilze wachsen, habe ich einmal ein »menu tutto funghi« gegessen, ein Menü mit rohen, gedünsteten, gebackenen und gebratenen Pilzen. Nur das Dessert war pilzfrei. Allerdings habe ich einmal bei einem Trüffelessen, das Judith Schindl, die Chefin des italienischen Spezialitätengeschäfts Piccini in Wien, gab, auch ein mit Weißen Trüffeln aus Alba bestreutes Dessert genossen.

Weiße Trüffeln sind die begehrtesten und teuersten aller Pilze, dreimal teurer als Kaviar. Ihren animalischen Geruch, der Schweine so wild macht, daß man sie kaum halten kann, mag man entweder sehr oder gar nicht.

Weiße Trüffeln, die »Diamanten der Küche«, gedeihen nicht nur im Piemont, sondern auch in der Romagna, den Marken, der Toskana, im Apennin, in Kampagnien und Istrien. Die Alba-Trüffel gilt als unerreichter Star. Allerdings äußern Kenner Zweifel, ob tatsächlich alle Alba-Trüffeln im Land um Alba wachsen. Rund um den Trüffelmarkt in Alba parken im Spätherbst verdächtig viele Autos mit Kennzeichen anderer Regionen, in denen auch Trüffeln vorkommen.

Ich habe schon in Urbino sehr viel billigere und genausogute Trüffeln gegessen wie in Alba. Skeptiker meinen, daß das Kennzeichen der Alba-Trüffeln vor allem der Aufdruck auf den Kisten sei, in denen sie gehandelt werden. Aber zweifellos gibt es reichlich piemontesische Trüffeln, die von 5000 lizensierten *trifolai* – den Trüffelsuchern – mit Hilfe ihrer spitznasigen Hunde aufgestöbert werden. Zu Neumond im November ist meist Höhepunkt der Trüffelsaison.

Die Schwarzen Trüffeln kommen aus dem französischen Périgord, sie wachsen aber auch in Nordostspanien. Sie sind warzig, genarbt und geädert, so groß wie ein mittelgroßer Erdapfel, und werden von Hunden oder Schweinen aufgestöbert – mit Maulkorb, versteht sich.

Im Unterschied zur Weißen Trüffel, von der man zwar immer wieder hört, daß man sie züchten könnte, ohne daß der Beweis dafür angetreten würde, läßt sich die Schwarze Trüffel durch Impfung mit dem Myzel tatsächlich züchten.

Aber so aromatisch wie Weiße Trüffeln sind die Schwarzen nicht. Auch in unseren Breiten gibt es Trüffeln – in der Semmeringgegend und um den Tulbingerkogel. Sie wachsen in kleinen Mengen und landen meist in der Küche der beiden großen Hotel-Restaurants dieser Gegenden.

Wesentlich erschwinglicher, aber von betörend erdigem Geschmack ist die Morchel: ein wabenartiges Gebilde mit großem

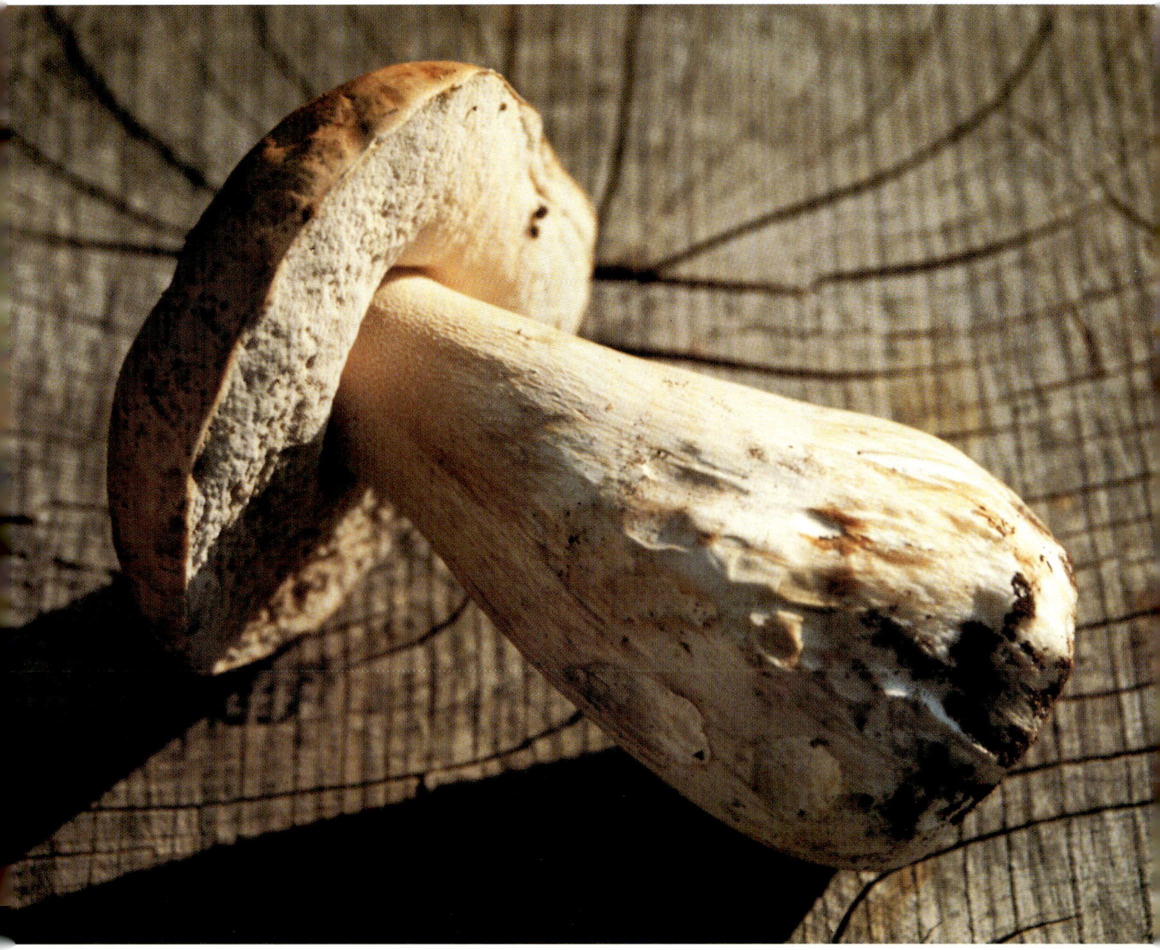

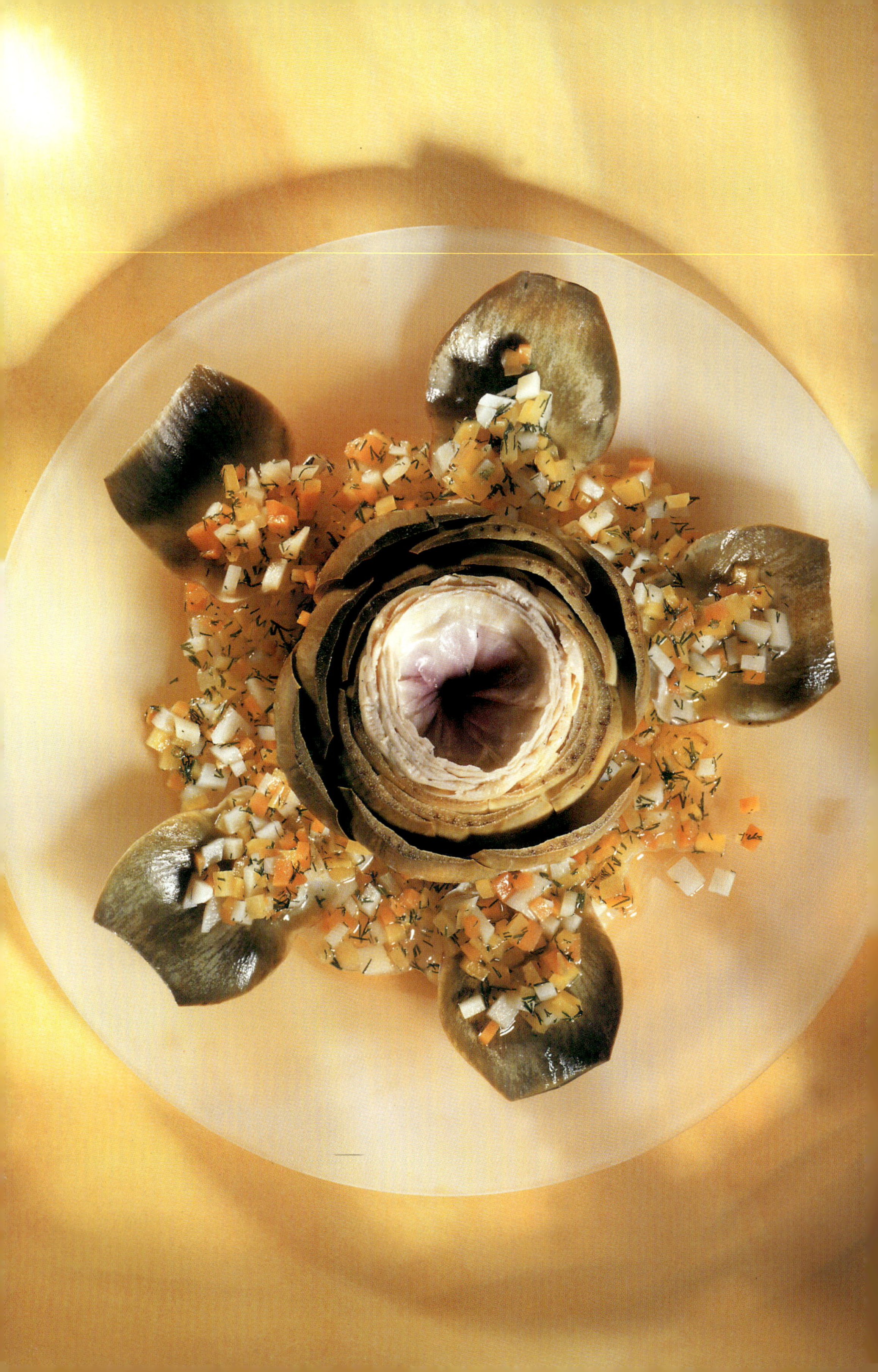

Hut, das zwischen April und Mai auf den Märkten auftaucht. Die Morchel wächst in Österreich in den Donauauen und auf feuchten Waldwiesen. Es gibt zwölf verschiedene Arten, am besten läßt sich die rötliche Spitzmorchel trocknen. Man muß sie vor dem Kochen einweichen und den Sand entfernen. In einer cremigen Sauce schmecken sie wunderbar zu Spaghetti, Kalbfleisch oder zu dicken Solospargeln.

Manche Pilze werden besonders intensiv im Aroma, wenn man sie trocknet. Der Shiitakepilz, der mit der japanischen Küche zu uns gekommen ist, schmeckt getrocknet intensiver als frisch. In Japan gilt dieser wasserarme Pilz, der relativ lange haltbar ist, als Lebenselixier, wirksam gegen zu hohen Blutdruck, zuviel Cholesterin und labilen Kreislauf. Gezüchtet wird der Shiitakepilz auf Holzstämmen.

Der bei uns verbreitetste Pilz, der Champignon, wird seit Mitte des 17. Jahrhunderts in Kellern, Steinbrüchen und Grotten gezogen. Wild kommt er als Wiesen-, Wald-, Anis- oder Stadtchampignon vor – die letzte Spielart gedeiht tatsächlich am Straßenrand. Daß der wilde Champignon mit dem lebensgefährlich giftigen Knollenblätterpilz verwechselt werden kann, schreckt viele davon ab, ihn zu pflücken. Dabei gibt es eindeutige Unterscheidungsmerkmale: der Knollenblätterpilz hat immer weiße, niemals braune oder rötliche Lamellen, Hut und Stiel sind bei jungen Exemplaren mit Haut verbunden, von der nach dem Wachstum nur eine ausgefranste Manschette übrigbleibt, sein Stiel ist knollenartig erweitert und steckt in einer Scheide. Der immer wieder kolportierte Test mit dem Silberlöffel, der anlaufen soll, wenn er mit Giftpilzen in Berührung kommt, ist allerdings pure Erfindung.

Ein Pilz, der uns erst in den letzten 20 Jahren erreichte, ist der aus Ostasien stammende, auf Strohsäcken gezüchtete Austernpilz. Man kann ihn wie den Champignon verwenden – aber man sollte ihn nicht roh essen. Die Stielenden sind zäh und gehören entfernt. Der weiße Staub auf der Kappe ist ein Myzel, das sich leicht abbürsten läßt.

Pilze sind nicht leicht verdaulich, als Nachtmahl können sie schwere Träume bescheren. Ihr Hauptbestandteil neben Wasser ist Chitin, ein Stoff, aus dem auch Insektenpanzer und -flügel bestehen. Die meisten Pilze haben den Nährwert von Gemüse, sie enthalten Vitamin D und verschiedene B-Vitamine. Man sollte sie nur frisch verwenden; sie zersetzen sich leicht und entwickeln Giftstoffe. Auch aufgewärmte Pilze sind nicht bekömmlich. Manche Pilze vertragen sich schlecht mit Alkohol.

Einige Pilze, wie der Hallimasch, der im späten Herbst auftaucht, haben im Rohzustand leicht giftige Bestandteile, gekocht sind sie unbedenklich. Das ist der Grund, warum der Hallimasch auf Märkten nicht mehr verkauft wird. Wer ihn blanchiert und das Wasser wegschüttet, hat keine Probleme zu erwarten, außer er neigt zu Verdauungsstörungen.

In Italien habe ich ein herrlich duftendes Pilz-Carpaccio aus kernigen, fein aufgeschnittenen Herrenpilzen (mit Essig, Öl und Kräutern mariniert und mit Parmesanspänen bestreut) gegessen. Wenn es keine guten Herrenpilze gibt, mache ich dieses Carpaccio auch mit Champignons, beträufle sie mit Trüffelöl und garniere sie mit Blattsalaten.

Zu meinen Lieblingsantipasti gehören eingelegte Pilze. Am besten sind natürlich Baby-Steinpilze, die aber entsprechend rar und teuer sind. Kleine Champignons sind ein guter Ersatz und eine feine Beilage zu Prosciutto und Veroneser Salami.

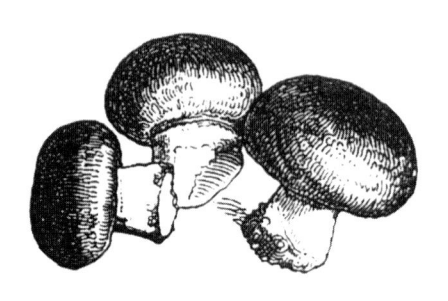

Eingelegte Pilze

1 kg kleine Champignons
oder andere kleine Pilze (im Ganzen)
$^1/_8$ Liter Weinessig
$^1/_8$ Liter Weißwein
$^1/_8$ Liter Olivenöl
1 Knoblauchzehe
1 mit Nelken gespickte Zwiebel
getrocknete Würzkräuter wie
Thymian, Rosmarin, Lorbeerblatt
Pfefferkörner, Salz

Die flüssigen Zutaten mit den Gewürzen aufkochen und auf kleiner Flamme eine halbe Stunde ziehen lassen. Dann die geputzten ganzen Pilze dazugeben, kurz aufwallen lassen und 10 Minuten auf kleiner Flamme ziehen lassen. Über Nacht stehenlassen, damit die Gewürze in die Pilze einziehen. Mit kaltem Fleisch, Wurst oder Schinken servieren.

Die Kindheit in die Tasche stecken: Maroni

Ein gutes Gefühl, die Hände ganz tief in die Manteltaschen zu stecken, wenn einem der kalte Herbstwind um die Ohren pfeift. Und ganz unten in der Tasche: ein Stanitzel mit heißen Maroni. Und wenn dann auch noch ein Kind dabei ist, den Mund aufsperrt und sich mit den geschälten Maroni füttern läßt, ist das kleine Glück komplett. Wahrscheinlich geht wieder einmal die pelzige Haut nicht ganz herunter, aber auch das Spucken gehört zum Maronigenuß. Komme mir keiner mit gebackenen Erdäpfeln oder Erdäpfelpuffern vom Maroniofen. Die esse ich zwar auch gern, aber nicht aus der Faust und lieber mit Topfencreme und Salat. Auf der Straße, im kalten Herbstwind, bin ich für Maroni pur.

Um ehrlich zu sein - der Geschmack allein ist nicht so sensationell. Ein bißchen nussig, mehlig, manchmal angebrannt oder nicht ganz durch. Aber die Wärme, das Herausholen aus der spröden Schale - das gehört einfach zum Herbst, wie der G'spritzte zum Sommer. Wenn ich den Ausspruch Max Reinhardts höre, Schauspieler sollten ihre Kindheit in die Tasche stecken, dann stelle ich mir das bildlich immer mit einem Stanitzel Maroni vor.

Zum Glück gibt es in unserer Familie ein Kind, das gemeinsam mit den Edelkastanien in der Steiermark um die Wette wächst. Mit meinem Enkel Manu bin ich dem Maronigenuß auf den Grund gegangen. Manu hat mich zu einer Wiese mit riesigen Edelkastanien mitgenommen, und dort haben wir uns ganz schön die Finger zerstochen, um die glänzenden Früchte aus ihren gemein stacheligen Schalen herauszukriegen.

Wer unter Edelkastanien aufwächst, braucht natürlich einen eigenen Maroniofen, um autark zu sein. Der glüht jetzt im Herbst und wärmt seinem Besitzer und allen, an die er Maroni verteilt, Herz und Magen.

Was ich erst in der Steiermark erfahren habe: Roßkastanien sind nicht mit den Edelkastanien verwandt. Und Maroni sind etwas anderes als Edelkastanien. Die Roßkastanien gehören sogar einer ganz anderen Pflanzenfamilie an. Maroni und Edelkastanien sind hingegen verwandt und gehören der gleichen Familie an wie die Buchen. Die gewöhnlichen Edelkastanien sind etwas größer und rundlicher als Maroni, nicht so lange haltbar und verschieden im Geschmack. Maroni sind oval oder herzförmig mit einer flachen Basis. Geröstet schmecken sie am besten. Meist fallen sie im September oder Oktober vom Baum, es gibt aber auch spätreifende Sorten, die man im November sammeln muß.

Ursprünglich kommen die Edelkastanien

aus dem Gebiet um das Schwarze Meer. Sie wachsen in fast allen mediterranen Ländern und in geschützten Gebieten wie der südlichen Steiermark wild. In Italien soll es an die 200 Sorten geben, in Frankreich 100. Der Name Kastanien kommt von der Stadt Kassana in Thessalien.

Unter den vielen Sorten gibt es zwei grundlegende Unterschiede: wie bei den Erdäpfeln gibt es mehlige oder feste Kastanien. Aus Neapel kommt eine mehlige Sorte, die für Pürees geeignet ist. Aus Florenz eine kernige, die sich für Beilagen empfiehlt. In Sizilien gedeihen die Kastanien zu wahren Mammutbäumen, deren Stämme manchmal mehr als fünf Meter Umfang aufweisen.

Da Maroni oft in Weingebieten gedeihen, vereint man die beiden herbstlichen Genüsse gerne. Vor einer Weinbar in Lissabon entdeckte ich ein Moped, auf das ein Maroniofen geschnallt war und das eine sehr alte Art von Fast food von Bar zu Bar transportierte.

In Südtirol ist das »Törggelen« (Jausnen) mit Maroni genauso wie das »Keschtenessen« in der Steiermark ein besonderes Heurigenerlebnis. Noch wärmt die Sonne, der Duft des Weins steigt aus den Kellern. Man sitzt mit dem Rücken an der warmen Hauswand, in der Hand ein Glas mit tiefdunklem Bauernlagreiner oder goldschimmerndem Morillon und vor sich einen Teller heißer Maroni.

Bei einer Weinjause im Friaul entdeckte ich einen neuen Verwendungszweck für Maroni: als salzig würziger Belag einer Quiche, die auch Speck, Eier und Schlagobers enthielt. Der edle Pinot Grigio aus dem Collio paßte hervorragend dazu.

Maroni haben viele Meriten. Sie eignen sich als Fülle von Gans, Ente oder Truthahn. Am besten schneidet man dafür die Maroni auf der gewölbten Seite ein, legt sie auf ein mit kaltem Wasser bespritztes Blech und brät sie unter öfterem Rütteln, bis sie sich nach etwa 30 Minuten öffnen. Sie werden unzerkleinert, gemeinsam mit kleinen Apfelspalten, Salz, Pfeffer, Thymian und Beifuß, dem typischen Ganslgewürz, das die Verdauung anregt, in den Geflügelbauch gestopft. Danach die Haut mit ein paar Stichen oder kleinen Spießen verschließen. Maroni sind aber auch eine gute Beilage zu Wild, ihr süßliches Aroma paßt zu Rotkraut, Kohlsprossen und Preiselbeeren.

Dafür läßt man etwas Butter und Zucker in der Pfanne karamelisieren, die geschälten Maroni dazugeben, mit etwas Suppe aufgießen und dünsten, bis die Flüssigkeit aufgesaugt ist. Aus Maroni läßt sich aber auch ein salziges Püree machen. Ich habe es in Frankreich als Beilage zu Lamm bekommen: es war mit weichgekochter Sellerie gemischt, gesalzen und mit Zitrone abgeschmeckt.

Natürlich sind Maroni eine gute Basis für Desserts. Ihr Fruchtfleisch ist ja leicht süßlich. Pürees werden meist von Kindern geliebt, aber auch von Erwachsenen, die ihre kindliche Liebe zu cremigen Gerichten nicht verloren haben. Für Kastanienreis werden gebratene Maroni durch ein Sieb gedrückt und mit Zucker und Schlagobers vermischt. Bei großen Kindern kommt noch ein Stamperl Cognac dazu. In Frankreich heißt dieses Gericht »Mont Blanc« und wird noch mit zusätzlichem Schlagobers garniert.

Marrons glacés – in Schokolade getunkte Maroni – sind ein Erbe byzantinischer Köche, die ursprünglich Früchte in Zuckerguß servierten. Diese Küchenmode wurde in der Renaissance von burgundischen Köchen übernommen. Und als die Kakaobohne aus der Neuen Welt kam, konnte sich daraus langsam eine neue Finesse entwickeln. Schokolade und Cognac sind gute Begleiter der Maroni – auch im:

MARONIPUDDING

4 Portionen

30 dag Maroni
7 dag Butter
5 dag Zucker
5 dag Schokolade
4 Eier
2 dag Zucker zum Schneeschlagen
2 Eßlöffel Biskottenbrösel
geriebene Zitronenschale
1 Eßlöffel Cognac
Himbeeren zum Garnieren

Die Kastanien einschneiden und braten. Wenn sie fertig sind, schälen und passieren (ergibt ca. 12 dag). Butter mit 5 dag Zucker und Dottern schaumig rühren. Die Schokolade erwärmen und dazugeben. Eiklar mit restlichem Zucker steif schlagen. Dann die passierten Kastanien, die Biskottenbrösel, Zitronenschale und Cognac einrühren. Eine Puddingform mit etwas Cognac innen befeuchten, mit Kristallzucker ausstreuen. Die Masse einfüllen und verschließen. Im Wasserbad eine Stunde bei kleiner Hitze kochen, bis eine Nadel, die man einsticht, sauber bleibt. Stürzen und mit Himbeeren garnieren.

Tee und Sympathie

Ich mag diese stillen, dunklen Tage des späten Herbstes als Kontrastprogramm zur Dynamik des Sommers, als Anlaß fürs Ausschwingen, Nachdenken, Sammeln.
Tee ist dabei ein guter Begleiter.
Er entfaltet seine Wirkung auf unaufdringliche Weise, läßt andere Geschmäcker zu, er wärmt, entspannt oder regt an - je nachdem, wie lange man ihn ziehen läßt. In seiner Gesellschaft ist man nie allein, weil er Gedanken und Erinnerungen aufleben läßt. Aber er bringt Menschen auch auf angenehme, unaufdringliche Weise zusammen und regt gute Gespräche an.
Als Freundin unkonventioneller Mahlzeiten – das Mittagessen fällt bei mir oft aus – schätze ich die Teestunde in der Dämmerung als kleinen, überraschenden Luxus. Wenn da noch ein paar Gleichgestimmte dazukommen, die auch nichts im Magen haben, improvisiere ich zum Tee eine Mischung aus spätem Lunch, Jause und frühem Nachtmahl. Leider ist mir noch keine passende Bezeichnung à la Brunch dafür eingefallen. Im Familiengebrauch heißt dieses Ereignis schlicht »Teeschlumpern«. Angefangen hat dieser Brauch schon bei meiner Mutter, die sich der Kaffee- und Gugelhupftradition meiner Großmutter verweigerte.
Ich spüre heute noch den zarten Teeduft, den Geruch von Sardellenbutter, Mettwurst und Schinken, über den sich ein Hauch Tee-, Zitronen- und Rumaroma lagerte. Im Krieg veränderte sich die »Teeschlumperei«. Der russische Tee wurde immer blasser, schließlich ersetzten ihn Brombeerblätter, Apfelschalen und Hagebutten. Statt der eleganten Sandwiches gab es bröcklige Maisbrotschnitten mit unglaublichen Aufstrichen aus Kunstfett, Trockenei und Dörrgemüse.
Trotzdem: der Tee wärmte Magen und Seele und gab einem die Hoffnung, daß alles wieder besser würde. Tee, der als »Heißgetränk« deklariert war und aus heißem Wasser mit künstlichem Aroma bestand, begleitete meine Kindertage und bewirkte, daß ich mich in den fünfziger Jahren wie wild auf den ersten guten Kaffee stürzte. Die Liebe zum Tee mußte noch warten. Der Espresso, stark, würzig, aufputschend, war das Getränk dieser Zeit. Wir brauchten intensive, schnell wirkende Reize, um die Düsternis zu vergessen. Für großmütterliche Jausen hatten wir gar nichts übrig. Der Kaffee mußte schnell und im Vorübergehen konsumierbar sein, wir hatten ja so wenig Zeit und so viel nachzuholen.
Die ersten Auslandsreisen brachten auch überwältigende kulinarische Erfahrungen. Wein gab es tatsächlich nicht nur in Rot und Weiß, sondern auch in Rosé und vor allem in unglaublicher Sortenvielfalt. Und

auf einmal war auch Tee wieder da: Mittelpunkt eines unerschütterlichen britischen Lebensstils, der sich trotz so vieler Zerstörungen und Veränderungen erhalten hatte. Meine Freunde und ich ertränkten uns fast in Earl Grey, von dessen Bergamotte-Aroma wir nicht genug kriegen konnten.

Auch das ging vorbei. Langsam gewannen wir Geschmack am reinen, feinen Teearoma, genossen die Nuancen von Darjeeling und Assam und versuchten es mit dem herben grünen Gunpowder, das uns ziemlich gewöhnungsbedürftig erschien. Tee gehörte nun auch zu Hause wieder zum Alltag, er erwies sich als der bekömmlichere Morgentrunk als Kaffee, den ich nur ganz stark oder gar nicht will.

Während ihrer Teenagerzeit entdeckten meine Kinder auf ihre Weise den Tee. Schweigend, meditierend, in Wolken glosender Räucherstäbchen gehüllt, schlürften sie Gewürztee aus chinesischem Porzellan und planten eine Welt voll Liebe und ganz ohne Kapitalistenschweine. Tee bewirkt viel: Er hält uns auch noch warm, wenn die Illusionen erkalten ...

Die blumigen Düfte von Jasmin, Wildkirsch, Mango, Zimt und Orange im Tee sind verweht. Unsere familiären Teestunden begleitet nun der Geruch unparfümierten Tees, der recht gut zu unser aller Realität paßt.

Inzwischen hat auch schon die nächste Generation den Tee entdeckt, zunächst als milden, bauchwehlindernden Aufguß im Baby-Alltag. Aber auch schon auf recht erwachsene, unternehmungslustige Weise. Mein Enkel Manu hat sich auf einer ungewöhnlichen Wanderung durch Ladakh mit Salz- und Buttertee auseinandergesetzt und festgestellt, daß er damit die trockenen Getreidefladen ganz brauchbar ins Rutschen bringt. Aber geträumt hat er dabei von einem ganz bestimmten Grießpudding aus Drosendorf, der für ihn zu den Höhepunkten gemeinsamer Sommerfrische-Tage gehört.

Zurück zum November. Draußen auf der Terrasse peitscht der Wind die Zweige meines kleinen Apfelbaums und entreißt ihm die letzten Blätter. Musik klingt auf – »Stormy weather«. Warmes Licht muß sein, mollige Temperatur und weiches Gewand, in dem man sich noch zusätzlich geborgen fühlt.

Wenn sich in der Dämmerung ein paar Teedurstige einfinden, hole ich alle meine Teekannen heraus. Die schwarze gußeiserne aus Japan, die türkise Keramikkanne aus Schweden, die silbrig-kühle aus Chromstahl, die winzig kleine aus chinesischem Porzellan. Aus jeder duftet es anders: nach kostbarem Orange Pekoe, nach kraftvollem Assam, nach würzigem Ceylon, nach Olong, der außen fermentiert und innen grün ist. Dazu gibt es knuspriges Baguette mit Sardellenbutter oder Schinkenmousse. Vielleicht auch einen Aufstrich aus geräucherter Forelle, Gervais, Zitronenschale, ganz wenig jungem Zwiebel und ein bißchen Koriander. Für alle, die es gern kräftiger haben: Welsh Rarebits. Dieser englische Käsetoast (siehe Rezept S. 191) ist ein Streitfall. Eine englische Freundin behauptet, ursprünglich hätte er »Welsh Rabbit« (Waliser Kaninchen) geheißen, und erst Ahnungslose hätten aus »Rabbit« »Rarebit« (besonderer Bissen) gemacht. Es gibt aber auch die Meinung, »Rarebit« sei die Originalbezeichnung und Blödler hätten daraus »Rabbit« gemacht. Wie auch immer – dieser Toast ist gut und schnell zuzubereiten.

Zum Teetisch gehört auch Süßes. Im November gibt es bei mir keine Teebäckerei, die verdirbt einem den Gusto auf die Weihnachtskekse. Teekuchen gehört dazu, süß, flaumig und ein bißchen fad. Natürlich könnte man ihn mit Rosinen, Mandeln, kandierten Früchten aufpeppen, aber wer ißt dann noch unser weihnachtliches Früchtebrot?

Der einfache, flaumige Teekuchen ist eine wunderbare Unterlage für etwas, das beim Tee nicht fehlen darf: Orangenmarmelade. Ich liebe sie heiß – je bitterer, desto besser. Und wenn ein Schuß Whisky drinnen ist, macht das auch nichts. Orangenmarmelade, die einzige Sorte, die auch in England »marmalade« heißt, ist für mich der Inbegriff britischer Teegemütlichkeit. Erfunden hat sie eine kluge Schottin. Als ihr Mann, Mister Keiller, 1770 etwas vorschnell eine Schiffsladung billiger Orangen kaufte, die er dann nicht anbrachte, half sie ihm aus der Patsche. Es waren Bitterorangen, die niemandem schmeckten, bis Mrs. Keiller die Sache in die Hand nahm und Marmelade daraus machte. Diese schmeckte jedem und wurde ein Riesengeschäft. Schottische oder englische Orangenmarmelade, mit dick oder dünn geschnittener Schale, herb oder mild, mit Whisky oder Grand Marnier durchgeistigt, mit Ingwer gewürzt oder mit anderen Zitrusfrüchten gemischt, ist ein wichtiger britischer Exportartikel geworden.

Und weil man im November so gerne Erinnerungen an warme Tage auffrischt, Urlaubsfotos hervorholt, während draußen der Sturm ums Haus heult, entfalten die sonnensatten Orangen der Marmelade ihre stimmungsaufhellende Wirkung als Begleiter des Tees.

WELSH RAREBITS (RABBITS)

Für 3-4 Personen

6-8 Sandwichscheiben
25 dag geriebener pikanter Cheddar
(falls nicht erhältlich:
halb Parmesan, halb Edamer)
1 Eßlöffel Mehl
2-3 Eßlöffel Bier
2 dag Butter
1 Teelöffel Worcestersauce
1 Teelöffel Senf
1 Dotter
Butter zum Herausbacken
Pfeffer, etwas Paprika
1 Eßlöffel Parmesan zum Bestreuen

Die Sandwichscheiben einseitig in Butter goldbraun braten. In einer Pfanne mit dickem Boden vorsichtig den Käse schmelzen und mit Bier, weicher Butter, Mehl, Worcestersauce und Senf, Pfeffer und Paprika vermengen. Ständig rühren, bis die Masse glatt ist. In einer Schüssel das Dotter versprudeln und mit der leicht überkühlten Käsemasse vermischen. Abschmecken, eventuell nachsalzen. Auf die Brotscheiben streichen, mit Parmesan bestreuen und unter dem Grill hell bräunen.

Erdäpfel – ein Stöhnessen

Natürlich habe ich früher auch die Angewohnheit gehabt, Erdäpfel an den Tellerrand zu schieben, um mich mit Fleisch pur sattzuessen. Inzwischen weiß ich, was Erdäpfel für kerngesunde Schlankmacher sind – sofern sie nicht in Butter oder Frittierfett schwimmen.

Erdäpfel haben pro Viertelkilo 178 Kalorien, sie enthalten Vitamin C, reichlich Kalium und Magnesium, und sie entwässern auch noch. Was für ein fabelhaftes Alibi für ein Produkt, aus dem sich so viele köstliche Gerichte zubereiten lassen. Und welcher Trost, daß ein Erdäpfeltag pro Woche so manche Diätsünde wettmacht.

Seit meiner Kindheit sind Erdäpfel genauso wie Spaghetti für mich Inbegriff sanften, sättigenden Wohlbehagens. Und wie bei Spaghetti genügt eigentlich nur ein bißchen Butter, um einen der unübertroffen einfachen Genüsse des Lebens hervorzuzaubern. Ein kleiner, herzförmiger Erdapfel, frisch gedämpft, gerade geschält – als Kind habe ich ihn in der Küche von meiner Großmutter bekommen und ein Gefühl freundlich-selbstverständlicher Geborgenheit erlebt. Wenn ich heute Erdäpfelpüree oder Erdäpfelsuppe esse, steigt diese Empfindung wieder in mir auf. Bei uns ist im Moment eine Cremesuppe aus goldgelb gerösteten Zwiebeln, Fenchel, Erdäpfeln und Rahm (siehe Rezept S. 195) in den Rang eines sogenannten »Stöhnessens« aufgestiegen. Sie tapeziert mollig und mild Magen und Seele und stimmt sehr, sehr friedlich. Im Sommer kann man sie auch gekühlt servieren.

Erdäpfelpüree hat eine ganz ähnliche Wirkung. Es gibt Tage, da legt es sich wie eine schützende, federleichte Daunendecke über mein Innenleben und hält Seelenfrust und Herzenskälte erfolgreich ab.

Leider erfüllt das Erdäpfelpüree diese Aufgabe am besten, wenn man es mit gaumenstreichelndem Schlagobers versetzt. Aber man muß ja nicht gleich einen halben Liter Obers auf ein Kilogramm Erdäpfel nehmen wie meine Tante Claire, deren cremiges Püree im ganzen Freundes- und Familienkreis berühmt war. Ich mische immer Milch und Obers, und das schmeckt wunderbar.

Was für ein Genuß, wenn man das Püree mit goldbraunen, knusprigen Zwiebelringen serviert. Auch frische, feingehackte Kräuter wie Schnittlauch, Petersilie, Thymian machen aus dem Püree eine Delikatesse. Zu Selchfleisch oder Zunge bewährt sich Kren als Zugabe.

Mit Erdäpfelkroketten aus festem Püree geht es mir ähnlich wie mit Pommes frites – sie sind mir zu fett und zu schwer. Daß ich sie in der Kantine eines Verlags, in dem ich einmal arbeitete, nie aß, hatte einen besonderen Grund. Ich beobachtete einmal, wie die Kantinenwirtin offenbar den Platz vor ihrem Kücheneingang teerte. Beim zweiten Blick erwies sich der Teer als tiefschwarzes Frittierfett, das sie durch das Kanalgitter »entsorgte«. Wie wohl die Kroketten und Pommes, die es am Tag zuvor gab, geschmeckt haben mochten?

Besonders fein schmecken die berühmten Waldviertler Erdäpfelknödel zum Schweinsbraten und die legendären »Wuzinudeln« mit Mohn – vor allem wenn man sie sich mit einer langen, hungrigmachenden Wanderung verdient. In Italien hole ich mir mit langen Museumswanderungen Hunger für Gnocchi, jene winzigen Erdäpfelnockerln, die mit Gorgonzolacreme oder mit Parmesan und Butterflocken überbacken und mit würziger Paradeissauce serviert werden.

Manche Gerichte sind für mich untrennbar mit Erdäpfeln verbunden. Was wäre ein Schnitzel ohne Petersilerdäpfel oder Erdäpfelsalat? Mir wird immer ganz melancholisch zu Mute, wenn man mir Reis oder gar Pommes frites zum Schnitzel serviert. Für den Erdäpfelsalat habe ich mir einen Trick bei Großmeister Gerer abgeschaut: er kocht die roten Zwiebeln dafür kurz in Rindsuppe, was sie sehr mild macht. Dann werden sie mit der Marinade über die gekochten Kipfler gegeben. Frischer Schnittlauch kommt auf den fertigen Salat.

Zu einem saftigen Lammkotelett schmeckt mir nichts besser als ein Eräpfelgratin. Es ist, wenn man es mit Obers macht, eine Kalorienbombe, aber ein Löffel davon genügt. In Frankreich habe ich eine sehr luxuriöse Form des Gratins kennengelernt. In die mit Knoblauch ausgeriebene Form gießt man etwas Obers, dann schlichtet man lagenweise hauchdünn gehobelte, gesalzene und gepfefferte rohe Erdäpfel, geriebenen Gruyère, darüber Obers und so weiter, bis die Erdäpfel verbraucht sind. Die Form kommt im heißen Wasserbad 40 Minuten ins Rohr. Dann schüttet man, wenn das Obers aufgesaugt ist, noch welches nach und läßt das Gratin weitere 15 Minuten im Rohr. Danach kommt Käse darauf. Bei großer Hitze Farbe annehmen lassen und servieren.

Um das Erdäpfelgratin bekömmlicher zu machen, kann man es zunächst mit klarer Gemüsesuppe begießen und erst, wenn die Erdäpfel halbweich sind, mit Obers aufgießen.

Daß Erdäpfelgerichte heute wieder ein ganz anderes Renommee haben, läßt sich an den feinen Varianten ablesen, die in Gourmetrestaurants serviert werden: Erdäpfelpuffer mit Lachs, Erdäpfelsuppe mit Shrimps, Erdäpfelkruste auf Fisch. Eine der poetischsten Spielereien mit Erdäpfeln habe ich bei Liesl Wagner-Bacher gesehen: sie legt zwischen zwei hauchdünne Erdäpfelscheiben ein Petersilienblatt und bäckt alles in Fett heraus.

Viele kreative Köche pflegen ihre Kontakte zu erstklassigen Erdäpfellieferanten. In Oberösterreich kommen die besten Erdäpfel aus dem Sauwald, in Niederösterreich aus dem Waldviertel und dem Weinviertel. Ganz besonders fein (aber nur selten zu verkosten) sind die Erdäpfel, die Wachauer Bio-Weinbauern zwischen ihren Rieden ziehen.

Ursprünglich hieß die Kartoffel Tartuffel und wurde der Trüffel gleichgestellt. Diesen Namen bekam das Beutegut aus dem Reiche der Inkas übrigens in Wien. Der Botaniker Clusius pflanzte die exotische Knolle in seinem Versuchsgarten und beschrieb sie 1588 als »Kleine Trüffel«.

Daß Ahnungslose zuerst die giftigen Früchte, die auf dem Erdäpfelkraut wachsen, kosteten, verschaffte ihnen einen schlechten Ruf. Aber bei allem Auf und Ab von der exotischen Delikatesse zum Arme-Leute-Essen bekamen irgendwann einmal talentierte böhmische Köchinnen Erdäpfel in die Hand und machten wunderbare Dinge daraus. Von ihnen stammt auch die fast vergessene Bezeichnung »Bramburi«, die daran erinnert, daß im preußischen Brandenburg der strenge König Friedrich II. sein Volk zum Erdäpfelessen bekehren wollte. Daß dies nicht gelingen konnte, ist klar: Es fehlten ihm die Rezepte der böhmischen Köchinnen.

In ihrer Nachfolge schuf die Wirtin des Tulbingerkogels, Elisabeth Bläuel, ein Gericht zum Niederknien:

ERDÄPFELSCHLANGE MIT BRIES-SPINAT-FÜLLE

Für 4 Personen

Teig:

40 dag mehlige Erdäpfel
20 dag Mehl
1 Prise Salz
1 Prise Muskatnuß
2 Dotter
5 dag weiche Butter

Die Erdäpfel schälen und passieren. Mit den restlichen Zutaten rasch zu einem Teig verarbeiten.

Fülle:

30 dag Bries
3 Eßlöffel Butter
1 Eßlöffel feingehackte Zwiebeln
30 dag Blattspinat
1 Ei
Salz, Pfeffer, Petersilie

Kalbsbries mit heißem Wasser überbrühen und von der Haut befreien. Den Spinat blanchieren. Das kleingehackte Bries mit Butter, Petersilie, Pfeffer, Salz und Zwiebeln dünsten, zum Schluß den gehackten Spinat dazugeben. Auskühlen lassen. Den Erdäpfelteig 5 mm dick ausrollen, die Fülle darauf verteilen, einschlagen und auf ein befettetes Blech legen. Die Oberfläche mit Ei bestreichen und im Rohr bei mittlerer Hitze ca. 20 Minuten goldgelb backen. Noch warm in Scheiben schneiden.

ERDÄPFEL-FENCHEL-SUPPE

Für 4 Personen

1 mittlere Zwiebel
1 größerer Erdapfel
$1/2$ kg Fenchelknollen
1 Eßlöffel Butter
$1/4$ Liter Obers
1 Liter Wasser und 1 Gemüsesuppenwürfel
(oder 1 Liter Gemüsesuppe)
Salz, Pfeffer
evtl. 1 Semmel für Croutons und
2 Eßlöffel Butter zum Braten

Die Zwiebel schälen, schneiden und in der Butter hellgelb rösten. Fenchel und Erdäpfel putzen bzw. schälen, schneiden und dazugeben. Mit Wasser aufgießen, den Suppenwürfel dazugeben und auflösen. 25 Minuten kochen, im Mixer pürieren, salzen, pfeffern und mit leicht geschlagenem Obers vermischen. Mit in Butter gebratenen Semmelwürfeln servieren. Man kann diese Suppe ohne Croutons im Sommer kalt essen.

Seelenfutter gegen Novemberfrust

Nebelschwaden, Nieselregen, ehe es so richtig hell wird, dämmert es schon wieder: kein Wunder, daß im November auch die Seele friert. Darüber kann man lamentieren oder still in sich hineingrübeln und auf bessere Zeiten hoffen.

Querköpfe und Widerspruchsgeister wie ich sind aus purem Bestemm auf einem anderen Trip. Zu keiner Zeit des Jahres macht es mir so viel Spaß, Gäste einzuladen, eine Stimmung der Wärme und des Behagens zu entfachen. Dafür habe ich mehrere Rezepte.

Das eine besteht darin, der Kälte draußen feurige Gerichte entgegenzusetzen. Im November explodiert mein Verbrauch an Paprika, Curry, Pfefferoni. Meine Sehnsucht nach scharfem Szegedinergulasch, nach Fischpörkölt oder Lammcurry erreicht ihren Jahreshöhepunkt.

In der warmen Jahreszeit gibt es das alles eher selten. Erstens ist meine Wohnung über den Dächern Wiens an sich schon ziemlich heiß. Und außerdem esse ich gern leicht: Fisch, Gemüse, Teigwaren. Aber wenn die Tage kürzer und dunkler werden, erwacht das atavistische Urbehagen, das mit einem vollen Bauch einhergeht.

Und da genießt man plötzlich opulente Fleischgerichte, Knödel, Erdäpfel. Eine Zusatzfreude ist das schöne Kribbeln in der Magengrube, das durch scharfe Gewürze erzeugt wird. Was für eine Wonne, wenn ich mit den wunderbar scharfen, winzigen Peperoncini meiner genuesischen Freundin Giuseppina einen Zigeunerrostbraten oder ein Letscho würze. Da lebt ein Stück ligurischen Sommerglücks in den wienerisch-balkanesischen Seelentröstern des Novembers weiter.

Eine erstaunliche multikulturelle Querverbindung entdeckte ein Freund aus den amerikanischen Südstaaten: »Wie schön, daß ihr auch Soul food habt«, sagte er und vergrub sich in meinem paprizierten Reisfleisch.

Soul food, das ist in den Südstaaten vor allem: Schweinernes, Mais, Reis und Bohnen. Die Schweine brachten die britischen Siedler mit, die 1607 an der Küste von Virginia landeten. Mais und Bohnen waren reichlich vorhanden. Und aus dieser Kombination entstanden die typischen Gerichte der Region, die Geborgenheit in einer vielfältigen Kultur vermitteln, z. B.: Country ham and grits – Landschinken mit Maisbrei. Aus der Küche der Einwanderer kamen Eintöpfe, Braten, Pudding, Bier und Brot. Die Indianer kochten mit Mais, Erbsen, Bohnen, Wild, Fisch und Meeresfrüchten. Und dann kamen auch noch die Sklavenschiffe aus Afrika und brachten Okra,

Melonen, Süßkartoffeln. Steuerten sie vorher südamerikanische Häfen an, waren Chili, Kartoffeln und Tomaten an Bord. Und das Wissen, wie man Fleisch am besten grillt – daraus wurde die Barbecue-Tradition der Südstaaten. Und alles zusammen war und ist: Soul food.

Es tröstete vor allem die Armen, die ihre Feste mit deftigen Eintöpfen, gegrilltem Fleisch, Catfish – einer Welsart –, Pekanußkuchen und Bourbon feiern. Und dazu reichlich seelenerweiternder Blues!

Bei mir gibt es auch noch die böhmisch-byzantinische Variante des Seelenfutters, die auf depressionslindernde Milde und Süße setzt. Sie appelliert an das Kind in uns, das einmal bei Grießkoch mit Zucker und Zimt sehr glücklich war, das Milchreis als Trost gegen Kümmernisse schätzen lernte, das mit Knödeln und Nudeln Falten der Seele auskleiden lernte.

Erstaunlich viele Männer kann man mit dieser Variante von Seelenfutter von ihrem Novemberfrust befreien. Knödel befördern offenbar eine Fülle angenehmer Assoziationen, sei es ihrer rundlichen Form wegen oder infolge ihres rundlich-molligen Geschmacks.

Vielleicht ist es die schöne Einfalt dieses Gerichts, das so einfache, unverschnörkelte Gefühle zuläßt. So mancher, der sich als hochgezwirbelter Gourmet stilisiert, wird angesichts von Knödeln schwach und schlägt sich glücklich lächelnd den Bauch damit voll. Morgen, beim Arbeitsessen, wenn die wichtigen Menschen zuschauen, gibt es dann wieder Wachtelstelzchen an Veilchenfrikassee.

Ich muß ehrlich gestehen, daß ich – was Knödel angeht – eine Spätbekehrte bin. Sie gehörten zu jenen »Mampfessen« der Nachkriegszeit, deren höchste Qualität darin bestand, daß es viel davon gab. Ich mochte in besseren Zeiten Knödel weder essen noch kochen, weshalb sie mir auch regelmäßig zerfielen, wenn ich es dann doch widerwillig und immer einem Mann zuliebe tat. Aber niemand soll einen hindern, über Nacht klüger zu werden; jetzt habe ich mich mit ihnen angefreundet.

Was gibt es schließlich Besseres zum Schweinsbraten oder zum Beuschel? Weil ich aber auch bei Knödeln meine Liebe zu mediterranen Gerichten nicht verleugnen kann, sind »knederli«, die ich in einer Trattoria in Tolmezzo aß, meine Favoriten. Es sind Spinatknödel (siehe Rezept S. 201), die mit brauner Butter und Parmesan serviert werden und die sich im Novembergrau als Seelenaufheller bewähren. »Drum esset Knödel immerfort und überall, schützt euch die Speise doch vorm Verfall«, meint Helmut Eisendle. Und auf Dichter soll man hören.

In der böhmisch-byzantinischen Abteilung meiner Antifrust-Küche gibt es also reichlich Kohlenhydrate, die, wie Ernährungsfachleute feststellten, die gute Laune fördern. Das tun auch Erdäpfelgerichte, die zusätzlich noch Vitamine einbringen und entwässerndes Kalium.

Natürlich läßt auch byzantinische Süße die Seele aufblühen. Aber Vorsicht: Seelenfutter kann man überdosieren. Nach einem kräftigen Hauptgericht mit massiver Beilage kann ein allzu üppiges Dessert zur Plage werden. Bei mir gibt es nach einem kräftigen Hauptgericht, etwa Krautwickel oder einem scharfen Eintopf mit Reis, nur eine hauchleichte Creme oder marinierte Früchte. Um eine richtige byzantinische Mehlspeise - süß und aromatisch, mit kandierten Früchten oder Nüssen - zur Geltung zu bringen, sollte es vorher leicht und bekömmlich zugehen.

Ich serviere gerne eine scharfe Fischsuppe mit reichlich Meeresgetier drin als Vor- und Hauptspeise und danach einen kräftigen Mohren im Hemd, Marzipantoretelts mit Früchten oder einen Strudel mit getrockneten Früchten (siehe Rezept S. 201).

Marzipan in allen Fassonen ist für mich der pure kulinarische Byzantinismus. Ich bin sicher, daß die schöne Kaiserin Theodora ihre Liebhaber mit Marzipan gefüttert hat. Schokolade stand ihr ja noch nicht zur Verfügung, die kam erst später aus Südamerika zu uns. Aber jetzt wissen wir, warum sie die Azteken so sehr liebten: sie hat einen Wirkstoff, der vergnügt macht und Depressionen vertreibt. Gerade das richtige an Tagen, da der Himmel bis zum Trottoir herunterhängt.

Zum richtigen Soul food gehört auch der Blues, jene melodische Dosis Melancholie, die erstaunlicherweise die eigenen Seelenfalten glättet. Ich lasse sie mir am liebsten von Roland Neuwirth und seinen Extrem-Schrammeln ausbügeln: »Die Donau liegt ausg'streckt auf an Leintuach aus Schnee - die Eiszeit is ausbrochen in unserer Seel ... Aber du bist mei Kittelfalten, um die do tät ma lad! Hast da an warman Odn g'haltn - glaubst, daß ma's packen wern, die nächsten Minusgrad?«

Gibt es was Besseres für frierende Seelen? »Es kann dir nix g'schehen!«

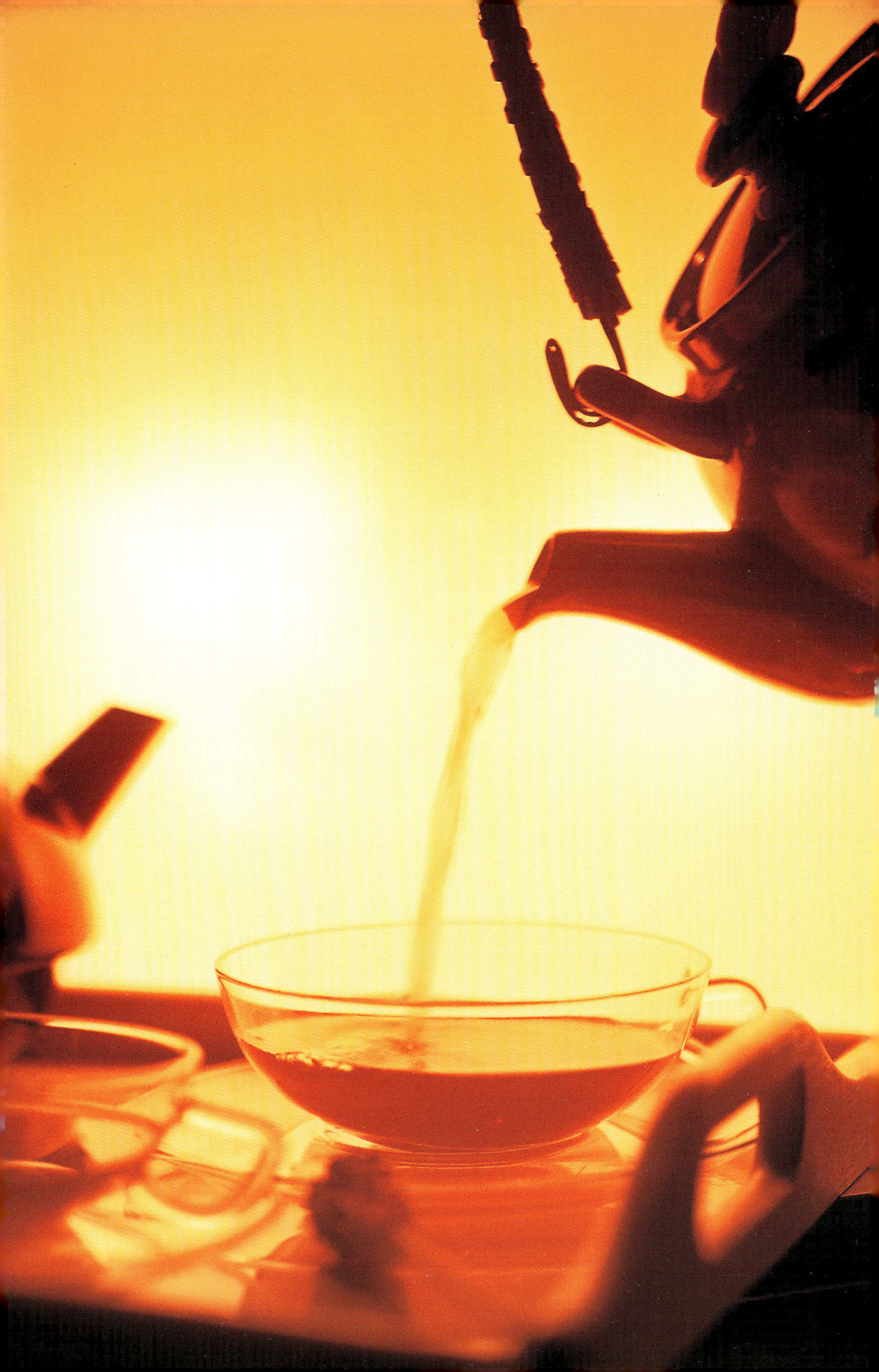

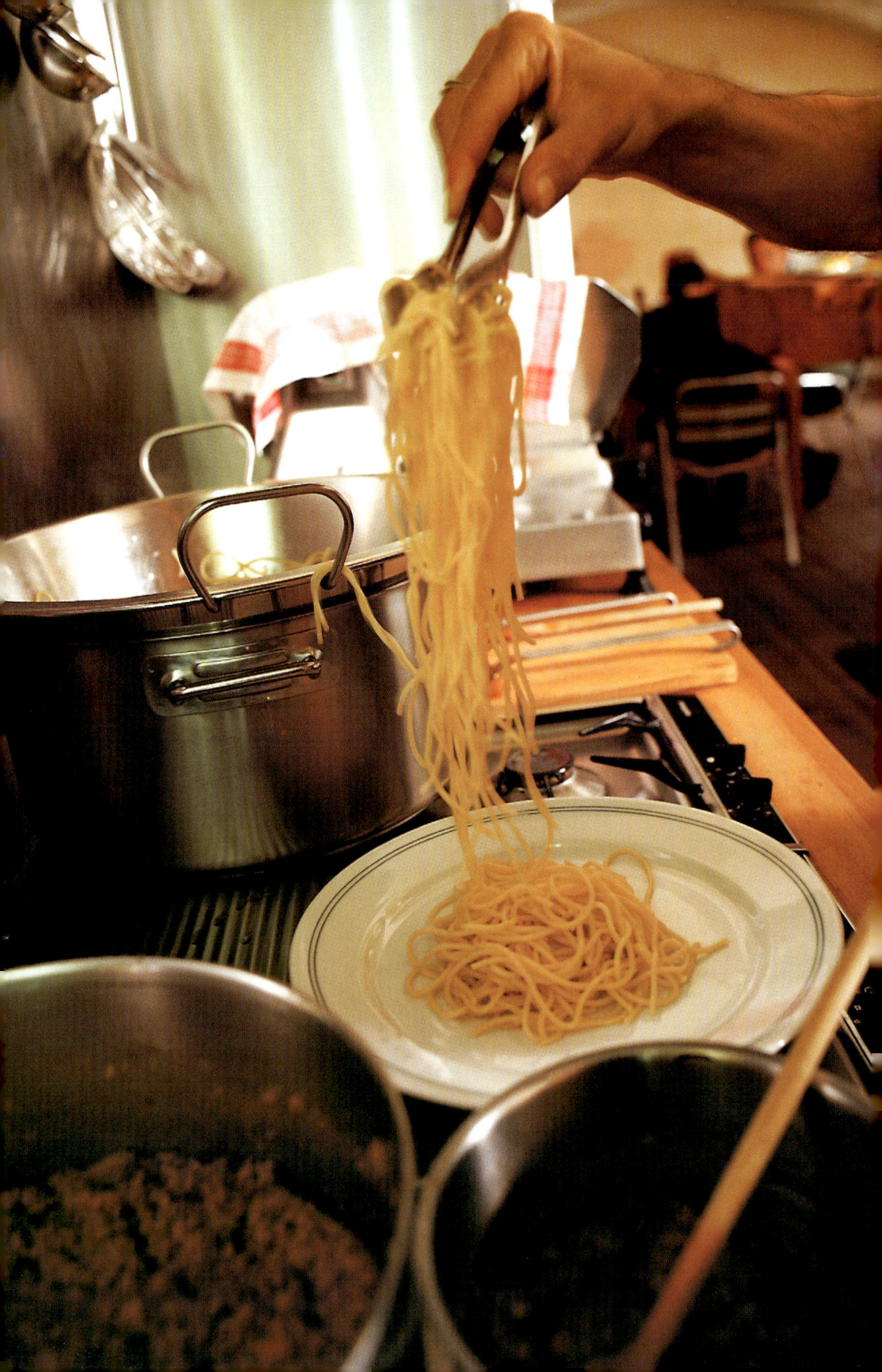

— SEELENFUTTER GEGEN NOVEMBERFROST —

SPINATKNÖDEL

Für 4 Personen

40 dag blanchierter,
ausgedrückter, passierter Spinat
3 Eier
1 kleine Zwiebel
1 Zehe Knoblauch
20 dag Semmelwürfel
1 Eßlöffel Butter
zum Anrösten
1 Eßlöffel Mehl
Semmelbrösel, Milch
Pfeffer
Salz
Muskat
geriebener Parmesan
Butter zum Übergießen

Zwiebel und Knoblauch klein schneiden, in Butter anrösten, mit den Semmelwürfeln vermischen. Die Eier versprudeln, mit dem Spinat und den Semmelwürfeln vermengen, das Mehl einrühren. Pfeffern, salzen, mit Muskat würzen. Je nach Aufnahmefähigkeit der Masse mit etwas Semmelbröseln oder Milch zu einer gut formbaren Masse verrühren. Im Kühlschrank 1-2 Stunden rasten lassen. Je nach Konsistenz mit Brösel festigen. Im kochenden, gesalzenen Wasser einen kleinen Probeknödel kochen. Die fertigen Knödel mit zerlassener Butter und Parmesan servieren.

TÜRKENSTRUDEL

12 Portionen

1 Doppelpackung Strudelblätter
Fülle:
5 Eier
11 dag Zucker
15 dag Butter
abgeriebene Schale einer
ungespritzten Zitrone
1 Mokkalöffel Zimt
8 dag Zitronat
8 dag Rosinen
8 dag Feigen
8 dag Datteln
16 dag geschälte, geriebene Mandeln
1 Stamperl Cognac
Butter zum Bestreichen

Die Rosinen in Cognac einlegen und 1 Stunde stehenlassen. Die Trockenfrüchte klein hacken. Die Eier trennen, die Dotter mit Zucker schaumig rühren, die weiche Butter beigeben und zu einer cremigen Masse mischen. Geriebene Zitronenschalen, Zimt und die geschnittenen Früchte und die geriebenen Mandeln beigeben. Die Rosinen, falls sie den Cognac nicht aufgesaugt haben, abseihen und unterheben. Die Eiklar sehr steif schlagen und mit der Masse vorsichtig vermengen. Auf die mit flüssiger Butter bestrichenen Strudelblätter auftragen, einrollen und backen.

Blick in fremde Weihnachtstöpfe

Eine Zeitlang war ich beruflich in der Vorweihnachtszeit viel unterwegs. Eine gute Gelegenheit, sich anzuschauen, wie andere Weihnachten vorbereiten, und sich die eine oder andere Anregung zu holen.

Schaufensterbummel in fremden Städten hat sich auch als Kurzreiseprogramm eingebürgert.

Der Besuch fremder Christkindlmärkte, glitzernder Einkaufsmetropolen oder von Städten, die sich außerhalb der Reisesaison ganz anders präsentieren als im Ferienrummel, ist eine interessante Alternative zum klassischen Weihnachtsurlaub. Schlangen vor dem Lift, wenig Sonne und überfüllte Gasthöfe erweisen sich nicht immer als sehr erholungsfördernd.

Da ist der Bummel durch die Kopenhagener Fußgängerzone Strøget, den ich in der Adventzeit machte, um vieles genußreicher. 1,8 Kilometer sind die fünf ineinandergehenden Straßen und Plätze lang, und nirgends auf meinen Reisen habe ich in den geschmackvollen Geschäften und Warenhäusern, den Restaurants und Imbißstuben eine gelassenere, angenehmere Vorweihnachtsstimmung erlebt. Die Portale sind mit dicken Tannengirlanden geschmückt, keine grellen Effekte stören das Auge. So unterspielt und gemütlich, wie die Dänen leben, sind auch ihre Weihnachtsinszenierungen. Überall geistern »nisser« – so heißen die dänischen Weihnachtszwerge – herum: als Auslagendekor, auf Karten, als Tischschmuck. In den Straßen duftet es verführerisch nach Wienerbrød, einem Plundergebäck, wie man es in Wien nie so reich mit Marzipan, Nüssen, Cremes oder Marmelade gefüllt bekommt. Ich habe einmal einen gut isolierten Karton davon, brennheiß aus dem Ofen, nach Wien mitgenommen und mit meinen Söhnen noch lauwarm verspeist.

Wer vom vielen Schaufensterbummeln hungrig wird, findet überall eine Riesenauswahl von Smørrebrød. Diese Sandwiches sind durch ihre Reichhaltigkeit ganze Mahlzeiten – »et stykke mad« – ein Stück Essen, sagen die Dänen dazu. Mit Entenbrust oder Hering, Aal, Lachs, Kaviar belegt, dazu trinkt man Bier oder Schnaps. Vor Weihnachten haben die Smørrebrød-Jungfern, die eine eigene Ausbildung brauchen, besonders viel zu tun. In den Büros, aber auch zu Hause wird mit den opulenten Sandwiches vorgefeiert. Und junge Leute holen sich besonders feines Smørrebrød auch als Weihnachtsessen nach Hause. Es gibt sehr lustige Bezeichnungen für die beliebtesten Garnierungen: »Löwenessen« für Tatar mit Zwiebeln, Kapern, roten Rüben und Kren, »Landstraße nach Roskilde« für ein Salamibrot, dessen Musterung an den alten Straßenbelag erinnert.

Nirgends habe ich so unprätentiös gegessen wie in den Restaurants am Gammelstrand oder in Nyhavn. Nyhavn, das alte Hafenviertel, wo Christian Andersen lebte, hat an seinem Kanal eine »gute« und eine »böse« Seite, die für viele die interessantere ist, mit ihren Sexshops, Tätowierern und Bars. Auf der »guten« Seite habe ich wunderbare »Weihnachts-Frokost« gegessen – keineswegs, wie man glauben würde, ein vegetarisches Buffet, sondern eine Riesenauswahl an Fischgerichten, Meeresfrüchten, Pasteten, Desserts. Vor Weihnachten bekommt man überall »jule gløgg«, den Weihnachtspunsch, den man beißen muß, weil Mandeln und Rosinen drin schwimmen.

Wahre Menschenfallen für Leute, die gern wohnen, sind die Kopenhagener Einrichtungshäuser, die Spezialgeschäfte für edle Keramik, Silber und das Haus der Königlich Kopenhagener Porzellanmanufaktur. Hier werden noch immer das berühmte »Musselmalet«-Design und das Flora-Danica-Blütenmuster erzeugt. Um die Weihnachtszeit decken bekannte Künstler phantasievolle Weihnachtstische. Und in einer eigenen Abteilung bekommt man das teure Porzellan sehr günstig – mit winzigen Fehlern. Was mich an Kopenhagen immer wieder fasziniert, sind die überwältigenden Blumenläden mit den geschmackvollsten Arrangements. In einem davon konnte man auch Kaffee trinken und Kuchen essen.

Wem die Christkindlmärkte österreichischer Städte zu still sind, der sollte sich in den Wirbel des Nürnberger Christkindlmarkts stürzen. In seiner Fülle und Intensität ist er ein Unikat. Nürnberg war in der Renaissance ein Zentrum des Gewürzhandels. Zimt, Muskat, Vanille, Pfeffer, Kardamom kamen von Indien und den Gewürzinseln nach Arabien und über Venedig in die uralte Reichsstadt Nürnberg. Kein Wunder, daß hier die besten Lebkuchen entstanden – den Honig dafür lieferten die Waldimker der Umgebung. Seit dem Mittelalter war Nürnberg auch ein Zentrum des Spielzeughandels. Und weil seit der Reformation nicht der heilige Nikolaus, sondern das Christkind die Geschenke bringt, tritt bei der Eröffnung des Markts eine hübsche Nürnbergerin, als Christkind gekleidet, auf die Empore der alten Frauenkirche und spricht den Prolog. Nicht nur der Hauptmarkt rund um den »Schönen Brunnen«, auch die Seitenstraßen sind reich geschmückt, die Stände erstrahlen in warmen Licht.

Rauschgoldengel und Strohsterne, Lebkuchen in runden Dosen mit dem Bild Albrecht Dürers, gebrannte Mandeln und Rostbratwürste werden angeboten. Und natürlich Spekulatius, ein Modelgebäck, das daran erinnert, daß ein Astronom einem Gewürzhändler anbot, ein System für seine Preisspekulationen zu finden. Das System scheiterte, aus dem Gewürz machte man ein Gebäck.

Was bei uns der Zwetschkenkrampus, ist in Nürnberg der »Zwetschkamoh«. Der Zwetschkenmann wird bei Beziehungsproblemen empfohlen: »Willst an, der di net ärgern koh, kafst da halt an Zwetschkamoh.«

Das totale Kontrastprogramm zur Lebkuchenromantik Nürnbergs ist die Glitzerwelt des New Yorker Advents. Balkone werden durch Lichterketten zu leuchtenden Skulpturen. Der riesige Lichterbaum und die Engel vor dem Rockefeller Center scheinen direkt von der Milchstraße heruntergeregnet zu sein. »Angels on horseback« – berittene Engel – sind der passende Imbiß an der Bar: gegrillte, mit Speck umwickelte Austern. Wer Freunde in der Stadt hat, wird vielleicht am Thanksgiving Day, dem dritten Donnerstag im November, zum traditionellen Truthahnessen eingeladen. Er wird mit Maroni und Äpfeln gefüllt und mit Preiselbeersauce serviert. Danach gibt es Pumpkin Pie, einen Mürbteigkuchen mit Kürbisbelag.

In New York findet am Thanksgiving Day beim Kaufhaus Macy's eine Parade von Comics-Figuren statt. Insider gehen ihr bis zum Museum of Natural History entgegen. Auf der Wiese davor werden die Plastikfiguren aufgepumpt, ehe sie ihren Marsch beginnen.

Bereits vor Weihnachten gibt es Specials – billige Sonderverkäufe aktueller Winterware. Aber auch wer nichts einkauft: die Schaufensterinszenierungen der großen Warenhäuser oder die irreale Protzkulisse des Trump Tower sind ein Erlebnis.

Und dann flüstern aus den strahlenden Luxustempeln samtige Stimmen alte Märchen und Legenden ...

Ein weiterer der vielen Kontraste New Yorks: die Diamond Row in der 47th Street. In einem schäbigen Viertel konzentriert sich der Juwelenhandel in kleinen und größeren Läden und Büros und in einem

Bazarbetrieb auf der Straße. Rund um die meist jüdischen Läden gibt es typische Delikatessengeschäfte und kleine Beisel, wo man »bagel« - ein Gebäck -, »kreplach« - Teigtaschen, die meist in Hühnersuppe schwimmen - oder »blintzes« - Käsepalatschinken -, essen kann.

Vorweihnachtsausflüge sind eine gute Gelegenheit, originelle Geschenke zu finden. Die ausgefallensten habe ich vor Jahren bei Harrod's in London entdeckt. Hier gibt es den kitschigsten Christbaumschmuck, der mir je untergekommen ist: kupferfarbene Mini-Wärmflaschen, Plastikzwerge mit Kilt (und sichtlich nichts darunter), Christbaumketten mit Medaillons der Queen in den wunderbaren Zuckerlfarben, die sie so gerne trägt. Für Besitzer von Zwerghunden habe ich Pyjamas mit giftgrünem Knochenmuster und passendem Rüscherlhäubchen entdeckt.

Man konnte damals bei Harrod's auch die ausgefallensten Begräbnisarten buchen - auf hoher See, auf fernen Berggipfeln, im Dschungel, in einer Nachbildung von Taj Mahal. Originelle Weihnachtsgeschenke für Leute, die schon alles haben ...

Und weil es mich immer wieder nach Italien zieht, habe ich dort auch schon die Vorweihnachtszeit verbracht. Mit Vivaldimusik vom Band in stillen venezianischen Kirchen und mit viel Getriebe in milanesischen Geschäftsstraßen. Bei Freunden war ich zu einem typischen Festessen eingeladen, mit der unvergleichlichen Zuppa Inglese, die keine Vor-, sondern eine Nachspeise ist (siehe Rezept S. 206).

In der Via Montenapoleone in Mailand habe ich mir die Nase an den Fenstern der großen Modesalons plattgedrückt. Gekauft habe ich dann allerdings im Kaufhaus La Rinascente, wo schicke Mode erschwinglich ist. Und dann bin ich natürlich bei Beck gelandet, dem Superdelikatessengeschäft mit seinem wunderbaren Olivenöl, dem besten Panettone, Prosciutto und Salami vom feinsten, Trüffelbutter und uraltem Balsamico.

Das war dann die Basis für viele Essen mit Familie und Freunden, mit denen ich mich schnurrend zusammenringle. Getreu dem - hier etwas abgewandelten - Ausspruch meines Sohns: »Du kochst ja nur aus Egoismus so gut.«

Zuppa Inglese

Für 4-6 Personen

½ Liter Milch
5 Eier
12 dag Zucker
1 Vanilleschote
20 dag Biskotten
1-2 Stamperln Cognac zum Beträufeln
15 dag Ricotta
6 dag Bitterschokolade
6 dag gehackte, kandierte Früchte
(Zitronat, Orangeat, Kirschen etc.)

10 dag Zucker mit zwei ganzen Eiern und drei Dottern cremig schlagen. Die drei Eiklar gekühlt aufheben. Die Milch mit dem restlichen Zucker aufkochen, überkühlen lassen und unter ständigem Rühren mit der Eicreme mischen. In einen sauberen Topf leeren, die Vanilleschote beigeben und auf kleiner Flamme unter ständigem Rühren bis knapp vors Kochen erhitzen. Auskühlen und Ricotta einrühren. Die Biskotten mit soviel Cognac beträufeln, daß sie weich werden, aber nicht zerfallen. Schokolade in kleine Stücke schneiden und mit den gehackten kandierten Früchten in die Creme geben. Abwechselnd Biskotten und Creme in eine Auflaufform geben. Die drei Eiklar mit einem Löffel Zucker steif schlagen, aus dem Schnee mit dem Spritzsack auf das Dessert Muster dressieren. Bei großer Hitze kurz überbacken, bis die Schneemasse hellbraun wird.

Karpfen: der patriotische Fisch

Zu Weihnachten kann man auch seine kulinarischen Wunder erleben. Für junge, sehr körperbewußte Freunde, die sich bei mir zum Heiligen Abend angesagt hatten, tüftelte ich ein sehr leichtes Menü aus – stromlinienförmig, wie die, die es essen sollten. Und weil ich nicht sicher war, ob es geheime kulinarische Abneigungen gäbe, fragte ich sicherheitshalber noch einmal nach.

Meine Gäste versicherten mit etwas angestrengter Begeisterung, daß alles okay sei. Aber als ich verunsichert nachbohrte, kam etwas Unerwartetes. »Am allerliebsten«, sagten sie mit glänzenden Kinderaugen, »hätten wir gebackenen Karpfen mit viel Mayonnaisesalat.«

Offenbar besiegen Prägungen aus der Kindheit zu besonderen Anlässen die antrainierte Askese, dachte ich. Und ging auf den Markt, um einen besonders schönen Karpfen zu ergattern. Meine Freunde hatten recht: der Karpfen ist ein in jeder Hinsicht mit unserem Leben verbundener Fisch. Er stellt in großen Teilen Österreichs das typische Weihnachtsessen. Es weiß zwar jeder, was ihm blüht, wenn er dieses Weihnachtsmahl schnaufend hinter sich gebracht hat, aber nur wenige wollen ihn missen. Ohne daß es uns bewußt ist, werden beim Genuß des Karpfens eine Menge alter Geschichten lebendig. Ausnahmsweise haben sie nicht das mindeste mit heidnischen Bräuchen zu tun – die Germanen kannten den Fisch als Festspeise nicht. Aber für die ersten Christen war Fisch das Symbol der Erlösung. Das griechische Wort »Ichtys« galt als Abkürzung für »Jesus Christus, Gottes Sohn, Erlöser«.

In den Mittelmeerkulturen war der Fisch schon in vorchristlicher Zeit ein Glücksbringer. Und weil das Eintauchen in das Taufbecken den Christen Erlösung bringen sollte, verband man den Begriff Fisch damit. Kein Wunder, daß er zur symbolischen Speise zu Christi Geburt wurde.

Daß man in Österreich den Karpfen dafür wählt, hat einen einfachen Grund: er war der typische Fisch der Donau. Wie die einmal ausschaute, davon kann man sich heute – nach so vielen Regulierungen und Staudammbauten – nur noch in den Donauauen östlich von Wien überzeugen. Dort in den ruhigen Altwässern gedeihen nach wie vor die walzenförmigen Wildkarpfen, denen weder Hoch- noch Niederwasser etwas ausmacht und die, grundelnd, sogar Eisstöße überleben.

In der Donaumündung wurde der Karpfen von den Griechen, später von den Römern entdeckt und zu einer beliebten Speise. Im Mittelalter galt Fisch – und damit auch Karpfen – als Herrschaftskost. Bauern aßen ihn nur, wenn sie an einem Fluß oder einem See lebten und von der Grundherrschaft die Fischberechtigung bekamen. Zumindest offiziell - Fischwilderer wird es immer gegeben haben.

Fischer waren häufig Pächter der Klöster und der Gutsherren. Sie mußten ihre Beute abliefern, den Überschuß durften sie an bestimmten Plätzen zu bestimmten Zeiten verkaufen. Auf Wiener Märkten galt im Mittelalter die Ordnung, daß Fischhändler ihre Ware nur im Stehen und sommers und winters ohne Sonnen- und Kälteschutz verkaufen durften. Diese Unbequemlichkeit sorgte dafür, daß die Fische schnell und billig Käufer fanden. Nur schwangere Fischhändlerinnen durften sich niedersetzen.

Bis ins 16. Jahrhundert gab es in der Donau reichlich Karpfen, der gleich am Ufer in Fischbratereien zubereitet wurde. Dafür wurde in Erdgruben Feuer gemacht, der Fisch wurde auf Holzspieße gesteckt und auf gedämpftem Feuer aus feuchtem Laub und Holzspänen gleichzeitig geselcht und gebraten. Die Steckerlfischbratereien und die Fischrestaurants entlang der Donau sind eine Erinnerung an diese Tradition - auch wenn die Fische heute nur noch selten aus der Donau kommen. Im Mittelalter wurden große Karpfenschwärme mit Mißtrauen betrachtet - sie galten als Vorboten der Pest. Sie blieben aus, als die Flüsse in Hungerzeiten überfischt wurden. Damals begannen die Klöster, die raren gefischten Karpfen in Teich oder Kalter frischzuhalten. Einer der schönsten ist im Stift Kremsmünster zu finden. Und als die Ausbeute immer spärlicher wurde, begannen die Klöster Karpfen zu züchten. Das ist eine uralte Kulturtechnik, die in China vor rund zweitausend Jahren entwickelt wurde. Bei uns nahmen sich vor allem die Klöster der Fischzucht an. Der Olmützer Bischof Dubravius schrieb 1547 sogar eine lateinische Abhandlung über die Technik des Karpfenzüchtens. Den klugen Mönchen gelang es übrigens, ihren Appetit auf viel Karpfen und das Gebot der Mäßigung auf einen Nenner zu bringen: sie züchteten Karpfen, die gerade so groß waren wie ein Teller, aber doppelt so hoch wie die herkömmlichen Arten. Als Draufgabe hatte er auch noch weniger Gräten. Teile des Karpfens galten immer als Glücksbringer: eine Karpfenschuppe im Geldbörsel sollte reich machen. Der Ehrengast einer Tafel bekam den Karpfenkopf samt Zunge - die sollte potenzfördernd wirken. Die Hirten des Donaudeltas vermochten Karpfenschuppen sogar schöne Klänge zu entlocken, die sich mit der Musik der Panflöten zu beglückender Harmonie verbanden.

Karpfen sind sehr fruchtbar und anspruchslos, sie können riesengroß und fett werden. In alten Chroniken liest man von Exemplaren von 1,5 m und 35 Kilogramm. Und weil Karpfen uralt werden können, genossen bemooste Exemplare einen besonderen Ruf. Napoleon und seiner österreichischen Frau Marie Louise zu Ehren wurde einmal ein hundertjähriger Karpfen aufgetischt. Aber da wird wohl Alter vor Schönheit des Geschmacks gegangen sein.

Die Eigenschaften des normalgroßen Karpfens empfahlen ihn als Fastengericht. Er schmeckt gut, ist fett und ausgiebig. Und sogar ein echter Fisch. Das war bei Fastenspeisen nicht so selbstverständlich. Otter, Biber, Frösche, Schnecken und Schildkröten galten als Fische honoris causa, weil sie im oder am Wasser lebten oder Wasser im Namen hatten – wie etwa das Meerschweinchen.

Die Multikulti-Köchinnen des alten Österreich haben unglaublich vielfältige Zubereitungen für den Karpfen entwickelt. Er wurde in Blutsauce gekocht, in Erbsensuppe gedämpft, mit Kapern, Zimt, Nelken, Pomeranzen, Weinbeeren und Mandeln aromatisiert. Im Kochbuch der Wiener Biedermeierköchin Anna Dorn findet man ihn auf bairische, französische, italienische, polnische, ungarische und tirolerische Art zubereitet, gesulzt, gefüllt, mit Sauerampfer oder Rotwein gewürzt, blau abgesotten.

Aber noch nicht gebacken! Paniert wurden Speisen in Wien erst, nachdem das Mailänder Kotelett als Wiener Schnitzel Karriere machte, also in der zweiten Hälfte des 19. Jahrhunderts.

Die Tradition der Karpfenzucht lebt auch heute noch im Waldviertel weiter. Die Stiftsherren von Zwettl oder Geras, die Gutsherren von Heidenreichstein und viele kleinere und größere Teichwirte erhalten rund 1400 Teiche, in denen die besten Weihnachtskarpfen Österreichs gedeihen. Ihr Fleisch ist fest und nicht übermäßig fett, weil die Karpfen im kühlen Klima des Waldviertels langsam und beständig gedeihen.

Das Ausfischen der Teiche ist ein urtümliches Ritual: die Teiche werden bis auf eine Mulde beim Ausfluß abgelassen. Die Fischer stehen im Wasser und holen mit Netzen die zappelnden Karpfen an Land. Kalt ist es, nebelig, am Ufer brennt ein Feuer. Dort wärmen sich die Fischer, die einander alle kennen. Die Schnapsflasche geht im Kreis. Dann kommen die Karpfen in Bottichen in neue Teiche, die älteren zum Auswässern, die jungen haben noch Zeit zum Weiterwachsen.

Bei der Karpfenzubereitung ist das Filetieren und Schröpfen wichtig – dann sind Gräten und Fett kein Problem mehr. Manchmal kommen Waldviertler Teichwirte mit lebenden Karpfen auf städtische Märkte. Dann zeigen sie ihren Kunden, wie man das macht.

Bei soviel Verbundenheit mit österreichischer Landschaft und österreichischer Kulturgeschichte mußte der Karpfen ja zu einem besonderen Teil unserer Festtagsküche werden. Und weil Überfülle seit jeher als Mittel gegen die Angst der dunkelsten Tage des Jahres gilt, gibt es Karpfen eben paniert und mit Mayonnaisesalat.

Ich bin allerdings draufgekommen, daß es mir auch sehr gut tut – in den Tagen, in denen die Wilde Jagd ums Haus tobt –, mit etwas unbeschwerterem Magen ins Bett zu gehen. Und darum gibt es bei mir zu Weihnachten öfter Halászlé, eine paprizierte ungarische Fischsuppe, die genauso wie die Bouillabaisse ein Hauptgericht ist.

HALÁSZLÉ

Für 6-8 Personen

3 1/2 kg Karpfen
je ein roter, gelber und grüner Paprika
1 1/2 Eßlöffel edelsüßer Paprika
1 Pfefferoni
Wurzelwerk
3 große Zwiebeln
2 Eßlöffel Butter oder Schmalz
1 Dose eingelegte Paradeiser
Salz, Pfeffer
1/4 Liter saurer Rahm

Karpfen beim Fischhändler schuppen, ausnehmen, teilen und entgräten lassen. Rogner, Milchner, Gräten, Kopf und Schwanzstück mitnehmen. Zwiebeln in etwas Fett anlaufen lassen, das Wurzelwerk dazugeben, mit 2 Litern Wasser aufkochen, Gräten, Kopf und Schwanz einlegen und eineinhalb Stunden kochen. Inzwischen die Paprika und Pfefferoni nudelig schneiden, mit dem restlichen Fett anrösten. Das geschnittene, filetierte Fischfleisch dazugeben und anziehen lassen. Die fertige Suppe so passieren, daß die weichen Zwiebeln und das Wurzelwerk durch das Sieb gepreßt werden. Den Fisch damit aufgießen, kurz aufwallen und dann fünf Minuten auf kleiner Flamme ziehen lassen, Milchner und Rogen einlegen. Mit Salz, Pfeffer, eventuell etwas Wein abschmecken. Mit Rahm und gebackenen Weißbrotscheiben servieren.

Rezeptverzeichnis

Suppen, Vorspeisen, Imbisse

Bries der Bankiers (Seite 15)
Broccolipudding (Seite 67)
Bruschetta (Seite 87)
Erdäpfel-Fenchelsuppe (Seite 195)
Erdäpfelplatzerln (Seite 120)
Forellentaler (Seite 83)
Gefüllte Paradeiser (Seite 174)
Halászlé (Seite 210)
Käseprofiteroles (Seite 59)
Korsische Zwiebelbeignets (Seite 159)
Lachsroulade (Seite 21)
Leberterrine und Pestobrot (Seite 147)
Matjessalat mit Früchten (Seite 137)
Morcheltorte (Seite 30)
Pasta e fagioli (venezianisches Marktessen, Seite 124)
Spargelgupf (Seite 134)
Welsh Rarebits (Rabbits, Seite 191)

Saucen, Beilagen

Avocado-Püree (Seite 130)
Eingelegte Pilze (Seite 184)
Gemischter Salat à la Letizia (Seite 141)
Italienische Paradeissauce (Seite 155)
Pikante Zwiebeln (Seite 33)
Rohe Paradeissauce (Seite 67)
Salsa verde – grüne Sauce (Seite 46)
Schnittlauchsauce (Seite 78)

HAUPTSPEISEN

Bruckfleisch (Seite 49)
Chakchouka mit Harissa (Seite 74)
Crêpes mit Champignons
und Hendlleber (Seite 70)
Elsässisches Essighendl (Seite 36)
Erdäpfelgratin mit Schwammerln (Seite 93)
Erdäpfelgulasch (Seite 116)
Erdäpfelschlange (Seite 195)
Gefüllte Lammschulter (Seite 21)
Kartoffel-Lauchstrudel (Seite 78)
Lachsforelle im Salzmantel (Seite 42)
Pazifische Garnelen (Seite 170)
Provenzalisches Hendl (Seite 105)
Risi e bisi (Seite 63)
Schinkenfleckerln (Seite 26)
Spinatknödel (Seite 201)
Südliches Ofengemüse (Seite 165)
Zander mit Paprikasauce (Seite 53)
Zucchini mit Thunfischfülle (Seite 155)

DESSERTS

Baudexen (Seite 178)
Beeren-Charlotte (Seite 22)
Creme-Äpfel (Seite 101)
Mandelpudding (Seite 97)
Mandelwaffeln (Seite 113)
Marillentörtchen (Seite 151)
Maronipudding (Seite 187)
Reindling (Seite 18)
Türkenstrudel (Seite 201)
Weintraubenstrudel (Seite 77)
Zuppa Inglese (Seite 206)

Abbildungsnachweis

Anzenberger/Reiner Riedler: 209
Gusto/Dieter Brasch: 1, 11, 37, 90, 108, 109, 110, 128, 163, 182, 199. 200
Gusto/Stefan Liewehr: Cover, 59, 89, 107
Gusto/Michael Rathmayer: 19, 38
Transglobe/Blume-Firla: 181
Luzia Ellert: 2, 20, 79, 125, 127, 145
Barbara Krobath: 52, 154, 158, 169, 177, 179, 189, 193
Lois Lammerhuber: 164
Herbert Lehmann: 50, 55, 56, 83, 119, 146, 174, 203
Johann Lehner: 112

Die lustvolle Annäherung an eine Landschaft mit vielen Eigenschaften, die zum Urtyp der Sommerfrische wurde und deren reizvolle Kontraste und sinnlich-geheimnisvolle Enklaven Gäste aus aller Welt anlocken.

Eva Bakos
Erich Roman Buchhammer
SALZKAMMERGUT
Landschaften für Genießer, Bd. 2
232 Seiten, 13,5 x 23 cm
Zahlreiche Farbfotos und
ausführlicher Infoteil, Engl. Broschur
DM 48,-/SFR 44,50 /ÖS 348,-
ISBN 3-85431-140-0

Ob nun Mostviertler Gartenlandschaft oder Zauberberg-Atmosphäre am Semmering, ob geheimnisvolle Ötscherhöhlen oder feudales Laxenburg – Eva Bakos findet auch in bekannten Gegenden eine Vielfalt von Genüssen.

Eva Bakos
VOM MOSTVIERTEL ZUM SEMMERING
NÖ südlich der Donau
Landschaften für Genießer, Bd. 3
248 Seiten, 13,5 x 23 cm
Zahlreiche Farbfotos und
ausführlicher Infoteil, Engl. Broschur
DM 50,-/SFR 46,50/ÖS 368,-
ISBN 3-85431-157-5

EVA BAKOS
GAUMENSCHMAUS
UND
SEELENFUTTER
TAUSEND JAHRE WIENER KÜCHE

MIT REZEPTEN VON
WOLFGANG SCHLÜTER
UND DIETMAR FERCHER
UND FOTOS VON
HERBERT LEHMANN
UND STEFAN LIEWEHR

Mit Fantasie, Witz und großer Sachkenntnis spürt Eva Bakos den Finessen viennensischer Eß- und Trinklust nach; köstliche Originalrezepte von Wolfgang Schlüter und Dietmar Fercher lassen auch den Gaumen nicht zu kurz kommen.

Eva Bakos
GAUMENSCHMAUS UND SEELENFUTTER
Tausend Jahre Wiener Küche
240 Seiten, 16,5 x 24 cm.
durchgd. farbig illustriert,
Neul. mit SU
DM 48,- / SFR 44,50/ÖS 348,-
ISBN 3-85058-112-8